Slavoj Žižek

UNORDNUNG IM HIMMEL

Slavoj Žižek

UNORDNUNG IM HIMMEL

Lageberichte aus dem irdischen Chaos

Aus dem Englischen von Axel Walter

Die englische Originalausgabe ist 2021 bei OR Books, New York/London unter dem Titel *Heaven in Disorder* erschienen. Die deutsche Ausgabe wurde hinsichtlich der Auswahl der Texte aktualisiert.
Copyright © Slavoj Žižek

Die Deutsche Nationalbibliothek verzeichnet diese Publikation in der Deutschen Nationalbibliografie; detaillierte bibliografische Daten sind im Internet über www.dnb.de abrufbar.

Das Werk ist in allen seinen Teilen urheberrechtlich geschützt. Jede Verwertung ist ohne Zustimmung des Verlags unzulässig. Das gilt insbesondere für Vervielfältigungen, Übersetzungen, Mikroverfilmungen und die Einspeicherung in und Verarbeitung durch elektronische Systeme.

wbg Theiss ist ein Imprint der Verlag Herder GmbH.
© der deutschen Übersetzung 2022 by wbg (Wissenschaftliche Buchgesellschaft), Darmstadt
Lektorat: Dietlind Grüne, Heidelberg
Layout und Satz: Arnold & Domnick, Leipzig
Umschlagabbildung: Illustration von Slavoj Žižek. © Tom Elswijk
Umschlaggestaltung: Andreas Heilmann, Hamburg nach einer Vorlage von Antara Ghosh
Gedruckt auf säurefreiem und alterungsbeständigem Papier
Printed in Europe

Besuchen Sie uns im Internet: www.herder.de

ISBN 978-3-8062-4487-8

Elektronisch sind folgende Ausgaben erhältlich:
eBook (PDF): ISBN 978-3-8062-4527-1
eBook (epub): ISBN 978-3-8062-4528-8

Inhalt

Einführung
Ist die Lage immer noch ausgezeichnet?

Einer der bekanntesten Aussprüche von Mao Tse-tung lautet: „Es herrscht große Unordnung unter dem Himmel; die Lage ist ausgezeichnet." Man versteht leicht, was Mao damit meinte: Wenn die bestehende Gesellschaftsordnung zerfällt, bietet das Chaos, das daraus entsteht, den revolutionären Kräften eine große Chance, die politische Macht durch entschlossenes Handeln zu übernehmen. Heute herrscht große Unordnung unter dem Himmel – daran kann kein Zweifel bestehen. Die Covid-19-Pandemie, die globale Erwärmung, weltweit ausbrechende Volksaufstände und sich verschärfende soziale Gegensätze sind dabei nur einige der Krisen, die uns bedrängen.

Doch dann kam die russische Invasion der Ukraine, die unsere gesamte Situation veränderte. Wird der Ukraine-Krieg Teil des „heißen Friedens" bleiben, ein Frieden, der durch ständige lokale bewaffnete Auseinandersetzungen aufrechterhalten wird und der den Kalten Krieg abgelöst hat, oder wird er zu einem neuen Weltkrieg ausufern? Klar ist, dass der laufende Krieg nicht nur um ein Stück Land in der Ostukraine geführt wird: Es ist der Krieg für eine neue globale Ordnung, in der Russland wieder ein Imperium sein wird, und sein Hauptziel ist Europa, die Zerstörung der europäischen Einheit.

Ist die Lage angesichts dieses Chaos immer noch ausgezeichnet, oder ist die Gefahr der Selbstzerstörung dafür zu groß? Der Unterschied zwischen der Lage, an die Mao dachte, und der, in der wir uns befinden, lässt sich am besten durch eine kleine begriffliche

Unterscheidung erfassen. Mao spricht von der Unordnung *unter* dem Himmel, wobei der „Himmel“ oder der große Andere in jeglicher Form – die unerbittliche Logik des Geschichtsverlaufs, die Gesetze der gesellschaftlichen Entwicklung – immer noch existiert und das gesellschaftliche Chaos diskret steuert. Heute müsste man hingegen davon sprechen, dass *der Himmel selbst* sich in Unordnung befindet. Was will ich damit sagen?

In *Der geteilte Himmel* (1963), Christa Wolfs klassischer Erzählung über die subjektiven Auswirkungen der deutschen Teilung, sagt Manfred (der sich für den Westen entschieden hat) beim letzten Treffen zu seiner Geliebten Rita: „Den Himmel wenigstens können sie nicht zerteilen.“ Rita (die sich entschieden hat, im Osten zu bleiben) erwidert ihm bitter: „Doch. Der Himmel teilt sich zuallererst.“[1] So apologetisch (zugunsten des Ostens) die Erzählung auch ist, so vermittelt sie dennoch eine richtige Einsicht: Unsere „irdischen“ Teilungen und Kämpfe beruhen letztlich immer auf einem „geteilten Himmel“, das heißt auf einer viel radikaleren und ausschließlicheren Teilung des (symbolischen) Universums, in dem wir leben. Stütze und Instrument dieser „Himmelsteilung“ ist die Sprache als das Medium, das die Art und Weise trägt, wie wir die Realität erfahren – die Sprache, nicht etwa primitive egoistische Interessen, ist der erste und größte Spalter. Der Sprache verdankt es sich, dass wir „in anderen Welten leben“ (können) als unsere Nachbarn (und umgekehrt), selbst wenn sie in der gleichen Straße wohnen.

Heute ist der Himmel nicht mehr in zwei (Einfluss-)Sphären geteilt wie zu Zeiten des Kalten Krieges, als sich zwei globale Weltanschauungen gegenüberstanden. Die Himmelsteilungen scheinen heute zunehmend innerhalb der einzelnen Länder zu verlaufen. In den Vereinigten Staaten etwa herrscht ein ideologischer und politischer Bürgerkrieg zwischen der *Alt-Right*-Bewegung und dem liberal-demokratischen Establishment, während in Großbritannien ähnlich tiefe Gräben bestehen, wie sich kürzlich am erbitterten Kampf zwischen Befürwortern und Gegnern des Brexits zeigte. Die Räume, in denen man zu einer gemeinsamen Position zusammenfinden könnte, werden immer kleiner, und darin spiegelt sich die fortschreitende Einhegung des physischen öffentlichen Raums wider. Das alles passiert nun in einer Zeit, in der es angesichts diverser sich überschneidender Krisen mehr denn je auf weltweite Solidarität und internationale Zusammenarbeit ankommt.

In den letzten Monaten ist immer offensichtlicher geworden, dass die Krise der Covid-19-Pandemie auf verschiedene und oft alarmierende Weise mit den aktuellen gesellschaftlichen, politischen und wirtschaftlichen wie auch den ökologischen Krisen verwoben ist. Die Pandemie muss im Zusammenhang mit der globalen Erwärmung, den aufbrechenden Klassengegensätzen, mit Patriarchat und Frauenfeindlichkeit und den vielen anderen anhaltenden Krisen betrachtet werden, die in einem komplexen Zusammenspiel mit ihr und untereinander in Resonanz stehen. Dieses Zusammenspiel lässt sich nicht kontrollieren, und es steckt voller Gefahren. Auf den Himmel können wir dabei nicht bauen: Er enthält nichts, was uns die Lösung näherbringen könnte. Eine derart prekäre Lage macht diesen unseren Augenblick zu einem überaus politischen Moment: Die Lage ist mitnichten ausgezeichnet, und darum muss gehandelt werden.

Was ist also zu tun? Lenins Forderung nach einer „konkreten Analyse der konkreten Situation" ist heute aktueller denn je. Kein allgemeines Rezept, keine einfache Formel kann uns die Antwort liefern – es gibt Momente, in denen es notwendig ist, bescheidene progressive Maßnahmen pragmatisch zu unterstützen; es gibt Momente, in denen es nicht ohne radikale Konfrontation geht; und es gibt Momente, in denen ein ernüchterndes Schweigen (und ein putziges Paar Fäustlinge) mehr sagen als tausend Worte.

1 Christa Wolf, *Der geteilte Himmel: Erzählung*, Suhrkamp, Frankfurt am Main 2008, S. 238.

1
Warum es so gefährlich ist, mit Julian Assange einen Kaffee zu trinken

Am Donnerstag, dem 21. November 2019, besuchte ich Julian Assange im Londoner Gefängnis Belmarsh. Dabei gab es ein kleines, an sich unbedeutendes Detail, das mir wie ein Sinnbild dafür erschien, wie Gefängnisse funktionieren, in denen man respektvoll auf unser Wohl (als Besucher und als Gefangene) und unsere Menschenrechte bedacht ist. Alle Wachleute waren sehr freundlich und betonten immer wieder, dass alles, was sie täten, nur zu unserem eigenen Wohl sei. So ist Assange, obwohl er seine Haftstrafe mittlerweile verbüßt hat und sich rein zu Schutzzwecken weiter im Gefängnis befindet, 23 Stunden am Tag einzeln untergebracht; er muss sämtliche Mahlzeiten allein in seiner Zelle einnehmen, trifft keine anderen Gefangenen, wenn er für eine Stunde nach draußen darf, und auch die Kommunikation mit dem Wachmann, der ihn auf seinen Ausgängen begleitet, ist auf ein Minimum beschränkt. Warum wird er so streng behandelt? Die Antwort auf meine entsprechende Nachfrage war vorhersehbar: Es sei zu seinem eigenen Besten (weil er vielen als Verräter gilt und entsprechend gehasst wird, könnte er angegriffen werden, wenn er sich unter andere mischt usw.).

Das verrückteste Beispiel dieser Sorge um „unser Wohl“ war der Moment, als mir sein Assistent, der mich begleitete, eine Tasse Kaffee brachte, die auf einen Tisch gestellt wurde, an dem Julian und ich saßen. Ich nahm den Plastikdeckel ab, trank einen Schluck und stellte die Tasse zurück auf den Tisch, ohne den Deckel wieder aufzusetzen; sofort (innerhalb von zwei, drei Sekunden) gab mir einer der Wachleute per Handzeichen zu verstehen, dass ich den Deckel wieder auf die Tasse setzen sollte. (Er tat das sehr freundlich, denn es ist ein humanistisches Gefängnis – wenn es je eines gab.) Ich gehorchte, war aber doch etwas überrascht von der Forderung und fragte beim Verlassen des Gefängnisses ein paar der Angestellten nach dem Grund für diese Anweisung. Selbstverständlich erhielt ich wieder eine warme, menschliche Erklärung. Sie lautete in etwa: „Es ist zu Ihrem eigenen Wohl, Sir, um Sie zu schützen. Sie saßen mit einem gefährlichen Gefangenen an einem Tisch. Der Mann neigt vermutlich zu Gewaltausbrüchen. Und dann steht da zwischen ihnen beiden eine Tasse mit heißem Kaffee, ganz unbedeckt …" Mir wurde richtig warm ums Herz bei der Vorstellung, wie gut ich beschützt wurde – man stelle sich nur vor, welchen Bedrohungen ich ausgesetzt wäre, würde ich Assange in einem russischen oder chinesischen Gefängnis besuchen; die Wachleute würden auf die noble Maßnahme zu meiner Sicherheit zweifellos verzichten und mich damit einer schrecklichen Gefahr aussetzen!

Einige Tage vor meinem Besuch hatte Schweden die Forderung, Assange auszuliefern, fallen gelassen und ganz klar eingeräumt, dass aufgrund weiterer Zeugenaussagen kein Grund für eine Strafverfolgung bestehe. Diese Entscheidung hatte allerdings einen gewissen, durchaus bedenklichen Hintergrund. Liegen nämlich zwei verschiedene Forderungen nach der Auslieferung einer Person vor, muss ein Richter darüber entscheiden, welche davon Vorrang erhält. Wäre zugunsten der schwedischen Forderung entschieden worden, hätte das die Auslieferung an die USA gefährden können (sie hätte sich vielleicht verzögert; die öffentliche Meinung hätte sich gegen sie wenden können usw.). Jetzt, da nur noch die Vereinigten Staaten die Auslieferung verlangen, ist die Situation viel klarer.

Darum ist es nun an der Zeit, eine grundlegende Frage zu stellen: Hat Schweden wirklich acht Jahre dafür gebraucht, ein paar Zeugen zu befragen und so Assanges Unschuld zu beweisen (und in dieser langen Zeit sein Leben zu ruinieren sowie zur Zerstörung seines Ansehens beizutragen)? Jetzt, da klar ist, dass die Vergewaltigungsvorwürfe eine Lüge waren, bringen weder die schwedischen Staatsorgane noch die britische Presse, die den Rufmord an Assange maßgeblich mitbetrieb, den Anstand auf, sich ohne Wenn und Aber zu entschuldigen. Wo sind jetzt all die Journalisten, die schrieben, Assange solle an Schweden und nicht an die USA ausgeliefert werden? Und wo sind darüber hinaus all diejenigen, die davon schwafelten, dass Assange paranoid sei, dass er keine Auslieferung zu erwarten habe, dass er, wenn er die ecuadorianische Botschaft verlasse, nach ein paar Wochen im Gefängnis wieder frei sei, dass alles, wovor er Angst haben müsste, die Angst selbst sei? Diese letzte Behauptung stellt für mich eine Art Negativbeweis dafür dar, dass es keinen Gott gibt: Denn wenn es einen gerechten Gott gäbe, dann würde den Autor dieser obszönen Paraphrase von Franklin D. Roosevelts berühmtem Ausspruch aus der Zeit der Großen Depression der Blitz treffen.

An dieser Stelle möchte ich kurz auf China zu sprechen kommen und daran erinnern, was der Auslöser der seit Monaten andauernden großen Proteste in Hongkong war: China forderte, Hongkong solle ein Gesetz akzeptieren, welches die Hongkonger Behörden dazu zwingen würde, ihre Bürger an China auszuliefern, wenn Peking das verlangt. Ich habe den Eindruck, Großbritannien verhält sich den USA gegenüber jetzt unterwürfiger als Hongkong gegenüber China: Die britische Regierung sieht offensichtlich kein Problem darin, eine Person, der man ein politisches Verbrechen zur Last legt, an die USA auszuliefern. Pekings Forderung hat sogar eine größere Berechtigung, da Hongkong letztlich ein Teil Chinas ist – die Formel dafür lautet: „ein Land, zwei Systeme". Das Verhältnis zwischen Großbritannien und den USA definiert sich offensichtlich über die Formel „zwei Länder, ein System" (das amerikanische natürlich). Glaubt man den Befürwortern des Brexits, so zielt dieser auf die Herstellung der britischen Souveränität ab. Am Fall Assange aber lässt sich jetzt schon erkennen, worauf diese Souveränität hinauslaufen wird – auf die Unterwerfung unter die Forderungen der USA.

Jetzt, zu diesem Zeitpunkt, sollten sich alle ehrlichen Befürworter des Brexits entschieden gegen die Auslieferung von Assange wenden. Wir reden hier von keiner rechtlichen oder politischen Bagatelle mehr, sondern von einer Angelegenheit, die unsere Freiheit und unsere Menschenrechte in ihrer grundlegenden Bedeutung betrifft. Wann wird die breite Öffentlichkeit begreifen, dass die Geschichte von Assange ihre eigene Geschichte ist und dass es ihr eigenes Schicksal ganz maßgeblich beeinflussen wird, ob man ihn ausliefert oder nicht? Julian verdient unsere Unterstützung weniger aus humanitärer Sorge und Anteilnahme am Los eines unglücklichen Opfers, sondern vielmehr aus Sorge um unsere eigene Zukunft.

2
Hat Amerika seinen Anspruch auf moralische Führung verloren?

Als Harrison Ford im Februar 2020 seinen neuen Film in Mexiko City vorstellte, konstatierte er: „Amerika hat seinen Anspruch auf moralische Führung und damit auch seine Glaubwürdigkeit verloren.“[1] Stimmt das? Wann haben die USA die Welt denn moralisch angeführt – etwa unter Reagan oder unter Bush? Was sie verloren haben, das hatten sie tatsächlich nie. Der eigentliche Verlust besteht vielmehr im Verlust der Illusion – also der „Glaubwürdigkeit“ des Anspruchs –, man sei die moralische Führungsmacht der freien Welt. Die Ära Trump brachte lediglich zum Vorschein, was immer schon war. Kaum wurde diese Wahrheit mit so brutaler Offenheit ausgesprochen wie von George F. Kennan, einem der Konstrukteure der US-Außenpolitik nach dem Zweiten Weltkrieg. Kennan schrieb 1948, zu Beginn des Kalten Krieges:

> Wir [die USA] besitzen etwa 50 Prozent des Reichtums der Welt, stellen aber nur 6,3 Prozent ihrer Bevölkerung. [...] In dieser Situation besteht unsere eigentliche Aufgabe darin, [...] dieses Ungleichgewicht aufrechtzuerhalten. Dafür aber werden wir auf alle Sentimentalitäten und Tagträumereien verzichten müssen [...]. Wir sollten aufhören, uns über Menschenrechte, über die Verbesserung des Lebensstandards und über Demokratisierung Gedanken zu machen.[2]

Auch wenn er es selbst nicht so deutlich und unumwunden ausgesprochen hat – nichts anderes meinte Trump mit seiner Parole

„America first!“. Daher sollte es uns auch nicht schockieren, in der *New York Times* zu lesen, dass „die Regierung Trump, die mit dem Versprechen angetreten ist, den ‚endlosen Kriegen‘ ein Ende zu setzen, nun Waffen akzeptiert und für den künftigen Einsatz vorbereitet, die in 160 Ländern verboten sind. Streumunition und Antipersonenminen – tödliche Sprengstoffe, die Zivilisten noch lange nach Beendigung einer kriegerischen Auseinandersetzung verstümmeln und umbringen können – sind zu einem festen Bestandteil der zukünftigen Kriegspläne des Pentagons geworden.“[3]

Doch diejenigen, die den Verlust von Amerikas Führungsanspruch beklagen, interessieren sich nicht für solche Fakten. Sie sind in erster Linie mit Trumps Stil beschäftigt. Trump verkörpert wie kaum ein anderer die neue Figur eines offen unanständigen politischen Anführers, der die elementarsten Regeln von Anstand und demokratischer Transparenz verachtet. Pete Wehner, der unter Präsident George W. Bush einen hohen Posten im Weißen Haus bekleidete, stellte kürzlich fest: „Wir hatten schon Präsidenten, die moralischer oder weniger moralisch waren. Noch nie aber hatten wir einen Präsidenten, dem es offensichtlich Freude bereitet, wenn er moralische Normen mit Füßen treten oder die Moral als Idee in Verruf bringen kann.“[4] Welche Logik Trumps Handeln dabei zugrunde liegt, wurde von Alan Dershowitz (einem bekennenden Befürworter der Legalisierung von Folter) umstandslos benannt. Im Januar 2020 erklärte er im Senat, ein Politiker, der davon überzeugt ist, dass seine Wiederwahl im nationalen Interesse liege, könne unmöglich eines Amtsvergehens angeklagt werden, wenn er etwas unternähme, das ihn diesem Ziel näherbringt. „Und wenn ein Präsident etwas getan hat, von dem er glaubt, dass es ihm hilft, im Interesse der Allgemeinheit wiedergewählt zu werden, dann kann ihm das nicht als etwas ausgelegt werden, das ein Impeachment-Verfahren nach sich ziehen sollte.“[5] Hier wird ganz ohne Frage das Wesen einer Macht offengelegt, die sich jeder ernst zu nehmenden demokratischen Kontrolle entzieht.

Aber was ist mit dem klassischen Argument zugunsten des äußeren Anscheins? Dieses besagt, dass der Anschein eine eigene Realität schafft – selbst wenn wir heucheln und nur so tun, als seien wir moralisch: Er zwingt uns, auf eine bestimmte Weise zu handeln, was immer noch besser ist als die unmittelbar gelebte schamlose Unanständigkeit. Das Vortäuschen moralischen Verhaltens kann uns dazu verführen, tatsächlich ein bisschen moralischer zu sein oder, wie es bei den Anonymen Alkoholikern heißt: „Fake it till you make it". Die Lücke zwischen Schein und Wirklichkeit gibt einem zudem die Möglichkeit, eine kritische Haltung gegenüber der Realität einzunehmen. Insoweit die marxistische Kritik „formaler Freiheit" auf der Einsicht beruht, dass eine „bürgerliche" Gesellschaft ihren eigenen Grundsätzen von Freiheit und Gleichheit nicht treu ist, nimmt sie die vorherrschende Ideologie ernster, als diese sich selbst nimmt. Das Problem ist, dass eine solche immanente kritische Strategie nicht mehr greift, sobald wir den Bereich der reinen zynischen Unanständigkeit betreten; die Rückkehr zum alten Anstand, so heuchlerisch er auch war, ist nicht mehr möglich; das Spiel ist aus.

Die anhaltenden Debatten um Trumps Impeachment machten deutlich, dass die gemeinsame ethische Substanz, die einen argumentativen Austausch erst ermöglicht, sich immer weiter auflöst. Die USA gleiten in einen ideologischen Bürgerkrieg ab, in dem es keine gemeinsame Basis mehr gibt, auf die sich beide Konfliktparteien einigen könnten – je weiter jede Seite den von ihr eingeschlagenen Weg verfolgt, desto klarer wird, dass kein Dialog möglich ist, nicht einmal mehr ein polemischer. Dabei sollten wir uns nicht zu sehr von der Theatralik des Impeachments beeindrucken lassen (wenn etwa Trump der demokratischen Sprecherin des Repräsentantenhauses, Nancy Pelosi, den Handschlag verweigerte oder diese eine Kopie seiner Rede zur Lage der Nation zerriss). Der wahre Konflikt besteht nämlich nicht zwischen den beiden Parteien, sondern innerhalb der Parteien selbst.

Die USA wandeln sich gerade von einem Zwei-Parteien-Staat in einen Vier-Parteien-Staat. Der politische Raum wird jetzt tatsächlich von vier Parteien besetzt: den alteingesessenen Republikanern, den alteingesessenen Demokraten, den *Alt-Right*-Populisten und den demokratischen Sozialisten. Es gibt auch bereits Koalitionsangebote über die Parteilinien hinweg: So deutete Joe Biden Ende 2019 an, dass er unter Umständen einen gemäßigten Republikaner als Vizepräsidenten nominieren würde, während Steve Bannon eine von ihm favorisierte Koalition zwischen Trump und Sanders ins Spiel brachte. Doch im großen Unterschied zum rechtskonservativen Lager, in dem der Trump'sche Populismus problemlos seine Vormachtstellung gegenüber dem republikanischen Establishment behaupten konnte, zieht sich ein immer tieferer Riss durch die Demokratische Partei – was nicht verwundert, da der einzige wahre politische Kampf zwischen dem demokratischen Establishment und dem Sanders-Flügel ausgetragen wird.

Demnach haben wir es hier mit zwei antagonistischen Gegensätzen zu tun: dem zwischen Trump und dem liberalen Establishment (dieser Konflikt wurde mit dem Impeachment ausgetragen) sowie dem zwischen dem Sanders-Flügel der Demokraten und allen anderen. Das Verfahren über eine Amtsenthebung von Donald Trump war der verzweifelte Versuch, den USA einen Anschein von moralischer Führungsstärke und Glaubwürdigkeit zurückzugeben, und damit nicht mehr als eine ziemlich komische Heuchelei. Wir sollten uns von der moralischen Inbrunst, mit der sich das demokratische Establishment ins Zeug legte, also nicht täuschen lassen. Trump mit seiner offen zur Schau gestellten Unanständigkeit brachte nur an den Tag, was ohnehin schon da war. Für das Sanders-Lager ist vollkommen klar: Es gibt keinen Weg zurück – was das politische Leben anbetrifft, müssen sich die USA grundlegend neu erfinden.

Ich möchte mich hier auf einen Beitrag des Politologen Julian Zelizer beziehen. Nachdem er sämtliche arbeitnehmerfeindlichen und antisolidarischen Maßnahmen, die auf das Konto des US-amerikanischen Präsidenten gehen, auflistet, macht Zelizer darauf aufmerksam, wie Trump die ungeschriebenen Grundsätze politischer Machtausübung systematisch verletzt: „Alle Präsidenten hielten sich an eine Reihe ungeschriebener Anstandsregeln. Der Präsident hat das alles über den Haufen geworfen. Er hat eine Form der präsidialen Rede zur Normalität gemacht, die ein starkes Gift verbreitet, welches unsere zivilisierte Kultur im Ganzen zersetzt".[6] Zelizer kommt zu dem richtigen Schluss, dass die meisten Demokraten sich zwar unablässig mit der Gefahr befassen würden, die von der Benennung eines zu radikalen Kandidaten ausgehe, dabei aber einen entscheidenden Punkt übersehen. „Wenn es um die öffentliche Politik und den Einsatz politischer Macht geht, würde kein Kandidat, nicht einmal Senator Sanders, auch nur annähernd so radikal erscheinen wie der amtierende Präsident." Alle Versuche, Trump zu „mäßigen", haben dazu geführt, dass er sich immer noch radikaler gebärdete. Das macht ihn jedoch noch lange nicht zum Feind des bestehenden Systems – im Gegenteil: So extrem er sich auch verhalten mag, er ist doch bestrebt, das System zu schützen. Er ändert ein paar Dinge, damit im Wesentlichen alles beim Alten bleiben kann, wie man so schön sagt. Es ist zu spät, zur alten, „normalen" Höflichkeit zurückzukehren; die einzige Möglichkeit, Trump tatsächlich zu schlagen, besteht darin, dass wir das genaue Gegenteil von dem tun, was er tut, indem wir Höflichkeit und Anstand wahren, während wir unser Handeln inhaltlich radikal neu ausrichten. Es ist an der Zeit, der Stimme der echten moralischen Mehrheit Gehör zu verschaffen.

Aber ist Sanders eine echte Alternative? Oder ist er nur ein (eher gemäßigter) Sozialdemokrat, der das System retten will, wie einige „radikale Linke" behaupten? Das ist zu einfach gefragt. Die demokratischen Sozialisten in den USA haben eine Massenbewegung in Gang gesetzt, die einen radikalen Neuanfang markiert. Was aus solchen Bewegungen wird, lässt sich nicht vorhersagen. Sicher ist nur eines: Die denkbar schlechteste Haltung ist die einiger westlicher „radikaler Linker", die dazu neigen, die Arbeiterklasse in den Industriestaaten als „Arbeiteraristokratie" abzuschreiben, welche von der Ausbeutung der Dritten Welt lebe und in einer rassistisch-chauvinistischen Ideologie gefangen sei. Aus dieser Sicht kann radikaler Wandel allein von „nomadischen Proletariern" (Migranten und den Armen der Dritten Welt) kommen – vielleicht noch in Verbindung mit einigen verarmten Mittelschichtsintellektuellen in den Industriestaaten. Aber trifft diese Diagnose auch zu? Sicher, man muss die Dinge im globalen Zusammenhang betrachten, aber nicht auf eine grob vereinfachende maoistische Weise, die bürgerliche Nationen und proletarische Nationen einander gegenüberstellt. Migranten sind Subproletarier; ihre Lage ist eine ganz spezielle. Sie werden nicht im marxistischen Sinne ausgebeutet, und daher sind sie nicht dazu bestimmt, einen radikalen Wandel herbeizuführen. Daher scheint mir dieser „radikale" Ansatz für die Linke selbstmörderisch zu sein. Stattdessen bleibe ich dabei, dass wir Sanders bedingungslos unterstützen müssen.

Die Nominierungskämpfe werden furchtbar sein. Sanders, so sagen es seine Kritiker immer wieder, könne Trump unmöglich schlagen, da er dafür zu weit links stehe. Das Allerwichtigste aber sei es, Trump loszuwerden. Hinter diesem Argument verbirgt sich freilich eine andere Botschaft. Sie lautet: Wenn Trump und Sanders zur Wahl stehen, dann entscheiden wir uns doch eher für Trump. Selbst wenn Sanders wie durch ein Wunder nominiert werden würde und wenn er (was einem noch größeren Wunder gleichkäme) als Sieger aus der Präsidentenwahl hervorginge, so hätte das eine furchtbare Gegenoffensive zur Folge. Der ehemalige Vorstandschef von Goldman Sachs, Lloyd Blankfein, verbreitete die Ansicht, Sanders würde die „amerikanische Wirtschaft ruinieren".[7] Damit aber gab er sicher keine neutrale Einschätzung der Lage ab. Vielmehr verbirgt sich auch in diesem Statement eine unterschwellige Botschaft: „Mir ist es lieber, unsere Wirtschaft geht den Bach runter, als dass Sanders triumphiert." Aber es nützt nichts: Wir haben hier keine Wahl – wir müssen den Kampf annehmen, wohl wissend, dass wir damit in unruhiges Fahrwasser geraten werden.

1 Ed Mazza, „Harrison Ford: America Has Lost Its Moral Leadership and Credibility", *HuffPost*, 06.04.2020, www.huffpost.com/entry/harrison-ford-us-leadership_n_5e3bbfa0c5b6bb0ffc0b28a7, zuletzt abgerufen am 12.04.2022.

2 Zitiert nach: John Pilger, *The New Rulers Of the World*, Verso Books, London 2002, S. 98, deutsche Übersetzung zitiert nach: de.wikipedia.org/wiki/George_F._Kennan, zuletzt abgerufen am 12.04.2022.

3 John Ismay und Thomas Gibbons-Neff, „160 Nations Ban These Weapons. The US Now Embraces Them", *New York Times*, 06.02.2020, www.nytimes.com/2020/02/07/us/trump-land-mines-cluster-munitions.html, zuletzt abgerufen am 12.04.2022.

4 John Harwood, „Trump's Historical Place Defined By His Amorality", *CNN*, 12.02.2020, edition.cnn.com/2020/02/12/politics/amorality-presidency-donald-trump/index.html, zuletzt abgerufen am 12.04.2022.

5 Stephen Collinson, „Republican Theory for Trump Acquittal Could Unleash Unrestrained Presidential Power", *CNN*, 30.01.2020, edition.cnn.com/2020/01/30/politics/impeachment-analysis-republican-reaction/index.html, zuletzt abgerufen am 12.04.2022.

6 Julian Zelizer, „The Most Radical 2020 Candidate", *CNN*, 16.02.2020, edition.cnn.com/2020/02/15/opinions/most-radical-2020-candidate-trump-zelizer/index.html, zuletzt abgerufen am 28.04.2022.

7 Dominic Rushe, „‚This Is What Panic Looks Like': Sanders Team Hits Back After Wall Street Criticism", *The Guardian*, 13.02.2020, www.theguardian.com/us-news/2020/feb/13/sanders-campaign-criticizes-panic-from-wall-street-elite-after-new-hampshire-win, zuletzt abgerufen am 28.04.2022.

3
Radikale Veränderungen, nicht Mitgefühl

Pia Klemp, die Kapitänin des Seenotrettungsschiffs *Iuventa*, schloss ihre Erklärung, warum sie die Médaille Grand Vermeil, die höchste Auszeichnung der Stadt Paris, nicht annahm, mit der Parole: „Papiere und Unterkünfte, Freizügigkeit und Bleiberecht für alle!“[1] Um es kurz zu machen: Wenn damit gemeint ist, dass jeder Mensch das Recht haben soll, in ein Land seiner Wahl zu gehen, und dass dieses Land dann die Pflicht hat, ihm das Bleiben zu ermöglichen, dann haben wir es mit einer abstrakten Vorstellung im strengen Hegel'schen Sinne zu tun, welche den gesellschaftlichen Gesamtzusammenhang in seiner Komplexität ignoriert. Auf dieser Ebene lässt sich das Problem unmöglich lösen. Die einzig wahre Lösung besteht darin, das weltweite Wirtschaftssystem zu ändern, welches Menschen erst in die Flucht treibt. Es gilt also, von der unmittelbaren Kritik einen Schritt zurückzugehen und sich der Analyse der antagonistischen Widersprüche zuzuwenden, von denen die Welt geprägt ist. Im Mittelpunkt muss dabei die Frage stehen, inwiefern unsere kritische Position selbst Teil des Phänomens ist, das sie kritisiert.

Wenn Konservative im Sinne von Margaret Thatcher die Ansicht vertreten, dass man es mit der Nächstenliebe auch übertreiben kann, und entsprechend verlangen, sie auf vernünftige Weise einzuschränken, dann tasten sie das Gebot der Nächstenliebe nicht einfach nur ein bisschen an – nein, sie verändern seinen Status vielmehr radikal. Die „unmögliche“ Forderung, seinen Nächsten zu lieben, die im Sinne von Kants „Du kannst, denn du sollst“ unbedingt zu gelten hat, verkehrt sich in die Aussage: „Du sollst nur das tun, was du tun kannst, ohne dass dadurch dein hart erarbeiteter Lebensstandard ernsthaft beeinträchtigt wird." Auf diese Weise wird aus dem Gebot der Nächstenliebe eine „realistische" strategische Überlegung. Ich für meinen Teil trete hier keineswegs für eine solche pragmatische „Mäßigung" ein, sondern im Gegenteil für eine grundlegendere Verschärfung des Gebots. Um den Not leidenden Nächsten wirkliche Liebe entgegenzubringen, reicht es nicht, ihnen großzügig zu überlassen, was vom eigenen reich gedeckten Tisch herunterfällt. Man muss vielmehr die Bedingungen beseitigen, die ihrer Not zugrunde liegen.

Bei einer öffentlichen Veranstaltung vor ein paar Jahren hat Gregor Gysi einen bemerkenswerten Satz gesagt. Ein Teilnehmer der Diskussion pochte darauf, dass er für das Elend und die Armut in der Dritten Welt nicht verantwortlich sei. Statt anderen Ländern zu helfen, sollte sich der Staat besser um das Wohlergehen seiner eigenen Bürger kümmern. Darauf erwiderte Gysi: Wenn wir keine Verantwortung für die Armen in der Dritten Welt übernehmen (und entsprechend handeln), dann werden diese Armen zu uns kommen (und genau dagegen wehren sich die Einwanderungsgegner vehement). Das mag für manche Ohren zynisch und unmoralisch klingen, dennoch ist diese Ansicht der Situation viel angemessener als der abstrakte Humanitarismus. Dieser appelliert an unsere Großzügigkeit und unser Gewissen („Wir sollten den Migranten unser Herz öffnen, zumal doch die eigentliche Ursache für ihr Leiden europäischer Rassismus und Kolonialisierung sind"). Dieser Appell wiederum verbindet sich oft mit einer seltsamen ökonomischen Argumentation („Europa ist auf Einwanderung angewiesen, damit es wirtschaftlich weiter expandieren kann") und einer Bevölkerungsrhetorik, die man eher von der Rechten erwarten würde („Bei uns werden immer weniger Kinder geboren, und dadurch büßen wir zunehmend unsere Vitalität ein"). Worum es dabei aber eigentlich geht, ist offensichtlich: Öffnen wir uns für die Migranten – aber nur in dem verzweifelten Versuch, den radikalen Wandel, an dem in Wahrheit kein Weg vorbeiführt, doch irgendwie zu vermeiden und unsere liberal-kapitalistische Ordnung aufrechtzuerhalten. Gysi argumentierte bei der besagten Veranstaltung genau entgegengesetzt: Wenn wir unsere Identität, unsere Art zu leben, wirklich schützen wollen, dann brauchen wir einen grundlegenden sozioökonomischen Wandel.

Das symptomatische Merkmal der „globalen Linken", wie sie sich derzeit darstellt, ist eine Art Doppelstandard: Einerseits lehnt sie es ab, überhaupt von „unserer Art zu leben" oder von kulturellen Unterschieden zu sprechen, und sieht darin eine reaktionäre Haltung à la Huntington, welche die grundlegende Gleichheit (oder besser gesagt Gleichmachung) aller Menschen im globalen Kapitalismus verschleiert. Im selben Zug aber fordert sie, dass wir die jeweilige kulturelle Identität der Einwanderer respektieren und ihnen nicht unsere eigenen kulturellen Normen aufzwingen sollen. Dahinter steht offensichtlich der Vorwurf, dass „unsere Art" und „ihre Art" zu leben nicht gleichberechtigt nebeneinanderstehen, da unsere Lebensweise auf Vorherrschaft ausgelegt ist. Das ist zwar an sich richtig, geht jedoch am Kern des Problems vorbei: dem Status der Allgemeinheit beim Kampf um die Emanzipation. Es stimmt, dass der geflüchtete Mensch in vielerlei Hinsicht der „Nächste" schlechthin ist, der Nächste im streng biblischen Sinne: der Andere in seiner bloßen, nackten Präsenz. Damit, dass sie nichts besitzen, kein Zuhause haben und keinen festen Platz in der Gesellschaft, stehen Geflüchtete für das Allgemeinmenschliche. Und darum sagt die Haltung, die wir ihnen gegenüber einnehmen, auch sehr viel darüber aus, wie wir es mit dem Menschlichen an sich halten. Menschen, die aus ihrer Heimat fliehen, unterscheiden sich von uns nicht nur so, wie sich alle Menschengruppen voneinander unterscheiden; sie sind in gewisser Hinsicht der Unterschied an sich. Hegelianisch betrachtet aber fallen hier Allgemeinheit und Besonderheit zusammen. Geflüchtete kommen als nur materiell Nackte und Mittellose, und darum scheint es uns, als klammerten sie sich umso mehr an ihre jeweilige kulturelle Identität. Sie werden als eine Allgemeinheit wahrgenommen: als Wurzellose, gleichzeitig aber auch als Menschen, die in ihrer besonderen Identität verhaftet sind.

Nomadische Einwanderer sind keine Proletarier – trotz der gegenteiligen Behauptungen von Alain Badiou und anderen, die im „nomadischen Proletarier" die exemplarische Gestalt des heutigen Proletariats sehen wollen. Was Proletarier zu Proletariern macht, ist die Tatsache, dass sie ausgebeutet werden; sie bilden das zentrale Moment der Kapitalverwertung; ihre Arbeit schafft Mehrwert. Ganz anders verhält es sich bei den nomadischen Flüchtlingen, die nicht nur als wertlos betrachtet werden, sondern die als wertloser Rest des globalen Kapitals buchstäblich „ohne Wert" sind: Die Mehrheit von ihnen ist *nicht* in den Prozess der Kapitalverwertung einbezogen. Linke wie Kapitalisten träumen davon, die mit der neuen Einwanderungswelle kommenden Migranten in die kapitalistische Maschinerie einzugliedern, wie es in den 1960er-Jahren in Deutschland und dann in Frankreich gemacht wurde. Europa, so sagen sie, „braucht Einwanderung". Das Problem ist nur, dass es diesmal nicht funktioniert; die Einwanderer werden gesellschaftlich weitgehend nicht integriert und der Großteil von ihnen bleibt „außen vor". Dies macht die Situation der einwandernden Flüchtlinge noch viel tragischer – sie sind in einer Art sozialem Schwebezustand gefangen, einer Sackgasse, aus welcher der Fundamentalismus einen falschen Ausweg bietet. In Bezug auf die globale Kapitalzirkulation befinden sich die Flüchtlinge in einer Position der menschlichen Überflüssigkeit, der spiegelbildlichen Verkehrung des Mehrwerts, und keine humanitäre Hilfe und Offenheit kann diese Spannung auflösen; das lässt sich nur durch eine Umstrukturierung des gesamten internationalen Gefüges erreichen.

Dass es in erster Linie darauf ankommt, die Ursachen zu bekämpfen, aufgrund derer Menschen ihre Heimat verlassen, wird von linksliberaler Seite häufig als vorgeschobenes Argument zurückgewiesen. Sie sieht darin bloß eine (nicht sonderlich) subtile Ausrede, um Flüchtlinge davon abzuhalten, zu uns zu kommen. Dieser Vorwurf lässt sich aber mit mindestens der gleichen Berechtigung entsprechend zurückgeben: Den vor Krieg und Armut fliehenden Menschen „unser Herz zu öffnen" stellt eine (nicht sonderlich) subtile Möglichkeit dar, eben nichts zu unternehmen, um die globalen Bedingungen zu ändern, die zuallererst zu den Fluchtbewegungen führen.

Der Humanitarismus begeht den gleichen Irrtum, dem auch die sogenannte *deep ecology* unterliegt – deren „tiefenökologisch" motivierte Ablehnung des Anthropozentrismus ist nicht weniger heuchlerisch. Das ganze Gerede, dass wir, die Menschheit, eine Bedrohung für sämtliches Leben auf der Erde darstellen, ist letztlich nur Ausdruck der Sorge um unser eigenes Schicksal. Die Erde an sich tangiert das nicht. Selbst wenn wir alles Leben auf ihr vernichten, wird dies nur eine Katastrophe sein, die ihr widerfährt – und nicht einmal die größte. Wenn wir uns um die Umwelt sorgen, so geht es uns dabei um unsere eigene Umwelt. Wir wollen die Qualität und Sicherheit unseres eigenen Lebens sichern. Die Verfechter der Tiefenökologie, die für sich beanspruchen, alle Lebewesen zu vertreten, nehmen eine genauso falsche Position ein wie die weißen antieurozentrischen Liberalen, die für sich selbst die Position der Allgemeinheit reklamieren, während sie ihre eigene kulturelle Identität rigoros ablehnen und „anderen" zureden, ihre zu behaupten.

Die allgemeine Lehre daraus ist, dass man es um jeden Preis vermeiden sollte, die Unterdrückten und Geknechteten (oder diejenigen, die als solche wahrgenommen werden) auf billige humanitäre Weise zu sentimentalisieren. Allein schon aus diesem Grund ist der Film *Parasite* (Südkorea 2019, Bong Joon-ho) sehenswert. Er vermeidet eine moralisierende Idealisierung der Benachteiligten, wie wir das etwa von Frank Capra kennen. Inhalt und Form gilt es dabei auseinanderzuhalten: Auf der Inhaltsebene ist die Familie Park, die der südkoreanischen Oberschicht angehört, moralisch zweifellos überlegen; ihre Angehörigen sind alle rücksichtsvoll, mitfühlend und hilfsbereit, wohingegen sich die Benachteiligten tatsächlich wie Parasiten verhalten: Sie drängen sich auf, manipulieren und nutzen andere aus. Auf der formalen Ebene allerdings sind die Parks Privilegierte, die sich Fürsorglichkeit und Hilfsbereitschaft leisten können, während sich die Benachteiligten durch ihre materiellen Lebensumstände zu einem Verhalten gedrängt sehen, das weniger reizend ist. Gleiches gilt für die häufig vorgebrachte antifeministische Beschwerde von Männern: „Ich behandle Frauen freundlich und nicht von oben herab, sie aber sind mir gegenüber aggressiv" – natürlich sind sie das, denn für sie ist das oft die einzige Möglichkeit, gegen ihre formale Unterwerfung aufzubegehren. Freundlichkeit und Mitgefühl können sich in der Regel nur diejenigen leisten, die oben stehen.

Die Lösung kann folglich nicht darin bestehen, dass man sich in humanitären Gesten ergeht. Vielmehr gilt es, die Bedingungen zu verändern, die den Humanitarismus überhaupt nötig machen. Gleich zu Beginn von Oscar Wildes Abhandlung „Der Sozialismus und die Seele des Menschen" heißt es, die meisten Menschen sehen sich „von scheußlicher Armut, scheußlicher Hässlichkeit, scheußlichem Hungerleben umgeben".

> Es ist unvermeidlich, dass ihr Gefühl durch all das stark erregt wird. […] Daher machen sie sich mit bewundernswertem, obschon falschgerichtetem Eifer sehr ernsthaft und sehr gefühlvoll an die Arbeit, die Übel, die sie sehen, zu kurieren. Aber ihre Mittel heilen diese Krankheit nicht: sie verlängern sie nur. Ihre Heilmittel sind geradezu ein Stück der Krankheit. Sie suchen etwa das Problem der Armut dadurch zu lösen, dass sie den Armen am Leben halten; oder – das Bestreben einer sehr vorgeschrittenen Richtung – dadurch, dass sie für seine Unterhaltung sorgen.

Aber das ist keine Lösung: das Übel wird schlimmer dadurch. Das eigentliche Ziel ist der Versuch und Aufbau der Gesellschaft auf einer Grundlage, die die Armut unmöglich macht. Und die altruistischen Tugenden haben tatsächlich die Erreichung dieses Ziels verhindert.[2]

1 „Pia Klemp Refuses the Grand Vermeil Medal Awarded to Her By the City of Paris", *Redazione Italia,* 21.08.2019, www.pressenza.com/2019/08/pia-klemp-refuses-the-grand-vermeil-medal-awarded-to-her-by-the-city-of-paris, zuletzt abgerufen am 28.04.2022.
2 Oscar Wilde, *Drei Essays*, Diogenes, Zürich 1970, S. 7 f.

4
Trump und Rammstein – eine Gegenüberstellung

In der akademischen Welt der USA ereignete sich kürzlich etwas sehr Merkwürdiges:

> In einem an den Präsidenten der Princeton University gerichteten Schreiben vom Mittwoch [, dem 16. September 2020,] gab das Bildungsministerium bekannt, dass es aufgrund universitärer Versäumnisse bei der Verhinderung von Diskriminierung eine Prüfung einleiten wird [...]. Die Untersuchung erfolgt, nachdem sich Präsident Christopher L. Eisgruber am 2. September mit einem Brief an die Universitätsangehörigen gewandt hatte, in dem er sich über die laufenden Bemühungen zur Bekämpfung des systemischen Rassismus äußert. „Es gibt in Princeton ebenso wie in unserer Gesellschaft auch weiterhin noch Rassismus, und er schadet People of Colour", schrieb Eisgruber. „Manchmal ist er Ausdruck einer bewussten Haltung, viel häufiger aber resultiert er aus ungeprüften Annahmen und Stereotypen, aus Nichtwissen oder mangelnder Sensibilität, oder es handelt sich um systemische Altlasten früherer Entscheidungen und politischer Praktiken." In dem Schreiben des Bildungsministeriums wird dieser Satz als Beleg dafür angeführt, dass Princeton „Rassismus einräumt". Man sei besorgt, heißt es weiter, dass die Versicherungen der Universität, in ihrem Rahmen gebe es keine Diskriminierung, „möglicherweise falsch waren" und dass die Einrichtung den Rechtsanspruch VI des Civil Rights Act von 1964 verletzt habe.[1]

Das Schreiben des Bildungsministeriums ist natürlich nicht ganz eindeutig. Oberflächlich betrachtet, handelt es sich dabei bloß um eine weitere Über-Ich-Forderung, noch gründlicher nach Spuren von Rassismus zu suchen, und man kann den Verfassern lediglich vorwerfen, dass sie es mit ihrer Pedanterie eindeutig übertrieben haben. Der Wortlaut von Eisgrubers Brief – „Es gibt in Princeton ebenso wie in unserer Gesellschaft auch weiterhin noch Rassismus. Manchmal ist er Ausdruck einer bewussten Haltung, viel häufiger aber resultiert er aus ungeprüften Annahmen und Stereotypen, aus Nichtwissen oder mangelnder Sensibilität" – entspricht dem eingeübten Repertoire liberaler Rhetorik: „Der Kampf ist nie vorbei; unterschwelligen Rassismus wird es in dieser oder jener Form immer geben." Danach ist schon die Behauptung, es gebe in unseren Institutionen keinen Rassismus, automatisch verdächtig und gilt selbst als Zeichen von Rassismus. Das Bildungsministerium nimmt dieses rein rhetorische Bekenntnis in seinem Schreiben wörtlich und fordert weitere Maßnahmen. Das ist so, als würde die Autorin eines großen Bestsellers einräumen, dass ihr Buch beileibe nicht perfekt ist, und ein Journalist sie daraufhin fragen: „Wenn Sie doch wissen, dass es nicht den allerhöchsten Ansprüchen genügt, warum haben Sie es dann so veröffentlicht? Warum haben Sie nicht weiter daran gearbeitet?" Aber ist diese wörtliche Lesart einer rhetorischen Figur nicht an sich ein Zeichen für etwas anderes? Ist es nicht klar, dass der wahre Vorwurf an Princeton nicht darin besteht, dass es im universitären Leben Rassismus gibt, sondern vielmehr darin, dass Eisgruber dies allzu offen zugegeben hat? Die Botschaft an Princeton lautet demnach: Tut euch keinen Zwang an, aber seid diskret, wenn ihr Rassismus praktiziert, und gebt es vor allen Dingen nicht öffentlich zu (die Empfehlung ist, kurz gesagt, die gleiche, die auch ein Trumpist einem politisch korrekten Linksliberalen diskret geben würde).

Ein anderes aktuelles Beispiel für politisch korrekte Vorschriften ist ein Gesetz, das Hassverbrechen in Schottland ahnden soll und seine bevormundende Tendenz deutlich erkennen lässt. Dem Gesetzentwurf zufolge sollen auch Gespräche im Privaten, die zu Hass aufstacheln, einschließlich Unterhaltungen am Esstisch, strafrechtlich verfolgt werden. Wie *The Times* berichtet, erklärte Justizminister Humza Yousaf, dass „auch Journalisten und Theaterregisseure gerichtlich belangt werden sollten, wenn sich herausstellt, dass sie mit ihrer Arbeit bewusst Vorurteile schüren".[2] Bemerkenswert an diesem Entwurf ist nicht nur die Tatsache, dass die soziale Kontrolle sogar Gespräche umfassen soll, die am häuslichen Tisch geführt werden, sondern auch die Wendung „wenn sich herausstellt" – ausschlaggebend ist offensichtlich nicht die Absicht des Sprechers, sondern die Einschätzung eines politisch korrekten Beobachters.

Ich nenne noch ein drittes, ganz ähnliches Beispiel: Im September 2020 entschieden vier große Kunstmuseen in Großbritannien und den USA, „Philip Guston Now", eine seit Langem geplante Retrospektive zu einem der bedeutendsten amerikanischen Künstler der Nachkriegszeit um vier Jahre nach hinten zu verschieben. In einem „feigen Akt der Zensur" traten die National Gallery of Art in Washington, das Museum of Fine Arts in Boston, das Museum of Fine Arts in Houston sowie die Londoner Tate Modern mit der Behauptung an die Öffentlichkeit, „dass Gustons offensichtlich ablehnende und düster-satirische Bilder von Ku-Klux-Klan-Anhängern und anderen Gestalten so lange nicht ausgestellt werden könnten, ‚bis wir zu der Überzeugung gelangen, dass die kraftvolle Botschaft der sozialen Gerechtigkeit und des Antirassismus, die im Zentrum von Philip Gustons Werk steht, klarer interpretiert werden kann.'"[3]

Dieser zensierende Eingriff ist doppelt problematisch. Zum einen stützt er sich auf die Annahme, dass es eine einzige, eindeutige Interpretation eines Kunstwerks gibt, zum anderen aber offenbart er eine äußerst bevormundende Haltung gegenüber den normalen Menschen, und darin liegt ein noch viel größeres

Problem. Dabei bezweifelt man keineswegs, dass Gustons Werk antirassistisch ist und einen Beitrag zur sozialen Gerechtigkeit leistet. Dennoch soll es nicht möglich sein, dass seine „offensichtlich ablehnenden und düster-satirischen Bilder von Ku-Klux-Klan-Anhängern" heute ausgestellt werden. Warum eigentlich nicht? Wo ist das Problem, wenn sie doch „offensichtlich" antirassistisch sind? Ich denke, die Antwort umfasst mehrere Aspekte. Man kann Guston nicht vorwerfen, dass er sich die schwarze Kultur aneignet – nein, er „zitiert" die *weiße* Kultur, und zwar so, dass sie in ihren schlimmsten Auswüchsen sichtbar wird. Auf politisch korrekter Seite befürchtet man, selbst wenn die Wahrheit (Gustons Antirassismus) offensichtlich ist, könne es einige naive Leute geben, die sich von der durch ihn ins Werk gesetzten Bildersprache faszinieren lassen, sich mit ihr identifizieren und die Satire wie die kritische Ironie übersehen können. Diese Vorgehensweise ist keineswegs neu. In Europa wurde sie schon vor etlichen Jahren praktiziert, als Bands wie Rammstein oder Laibach mit ihrer Musik und mit den Videos, die sie dazu produzierten (unter Verwendung „faschistisch"-militärischer Bild- und Klangkulissen), den Höhepunkt ihrer Popularität erreicht hatten. Linksliberale äußerten die Befürchtung, dass unbedarfte Zuhörer, die sich der Ironie und der kritischen Distanz nicht bewusst wären, die Auftritte dieser Bands als direkte Unterstützung des Faschismus (miss-)verstehen könnten. (Dabei spielte es keine Rolle, dass das Publikum fast ausschließlich aus Linken bestand, wie in Studien erwiesen wurde, oder dass sich Rammstein in Deutschland zur Partei „Die Linke" bekannte – die „Angst" hielt das liberale Lager fest im Griff.)

Es gibt jedoch noch etwas anderes, das bei der Verhinderung der Guston-Ausstellung mit hineinspielt: ein grundsätzliches Misstrauen gegenüber Bildern. Die Kritiker verhalten sich hier wie das Freud'sche Unbewusste, das bekanntlich keine Negation kennt. Es kommt in Wahrheit nicht darauf an, wie man zu Gustons Bildern steht; allein die Tatsache, *dass* sie gezeigt werden, löscht den offensichtlichen Charakter der Karikatur oder der kritischen Distanz auf einer tieferen Ebene aus. Dabei kann kein Zweifel daran bestehen, dass es eine solche Ebene gibt, auf die das zutrifft (wie in der Pornografie und erst recht bei Snuff-Filmen deutlich wird). Dennoch ist es notwendig, diese Dinge zu zeigen, wenn wir sie in ihrer triebhaften Wirkung von innen heraus effektiv untergraben wollen. Zeigt man sie nicht, verbaut man sich diese Möglichkeit und bleibt auf der Ebene lebloser abstrakter Aussagen. Der beschriebene Mechanismus macht die Stärke der Aufführungen von Rammstein aus: Die Band inszeniert faschistische Rituale auf derart überzogene, karikaturistische Weise, dass sie deren ganze Lächerlichkeit offenbaren. Guston ging ähnlich vor, aber auf einer anderen Ebene: Er verortete die KKK-Ideologie im täglichen Elend ihrer Anhänger.

Kaywin Feldman, die Direktorin der National Gallery of Art in Washington, bestritt, dass die in Gustons Werk angelegte kritische Distanz wirksam genug zum Ausdruck kommt. Um die Entscheidung, die Ausstellung bis auf Weiteres nicht stattfinden zu lassen, zu rechtfertigen, behauptete sie beharrlich, dass wir „die Reaktionen der Betrachter gebührend berücksichtigen und dabei anerkennen müssen, dass es sich hier um Bilder handelt, die etwas triggern. Egal, was der Künstler mit dem Motiv des *Klansman* bezweckt hat – es ist ein Symbol für den rassistischen Terrorismus, der seit der Gründung unserer Nation an Körper und Geist farbiger Menschen verübt wird. Das Argument, man müsse den Leuten nur sagen, was sie sich beim Anblick der Bilder denken sollen, funktioniert nicht, wenn es um den Ku-Klux-Klan und dessen Symbolik geht.“[4]

Auch hier geht es also wieder darum, dass Gustons KKK-Bilder etwas „triggern“, wobei das Wort dasselbe meint wie die sogenannte Trigger-Warnung, eine „vorgeschaltete Warnung, dass der Inhalt eines Textes, eines Videos usw. manche Menschen verunsichern oder verletzen kann, vor allem jene, die zuvor ein damit zusammenhängendes Trauma erlebt haben“.[5]

Warum, fragt man sich hier unwillkürlich, verfährt man bei dieser Ausstellung nicht ganz genauso und bringt im Eingangsbereich eine entsprechende Warnung an? Feldman würde darauf wohl erwidern, damit würde man der Öffentlichkeit sagen, was sie denken soll, und das „funktioniert nicht, wenn es um den Ku-Klux-Klan und dessen Symbolik geht". In diesem Fall aber stimmt das einfach nicht. Guston siedelt die Symbole des KKK im abstoßenden Elend des täglichen Lebens jener Leute an, die dort Mitglied sind; seine Bilder vermitteln ihren Gegenstand aus der Perspektive des Kammerdieners, wie Hegel gesagt hätte (man könnte sich gut vorstellen, dass ein Mitglied des KKK gegen diese Art der Darstellung protestieren würde, weil er sich in seinem edlen Kampf herabgewürdigt sieht). Gustons Bilder figurieren als linkspolitisches Äquivalent zu einem denkbaren Gemälde, das etwa Martin Luther King karikaturistisch darstellt, wie er in einem Motelzimmer mit einer Geliebten leidenschaftlich zugange ist, während auf einem nahen Tisch, inmitten einer Pfütze von verschüttetem Alkohol, ein Stapel Notizen für seine nächste Rede liegt (wie wir heute wissen, hatte King diverse Affären). Diejenigen, die sich durch ein solches Bild „getriggert" fühlten, wären Kings Anhänger, nicht seine weißen Widersacher. Die Betrachter werden in beiden Fällen nicht zum Nachdenken aufgefordert – der Abscheu, mit dem sie reagieren, wird unmittelbar durch das Gemälde selbst ausgelöst. Damit ist der entscheidende Punkt benannt, den linke Rammstein-Kritiker wie Thomas Blaser nicht sehen. Blaser schreibt:

> Die deutsche Metalband Rammstein will das Video zu ihrem Song „Ausländer" als eine Kritik an Kolonialismus und Sextourismus verstanden wissen. Gleichzeitig erlaubt es aber auch rechten Neonazis, sich an der faschistischen Ikonografie zu erfreuen [...], auch wenn die Symbole ironisch verwendet werden. In einer Demokratie des Massenkonsums legt sich das Publikum seine eigenen Interpretationen zurecht. Berichten zufolge fühlen sich Rechtsextreme und Neonazis von der martialischen,

> neofaschistischen Inszenierung genauso angezogen wie diejenigen, die „einfach nur" die Show genießen. Tatsächliche Faschisten können sich über die ironischen Feinheiten und Untertöne hinweg dem Spektakel hingeben, in dem die faschistische Ästhetik zelebriert wird, einschließlich der Vorstellung, schwarze Menschen seien glückliche, naive Wilde. In dieser Rolle als Zuschauer der Verhöhnung Schwarzer kommt das Mainstream-Publikum mit Neonazis und rechten Extremisten zusammen.[6]

Diese Lesart ist offensichtlich falsch. Wenn Rammstein totalitäre Rituale inszeniert, muss der Zuschauer nicht erst irgendwelche „ironischen Feinheiten" entdecken; diese Rituale wirken in ihrer lächerlichen Überpräsenz, in dem abstoßend-verstörenden Exzess des Genießens an sich schon fremd und anders. Und was die offensichtliche Tatsache betrifft, dass die Darstellung schwarzer Menschen in dem Video zu „Ausländer" weiße, rassistische Klischees bedient – natürlich ist das so, denn in „Ausländer" geht es nicht um wirkliche Schwarze, sondern um Schwarze, wie sie in den rassistischen Phantasmen Weißer vorkommen. Es geht darum, diese Phantasmen von innen heraus zu zerstören, indem man zeigt, wie abstoßend sie in ihrer Verhöhnung sind.

Es gibt einen feinen Unterschied zwischen der Distanz, die Bands wie Rammstein inszenieren, und der zynischen Distanz, die Donald Trump gegenüber gewalttätigen rechtsextremen Gruppen einnimmt. Wenn Rammstein Nazirituale reproduzieren, gibt es rein äußerlich betrachtet keine Distanz; sie überidentifizieren sich mit diesen Ritualen und höhlen sie so von innen heraus aus. Wird hingegen Trump auf rechtsradikale Gruppen angesprochen, die Gewalt propagieren oder Verschwörungstheorien verbreiten, sucht er sich zwar von deren fragwürdigen Aspekten zumindest formal zu distanzieren, lobt aber zugleich die patriotische Haltung, die sie allgemein an den Tag legen. Diese Distanzierung ist natürlich ein Witz, ein reines Lippenbekenntnis. In seinen strategischen Überlegungen geht Trump davon aus, dass die Gruppen den impliziten Aufrufen zur Gewalt, von denen seine Reden nur so wimmeln, folgen werden. Ein typisches Beispiel dafür ist seine Antwort auf die Frage nach der Gewalt, die von den *Proud Boys* propagiert und praktiziert wird. Auf der Plattform *Snopes* heißt es dazu: „Nur wenige Minuten, nachdem sich US-Präsident Donald Trump am 29. September 2020 bei einem Fernsehauftritt mit den Worten ‚Haltet euch zurück und haltet euch bereit' an die *Proud Boys* gewandt hatte – eine rechtsextreme Gruppe, die der Ideologie der *White Supremacy* anhängt –, meldeten sich in den einschlägigen sozialen Medien diverse Mitglieder dieser nur aus Männern bestehenden Gruppe zu Wort, um einen angeblich ‚historischen' Moment in ihrem Kampf gegen die Linken zu feiern."[7] Bei diesem Auftritt ist Trump in gewisser Weise, so muss man es leider sagen, zur Höchstform aufgelaufen. Zwar sagt er den *Proud Boys*, sie sollen sich zurückhalten, also von Gewalt Abstand nehmen, setzt allerdings hinzu: „Haltet euch bereit" – doch wofür? Die Botschaft scheint mir eindeutig zu sein: „Trefft Vorbereitungen, um euch der Machtübernahme der Demokraten gewaltsam zu widersetzen!"

Damit dürfte der paradoxe Befund also klar sein: Trumps zynische Distanz zu den Leuten, die der Ideologie von der Überlegenheit der „weißen Rasse" anhängen, ist viel gefährlicher als Rammsteins Überidentifikation mit dem Faschismus, die diesen von innen heraus untergräbt.

1 Elinor Aspegren, „Department of Education Launches Investigation into Princeton University over ‚Admitted Racism'", *USA Today*, 18.09.2020, www.yahoo.com/news/department-education-launches-investigation-princeton-005054478.html, zuletzt abgerufen am 28.04.2022.

2 Mark McLaughlin, „Hate Crime Bill: Hate Talk in Homes ‚Must Be Prosecuted'", *The Times*, 28.10.2020, www.thetimes.co.uk/article/hate-crime-bill-hate-talk-in-homes-must-be-prosecuted-6bcthrjdc, zuletzt abgerufen am 28.04.2022.

3 Clare Hurley, „Blatant Censorship: Retrospective of American Painter Philip Guston Delayed Four Years", *World Socialist Website*, 05.10.2020, www.wsws.org/en/articles/2020/10/06/gust-o06.html, zuletzt abgerufen am 29.04.2022.

4 Julia Halperin, „Why Did the National Gallery Postpone Its Guston Show?", *Artnet, 06.10.*2020, news.artnet.com/art-world/kaywin-feldman-philip-guston-interview-1913483, zuletzt abgerufen am 29.04.2022.

5 McKhelyn Jones, „Political Correctness, Trigger Warnings and What to Do about Them", *The Review,* www.uvureview.com/news/front-page/recent/opinions/political-correctness-trigger-warnings, zuletzt abgerufen am 29.04.2022.

6 Thomas Blaser, „Is Rammstein Racist?", *Africa Is a Country*, 26.07.2019, africasacountry.com/2019/07/racism-comes-in-different-guises, zuletzt abgerufen am 29.04.2022.

7 Jessica Lee, „Who Are the Proud Boys Trump Told To ‚Stand Back and Stand By'?", *Snopes*, 07.10.2020, www.snopes.com/news/2020/10/07/proud-boys-explained, zuletzt abgerufen am 29.04.2022.

5
Die Grenzen der Demokratie

In den Wochen vor den US-Präsidentschaftswahlen 2020 bildete der populistische Widerstand in seinen diversen Ausprägungen ein einheitliches Feld, wie *The Guardian* berichtete:

> In der Endphase der Präsidentschaftswahlen schlossen sich bewaffnete Milizen mit Verschwörungstheoretikern und Impfgegnern zusammen, für die die Corona-Pandemie nichts als ein Schwindel ist. Dies verstärkt die Befürchtungen, dass es vor dem Wahltag zu Unruhen kommen könnte. Am Wochenende versammelten sich führende Vertreter dieser Gruppierungen, die gegen Regierung und Wissenschaft propagandistisch mobilmachen. An dem Treffen nahm auch der Gründer einer der größten Milizgruppen im Land teil.[1]

Wir haben es hier mit einem Geschehen zu tun, das drei verschiedene Ausrichtungen umfasst: die der Verschwörungstheoretiker (wie QAnon), die der Corona-Leugner und die der gewalttätigen Milizen. Diese Ausrichtungen sind oft uneinheitlich und relativ unabhängig voneinander. So gibt es Verschwörungstheoretiker, welche die Pandemie nicht leugnen, aber ein (chinesisches) Komplott in ihr sehen, das sich gegen die USA richtet und die Zerstörung des Landes zum Ziel hat; und es gibt Corona-Leugner, die hinter der Pandemie keine Verschwörung wittern, sondern nur abstreiten, dass sie eine ernsthafte Bedrohung darstellt (zum Beispiel Agamben). Diese drei Ausrichtungen aber bewegen sich jetzt aufeinander zu: Gewalttätige Milizen legitimieren sich selbst als Verteidiger der Freiheit, die sie durch eine Verschwörung eines

Staats im Staate (*deep state*) gegen die Wiederwahl Trumps bedroht sehen; die Pandemie gilt ihnen dabei als zentrales Element dieser Intrige. Würde Trump verlieren und nicht wieder zum Präsidenten gewählt werden, dann ginge das auf diese Verschwörung zurück, und darum sei es legitim, sich gewaltsam gegen seine Niederlage zu stemmen. Am 29. Oktober 2020 sorgte der Erzbischof Carlo Maria Viganò, ehemaliger Apostolischer Nuntius des Vatikans in den USA und bekennender Gegner von Papst Franziskus, in der Online-Welt von QAnon für einigen Wirbel, nachdem sein offener Brief, den er an Präsident Trump verfasst hatte, in einem Post des anonymen Anführers der kultähnlichen Verschwörungsbewegung zitiert worden war.

In dem Brief werden viele der Themen aufgegriffen, für die sich die hinter Trump versammelte Verschwörungsgemeinde besonders begeistert. Der Verfasser nimmt dabei auch etliche der allseits bekannten Schurken unter Beschuss, die angeblich jener „globalen Elite" angehören, von der so gern gemunkelt wird. Natürlich dürfen auch Bill Gates und die „Mainstream-Medien" nicht fehlen. „Das Schicksal der ganzen Welt", schreibt Viganò, „wird von einer weltweiten Verschwörung gegen Gott und die Menschheit bedroht", und darum sei „die bevorstehende Wahl von epochaler Bedeutung". Vor diesem Hintergrund stilisiert er Trump als „letzten Halt gegen die Weltdiktatur".[2]

Wer eine solche Perspektive einnimmt, für den ist die Anwendung von Gewalt naheliegend. Im Oktober 2020 deckte das FBI den Plan einer rechten Bürgerwehr auf, die Gouverneurin von Michigan, Gretchen Whitmer, aus ihrem Haus zu entführen und an einen sicheren Ort in Wisconsin zu bringen, wo ihr vor einer Art „Volksgericht" wegen „Verrats" der Prozess gemacht werden sollte.[3] Als Gouverneurin hatte sie strenge Maßnahmen zur Eindämmung von Corona-Infektionen verhängt und damit der Gruppe zufolge die von der US-amerikanischen Verfassung garantierten Freiheitsrechte verletzt. Erinnert dieser Plan nicht an die bekannteste politische Entführung, die es in Europa gegeben hat? Im Jahr 1978 wurde Aldo Moro, eine Schlüsselfigur des italienischen politischen Establishments, von den Roten Brigaden entführt, vor ein Volksgericht gestellt und erschossen. Moro hatte immer wieder die Möglichkeit einer Großen Koalition zwischen den Christdemokraten und der Kommunistischen Partei ins Spiel gebracht …

Angela Nagle konstatiert zu Recht, dass sich die neue populistische Rechte Methoden zu eigen macht, die vor Jahrzehnten eindeutig „terroristischen" linksextremen Gruppen zugerechnet wurden.[4] Dies bedeutet natürlich keineswegs, dass die beiden „Extreme" sich irgendwie decken – wir haben keine stabile, von den beiden Extremen symmetrisch flankierte Mitte. Die antagonistische Grundspannung besteht zwischen dem Establishment und der Linken, und der gewalttätige „Extremismus" der Rechten ist eine panikartige Reaktion, zu der es kommt, wenn die Mitte bedroht ist. Dies zeigte sich in der letzten Präsidentschaftsdebatte, in der Trump Joe Biden vorwarf, „Medicare for All" zu unterstützen, und den Satz „Biden hat Sanders zugestimmt" in den Raum stellte, woraufhin Biden erwiderte: „Ich habe Bernie Sanders geschlagen." Die Botschaft dieser Replik war offensichtlich: Er, Biden, ist Trump mit menschlichem Antlitz – ungeachtet ihrer Gegensätze haben sie denselben Feind. Das aber ist liberaler Opportunismus in seiner schlimmsten Form: Aus Angst, die Mitte zu verschrecken, sagt man sich von den linken „Extremisten" los.

Dabei sind es nicht nur die USA, die sich in diese Richtung bewegen. Ein Blick auf die Schlagzeilen der europäischen Medien zeigt das schnell: In Polen beklagen liberale Figuren des öffentlichen Lebens, sie könnten nur noch dabei zusehen, wie die Demokratie demontiert werde; Gleiches gilt für Ungarn … Auf einer noch allgemeineren Ebene zeigt sich, dass allein die bloße Idee einer parlamentarischen Demokratie heute durch eine gewisse Spannung gekennzeichnet ist. Demokratie bedeutet zweierlei: die

„Macht des Volkes" bzw. die Vorstellung, dass der substanzielle Wille der Mehrheit sich im Staat ausdrücken soll, und das Vertrauen in den Wahlmechanismus, sodass – unabhängig davon, wie viel manipuliert und gelogen wird – das ausgezählte Ergebnis von allen Seiten akzeptiert werden muss. So hat Al Gore die Niederlage gegen Bush eingeräumt, obwohl mehr Menschen für ihn gestimmt hatten und die Auszählung in Florida sehr fragwürdig war – es ist das Vertrauen in das formale Verfahren, das der parlamentarischen Demokratie ihre Stabilität verleiht. Schwierig wird es, wenn diese beiden Dimensionen aus dem Gleichgewicht geraten, und Linke wie Rechte fordern oft, dass der substanzielle Wille des Volkes Vorrang gegenüber den Wahlformalien haben sollte, womit sie in gewisser Weise recht haben: Der Mechanismus demokratischer Repräsentation ist nicht wirklich neutral. „Denn wenn die Demokratie Repräsentation ist, dann zuerst die des allgemeinen Systems, das ihre Formen trägt. Anders gesagt: Die Wählerdemokratie ist nur insofern repräsentativ, als sie zuerst konsensuelle Repräsentation des Kapitalismus ist, der heute in ‚Marktwirtschaft' umbenannt ist",[5] so Alain Badiou.

Diese Zeilen sollten im strengsten formalen Sinne verstanden werden: Auf der empirischen Ebene repräsentiert – spiegelt, registriert, misst – die liberale Mehrparteiendemokratie natürlich die quantitative Streuung der verschiedenen Meinungen der Menschen, ihre Haltung zu den von den Parteien vorgeschlagenen Programmen, zu ihren Kandidaten und so weiter. Doch noch vor dieser empirischen Ebene und in einem viel radikaleren Sinne *repräsentiert – instanziiert* – eben die Form der liberalen Mehrparteiendemokratie *eine bestimmte Vorstellung von Gesellschaft, Politik und der Rolle der Individuen darin*, wobei die Politik in Parteien organisiert ist, die durch Wahlen um die Kontrolle über den gesetzgebenden und ausführenden Staatsapparat konkurrieren. Man sollte sich immer bewusst halten, dass dieser Rahmen nie neutral ist – er privilegiert bestimmte Werte und Praktiken.

Diese nicht vorhandene Neutralität wird in krisenhaften oder von Gleichgültigkeit geprägten Momenten spürbar, wenn wir die Erfahrung machen, dass das demokratische System unfähig ist, zu erfassen, was die Menschen tatsächlich wollen oder denken. Diese Unfähigkeit zeigt sich durch ungewöhnliche Phänomene wie die britischen Wahlen von 2005, bei denen die Unzufriedenheit trotz der wachsenden Unbeliebtheit von Tony Blair (er wurde regelmäßig zur unbeliebtesten Person in Großbritannien gewählt) keinen politisch wirksamen Ausdruck finden konnte. Hier stimmte offensichtlich etwas überhaupt nicht, und das lag nicht daran, dass die Menschen „nicht wussten, was sie wollten", sondern daran, dass zynische Resignation sie daran hinderte, entsprechend zu handeln. Und daraus resultierte die seltsame Kluft zwischen dem, was die Menschen dachten, und dem, wie sie handelten (also wählten).

Im Jahr 2018 hat diese Kluft sich mit dem Aufkommen der *Gilets jaunes* (Gelbwesten) in Frankreich noch brutaler aufgetan. Die Proteste waren zweifellos Ausdruck einer Erfahrung, die sich unmöglich in die Begriffe institutioneller Repräsentationspolitik übersetzen oder überführen ließ. In dem Moment, als Emmanuel Macron die Vertreter der Proteste zum Dialog einlud und sie aufforderte, ihre Beschwerden in einem klaren politischen Programm zu formulieren, löste sich ihre konkrete Erfahrung gleichsam in Luft auf. Ist nicht genau das Gleiche mit der Partei Podemos in Spanien passiert? In dem Moment, da ihre führenden Köpfe sich bereit erklärten, Parteipolitik zu machen und in die Regierung einzutreten, ließen sie sich von der Sozialistischen Partei kaum mehr unterscheiden – auch das ist ein Zeichen dafür, dass die repräsentative Demokratie nicht in vollem Maße funktioniert.

Kurz gesagt: Die Krise der liberalen Demokratie dauert schon seit mehr als einem Jahrzehnt an; die Corona-Pandemie hat sie nur über einen bestimmten Grad hinaus verschärft. So geraten die Grundprämissen einer funktionierenden Demokratie heute zunehmend ins Wanken. Den vielleicht treffendsten Ausdruck für das Vertrauen, auf dem die Demokratie beruht, verdanken wir Abraham Lincoln. Seine berühmten Sätze haben dabei nichts von ihrer Gültigkeit eingebüßt: „Man kann einen Teil des Volkes die ganze Zeit *täuschen*, und das ganze Volk für einen Teil der Zeit. Aber man kann nicht das gesamte Volk über die gesamte Zeit hinweg täuschen." Pessimistisch gewendet könnte man auch sagen: Die Mehrheit lebt nur in seltenen Ausnahmemomenten in der Wahrheit; die meiste Zeit lebt sie in der Unwahrheit, während sich nur eine Minderheit der Wahrheit bewusst ist. Die Lösung lässt sich sicher nicht in irgendeiner „wahreren" Demokratie finden, die alle Minderheiten stärker einbezieht; vielmehr werden wir den Rahmen selbst verlassen müssen, in dem wir uns mit der liberalen Demokratie bewegen – und nichts fürchten die Liberalen mehr. Die Lösung liegt auch nicht darin, dass die selbst organisierte und mobilisierte Zivilgesellschaft (zum Beispiel mit Podemos oder den *Gilets jaunes*) den Staat irgendwie übernimmt und unmittelbar an seine Stelle tritt. Die unmittelbare Herrschaft der Masse, der Vielen und Verschiedenen, ist eine Illusion; sie braucht in der Regel einen starken Staatsapparat, auf den sie sich stützen kann. Der Weg zu einem echten Wandel tut sich erst auf, wenn wir die Hoffnung verlieren, dass sich das System von innen heraus verändern lässt. Wem das zu „radikal" erscheint, der sollte daran denken, dass sich unser Kapitalismus heute bereits verändert, wenn auch im umgekehrten Sinn.

Unmittelbare Gewalt ist in der Regel nicht revolutionär, sondern konservativ, eine Reaktion auf die Bedrohung durch einen grundlegenderen Wandel – wenn ein System in der Krise ist, beginnt es, seine eigenen Regeln zu brechen. Hannah Arendt zufolge sind gewaltsame Ausbrüche im Allgemeinen nicht die Ursache für die Veränderung einer Gesellschaft, sondern vielmehr die Geburtswehen einer neuen Gesellschaft innerhalb einer Gesellschaft, die – bedingt durch ihre eigenen Widersprüche – bereits in Auflösung begriffen ist. Erinnern wir uns, dass Arendt dies gegen Mao gerichtet sagte, den sie mit dem Satz zitierte: „Die politische Macht kommt aus den Gewehrläufen". Für Arendt war dies eine „ganz und gar unmarxistische" Überzeugung, da Marx in der Gewalt „die Geburtshelferin der Geschichte" sah, und diese „macht Geschichte oder Revolution so wenig wie die Hebamme das Kind erzeugt oder gebiert".[6] Darin stimme ich ihr grundsätzlich zu, würde aber ergänzen, dass eine vollkommen friedliche, „demokratische" Übergabe der Macht nicht ohne die „Geburtswehen" der Gewalt zu haben ist; es wird immer Spannungsmomente geben, in denen die demokratischen Verfahrensregeln außer Kraft gesetzt sind.

Heute aber geht diese Spannung von der Rechten aus. Darum ist es paradoxerweise an der Linken, wie Alexandria Ocasio-Cortez betonte, unsere „bürgerliche" Demokratie zu bewahren, wenn die liberale Mitte zu schwach dafür und auch zu unentschlossen ist. Steht das im Widerspruch dazu, dass es für die Linke heute gilt, über die parlamentarische Demokratie hinauszugehen? Nein. Wie man an Trump sehen kann, liegt der Widerspruch in dieser Demokratieform selbst. Die einzige Möglichkeit, das, was an der liberalen Demokratie bewahrenswert ist, zu bewahren, besteht demnach darin, über sie hinauszugehen – und umgekehrt: Wenn die Gewalt von rechts immer weiter zunimmt, besteht die einzige Möglichkeit, über die liberale Demokratie hinauszugehen, darin, ihr treuer zu sein, als die liberal gesinnten Demokraten sich selbst es sind. Das zeigen die Entwicklungen in Bolivien ganz deutlich, einem der wenigen lichten Flecken in unserer verwüsteten Landschaft, wo es der Partei von Evo Morales gelang, auf demokratischem Wege an die Macht zurückzukehren.

1 Ed Pilkington, „US Militias Forge Alliances with Conspiracy Theorists Ahead of Election“, *The Guardian,* 14.10.2020, www.theguardian.com/world/2020/oct/14/armed-militias-conspiracy-theorists-anti-vaxxers-red-pill-expo, zuletzt abgerufen am 29.04.2022.

2 Caitlin Dickson, „‚A Global Conspiracy against God and Humanity‘: Controversial Catholic Archbishop Pushes QAnon Themes in Letter to Trump“, *Yahoo!*, 31.10.2020, www.yahoo.com/news/a-global-conspiracy-against-god-and-humanity-controversial-catholic-archbishop-pushes-q-anon-themes-in-letter-to-trump-134003985.html, zuletzt abgerufen am 29.04.2022.

3 Derick Hutchinson, „FBI: Group Plotting to Kidnap Michigan Gov. Whitmer Wanted to Take Her to Wisconsin for ‚Trial‘“, *ClickOnDetroit,* 08.10.2020, www.clickondetroit.com/news/local/2020/10/08/fbi-group-plotting-to-kidnap-michigan-gov-whitmer-wanted-to-take-her-to-wisconsin-for-trial, zuletzt abgerufen am 29.04.2022.

4 Angela Nagle, *Kill All Normies*, Zero Books, New York 2017.

5 Alain Badiou, *Wofür steht der Name Sarkozy?*, diaphanes, Zürich 2008, S. 97.

6 Hannah Arendt, *Macht und Gewalt*, Piper, München/Zürich 1990, S. 15.

6

Der Mut der Covid-19-Hoffnungslosigkeit

Europa bezahlt jetzt [im Herbst 2020] den Preis für die Selbstzufriedenheit, die es im Sommer an den Tag legte. Erst glaubten wir, die Hitze würde das Virus zum Verschwinden bringen. Als dieser Effekt jedoch ausblieb, fanden wir uns damit ab, dass die heißen Temperaturen ihre erwartete Wirkung verfehlten. Das Leben war trotzdem wieder irgendwie offener, und es machte sich Erleichterung breit, weil das Schlimmste überstanden zu sein schien. Jetzt, im Herbst, kehrt das Virus mit voller Wucht zurück und es zeigt sich, dass die Hitze ihren Dienst keineswegs versagte: Sie mag das Virus nicht vernichtet haben, seine Übertragung aber hat sie deutlich verringert. Unser Sommer war ein kurzer Moment der Hoffnung. Dabei fehlte es weder an Warnungen noch an Hinweisen, wie wir uns auf die zweite Welle vorbereiten müssten; diese aber verhallten meist ungehört. Hier bestätigt sich einmal mehr die Logik der fetischistischen Verleugnung („Ich weiß es sehr wohl, aber in Wirklichkeit glaube ich es nicht"). Jetzt sind wir überrascht, dass das Erwartete tatsächlich eingetreten ist. Dazu erledigt sich gerade auch noch eine andere allzu leichtfertige Annahme. So hieß es, die Sterberate bleibe trotz stark steigender Infektionszahlen niedrig, weshalb wir es mit einer offensichtlich viel weniger gefährlichen Mutation des Virus zu tun hätten. Die Realität aber sieht so aus, dass in Europa auch die Todesfälle wieder zunehmen.

In einigen europäischen Ländern, die stark von der Pandemie betroffen sind, verlieren die Behörden allmählich die Kontrolle über das Infektionsgeschehen. Als ein Berater von Donald

Trump am 25. Oktober 2020 erklärte, man werde die Pandemie nicht unter Kontrolle halten können, löste das einen Skandal aus.[1] Auf hartnäckiges Nachfragen hin, warum die Pandemie nicht eingedämmt werden könne, erwiderte der Stabschef des Weißen Hauses Mark Meadows: „… weil es sich um ein ansteckendes Virus handelt, genau wie bei der Grippe". Die Regierung werde sich darauf konzentrieren, wirksame Medikamente und Impfstoffe auf den Markt zu bringen. Dieses Argument ist bloß eins in einer Reihe von drei Argumenten, die in ihrer völligen Unvereinbarkeit unweigerlich an Freud und seine Geschichte von dem beschädigten Kessel denken lassen. Diese handelt von einem Mann, der von seinem Nachbarn beschuldigt wird, er hätte einen von ihm ausgeliehenen Kessel beschädigt zurückgegeben. Zu seiner Verteidigung argumentiert der Mann, er habe 1. den Kessel unversehrt zurückgegeben, außerdem habe dieser 2. bereits ein Loch gehabt, als er ihn sich borgte, und überhaupt habe er sich 3. nie einen Kessel von ihm geliehen. Die nach Paul Krugman vom Weißen Haus verbreitete Version lautet: Covid-19 ist 1. eine Krankheit, die nur für Wenige ernste Folgen hat, und die Ärzte übertreiben, damit sie mehr Geld bekommen; Covid-19 ist 2. ernst zu nehmend, aber die Regierung leistet hervorragende Arbeit; 3. ist es eine Infektion, die sich einfach ausbreitet, und darum kann man im Grunde nichts tun, um sie unter Kontrolle zu halten.[2]

Einige europäische Länder, in denen sich ein Zusammenbruch des Gesundheitssystems abzeichnet, verhalten sich jetzt ähnlich widersprüchlich. Bisher galt die Regel, dass medizinische Angestellte, die in engen Kontakt mit einer infizierten Person gekommen waren, sich in Quarantäne begeben mussten – jetzt sind sie zur Weiterarbeit verpflichtet, bis sich bei ihnen konkrete Anzeichen einer Erkrankung zeigen. So verständlich diese dem Personalmangel geschuldete Vorgehensweise auch ist – sie gibt dem Virus die Möglichkeit, sich in den vom Infektionsgeschehen ohnehin schon stark betroffenen Kliniken nahezu ungehindert auszubreiten. Einige Staaten (wie Belgien und Tschechien) gehen sogar noch weiter: Dort sind positiv getestete medizinische Angestellte verpflichtet, weiterzuarbeiten, bis ihr Zustand sich so weit verschlechtert, dass sie buchstäblich nicht mehr können. In Berlin, Belgien, Tschechien und Slowenien wurden Personen, die Covid-19-Symptome zeigten, dazu aufgefordert, ihren Arzt erst anzurufen, wenn die Krankheit bei ihnen schwerer verläuft. Dort hat man auch damit aufgehört, die Fälle nachzuverfolgen; Personen, welche Symptome zeigen, sollen versuchen, sich zu erinnern, mit wem sie Kontakt hatten, und die Betreffenden darauf hinweisen, dass Vorsicht geboten ist. Sagen wir es kurz: Der Staat hisst die weiße Fahne und kapituliert vor dem Virus.

Im Sommer hat sich die Auffassung verbreitet, Lockdown und Quarantäne seien am Ende schädlicher als die Krankheit selbst; sie wären nicht nur wirtschaftlich fatal, sondern würden gerade auch mit Blick auf das Gesundheitssystem (aufgrund der negativen Effekte aus der Vernachlässigung von Krebs und anderen Krankheiten) mehr schaden als nützen. Vor diesem Hintergrund gelte es, einen Lockdown um jeden Preis zu vermeiden. Auch die Wirtschaft, so schärfte man uns immer wieder ein, könne keinen weitgehenden Stillstand des sozialen und wirtschaftlichen Lebens mehr leisten. Konsequente Schritte folgten aus dieser Einschätzung allerdings nicht. Stattdessen lavierte man sich so durch. Immerhin: Die Wirtschaft ließ sich damit teilweise vor dem Zusammenbruch bewahren, die Länder aber nicht vor einem Wiederaufflammen des vorübergehend gebremsten Infektionsgeschehens. Bedrängt von zwei (oder gar drei) Seiten – medizinischen Experten, Wirtschaftsinteressen und dem Druck populistischer Maßnahmengegner –, entschieden sich die Regierungen für eine Politik der Kompromisse, und jetzt zahlen wir den Preis für all die unausgegoren und oft lächerlich komplizierten Maßnahmen. Die Fallzahlen schießen in die Höhe, darüber hinaus aber sehen wir möglicherweise katastrophalen wirtschaftlichen Härten entgegen. Die Realität hat sich durchgesetzt, und jetzt denken die Regierungen öffentlich darüber nach, wieder strenger durchzugreifen, sollte sich der Trend nicht umkehren. Das Problem ist nur, dass sie sich *innerhalb* der sozioökonomischen Koordinaten des heutigen globalen Kapitalismus keinen weiteren Lockdown leisten können: Dieser würde zu einer beispiellosen wirtschaftlichen Depression führen und damit zu Chaos, sozialen Unruhen und psychischen Krisen. Einen Lockdown hat das globale System halbwegs verkraftet, einen weiteren bewältigt sie nicht mehr.

An diesem Punkt befinden wir uns gerade: Der lange, heiße Sommer der Kompromisse mit der kapitalistischen Weltordnung ist vorbei; wir werden auf brutale Weise mit den Grenzen aller staatlichen Versuche konfrontiert, der pandemischen Lage Herr zu werden, ohne diese Ordnung tiefgreifend zu stören. Die Situation ist aussichtslos: Es gibt keine Hoffnung auf eine Lösung *innerhalb* der bestehenden Ordnung. Jetzt geht es darum, sich das einzugestehen. Man muss den Mut aufbringen, diese Hoffnungslosigkeit offen anzunehmen, um dann als Konsequenz daraus einen radikalen sozioökonomischen Wandel ins Auge zu fassen: eine direkte „Politisierung" (Vergesellschaftung) der Wirtschaft mit einer viel stärkeren Rolle des Staates und einer zugleich viel größeren Transparenz der Staatsapparate im Rahmen der Zivilgesellschaft.

Im Folgenden möchte ich den nötigen Wandel, um den es hier geht, etwas näher bestimmen. Dazu beziehe ich mich auf die vier Elemente einer Idee der revolutionären Gerechtigkeit, wie sie von Alain Badiou herausgearbeitet wurden: Voluntarismus (die Überzeugung, dass wir „Berge versetzen" können, wenn wir uns über „objektive" Gesetze und Hindernisse hinwegsetzen), Terror (der unbedingte Wille, den Gegner rücksichtlos zu bekämpfen), egalitäre Gerechtigkeit (ohne Rücksicht auf die „komplexen Umstände", die uns angeblich dazu zwingen, langsam vorzugehen und nichts zu überstürzen) und nicht zuletzt das Vertrauen in die Menschen. Diese Idee nun soll für unsere pandemische Zwangslage von Bedeutung sein? Angesichts dieser Vorstellung werden manche unweigerlich erschrecken oder in Gelächter ausbrechen – wir leben in einer komplexen postmodernen Gesellschaft, in der solche Positionen nicht nur ethisch unannehmbar sind, sondern sich noch dazu auch als erfolglos erwiesen haben. Ich für meinen Teil glaube jedoch nicht nur, dass die fortschreitende Pandemie uns dazu zwingt, eine neue, viel stärkere Version dieser vier Merkmale zu erfinden; meiner Überzeugung nach sind wir vielmehr schon mitten dabei, das zu tun. Als Kuba nach dem Zusammenbruch der Sowjetunion in die Krise stürzte, bezeichneten die Machthaber diesen neuen Zeitabschnitt – der durch militärische Disziplin geprägt, aber frei von kriegerischen Konflikten war – als „Sonderperiode in Friedenszeiten". Was haben wir uns nicht über diese Bezeichnung lustig gemacht! Aber befinden wir uns nicht gerade auch in einer solchen „Sonderperiode in Friedenszeiten"? Nehmen wir uns die Elemente im Einzelnen vor.

Voluntarismus: Selbst in Ländern, in denen konservative Kräfte an der Macht sind, werden immer mehr Entscheidungen getroffen, die eindeutig gegen „objektive" Marktgesetze verstoßen: Der Staat greift direkt in die Wirtschaft und die Landwirtschaft ein; er verteilt Milliarden, um zu verhindern, dass es zu Hunger kommt, oder setzt sie zur Gesundheitsversorgung ein. Mit dem anhaltenden Anstieg der Infektionszahlen wird zumindest eine teilweise Vergesellschaftung der Wirtschaft noch dringlicher werden. Wie in einem Krieg muss die Gesundheitsversorgung ausgebaut und neu organisiert werden, ohne dabei die Gesetze des Marktes zu berücksichtigen.

Terror: Die Befürchtungen der Liberalen bestehen zu Recht – auch wenn es sich nicht um den alten, „totalitären" Polizeiterror handelt, gehören schwerwiegende Einschränkungen unserer Freiheiten doch mittlerweile zum Leben dazu. Die Staaten sehen sich dabei nicht nur gezwungen, neue Formen sozialer Kontrolle und Reglementierung einzuführen; mancherorts wenden sich die Behörden auch an die Bevölkerung und bitten sie, Personen zu melden, die womöglich ansteckend sind oder Maßnahmen nicht einhalten. Mit der Pandemie werden Informanten endgültig zu den neuen Heldengestalten. Natürlich sind auch viele dagegen, einfache Bürger einzubeziehen, wenn es darum geht, den Behörden Verstöße gegen die Pandemievorschriften anzuzeigen. Für sie wäre das in etwa so, als würde man Freunde bei der Polizei denunzieren, doch solchen falschen Gleichsetzungen sollten wir entgegentreten.

Egalitäre Gerechtigkeit: Es wird allgemein anerkannt, dass der irgendwann verfügbare Impfstoff jedem zugänglich sein sollte und dass kein Teil der Weltbevölkerung dem Virus geopfert werden darf – das Heilmittel muss entweder weltweit verfügbar sein oder es ist ineffizient. Doch kann das überhaupt so umgesetzt werden? Hier gilt mit Kant und seiner Bestimmung der Pflicht: „Du kannst, denn du sollst." Natürlich wird es massenhaft zu Betrügereien kommen; sie sollten aber allesamt als das behandelt werden, was sie sind, nämlich kriminelle Vergehen, die es entsprechend hart zu bestrafen gilt. Staaten, die versuchen, den Impfstoff auf Kosten anderer unter ihre Kontrolle zu bringen, sollten als Schurkenstaaten behandelt werden.

Vertrauen in die Menschen: Wir alle wissen, dass die meisten Maßnahmen gegen die Pandemie nur funktionieren, wenn die Menschen sich auch an die Empfehlungen halten – noch die umfassendste staatliche Kontrolle hat irgendwo Lücken. Der Appell an das Mitgefühl reicht dabei nicht aus; die Menschen sollten über die Gefahren informiert und zumindest so weit in Angst versetzt werden, dass sie die Vorschriften tatsächlich befolgen. Außerdem sollten sie dazu angeregt werden, sich in lokalen Gemeinschaften selbst zu organisieren, um den Bedürftigen zu helfen. Und natürlich sollten die Menschen den staatlichen Einrichtungen *nicht* uneingeschränkt vertrauen; diese Einrichtungen sollten vielmehr selbst den „terroristischen" Druck der Leute verspüren, die das Recht und die Pflicht haben, Angehörige dieser Institutionen mit einem gewissen Misstrauen zu betrachten.

An Widerstand gegen die Maßnahmen wird es auch weiter nicht fehlen. Dieser Widerstand aber ist letztlich nichts anderes als Abwehr und Verleugnung dessen, was uns die Wissenschaft sagt. Darum kommt die meiste Gegenwehr auch von der populistischen Neuen Rechten. Kompromisse darf es hier aber nicht geben. Wir haben schon genug wertvolle Zeit damit verbracht, nach solchen Kompromissen zu suchen, und diese Schlacht haben wir eindeutig verloren. Jetzt ist es Zeit, ohne alle Rücksicht zu handeln. Kurzum: Wie von mir schon vor Monaten gefordert, brauchen wir in Europa irgendeine Form von „Kriegszeitenkommunismus": einen nicht anders zu nennenden gesamteuropäischen Notstand, der sich durch strenge Disziplin auszeichnet und unter dem wirtschaftliche Belange zurückstehen müssen, wenn es darum geht, all die Übel und Missstände zu bewältigen, von denen wir betroffen sind (womit nicht nur die Pandemie gemeint ist). Was die anderen üblen Dinge betrifft, die uns erwarten, verweise ich hier auf einen Bericht von *The Guardian* vom 27. Oktober 2020, in dem es heißt:

> Wissenschaftler haben Beweise dafür gefunden, dass gefrorene Methanvorkommen im Arktischen Ozean – auch bekannt als die „schlafenden Riesen des Kohlenstoffkreislaufs" – in einem großen Areal des Kontinentalhangs vor der ostsibirischen Küste aufzutauen beginnen und dabei entsprechende Mengen an Methan freisetzen. In der nördlich von Russland liegenden Laptewsee wurden in einer Tiefe von 350 Metern hohe Konzentrationen des starken Treibhausgases gemessen. Forscher zeigen sich besorgt, dass möglicherweise eine neue Klimarückkopplung ausgelöst worden sei, welche die globale Erwärmung weiter beschleunigen könnte.[3]

Heißt das, wir müssen uns damit abfinden, dass uns ein Kriegszeitenkommunismus auf unabsehbare Zeit begleiten wird, und uns von unseren gewohnten sozialen Freiheiten verabschieden? Selbst wenn man einmal davon absieht, dass diese Freiheiten in Wirklichkeit weitaus eingeschränkter waren als gemeinhin behauptet, besteht das Paradoxon darin, dass wir durch den Nullpunkt des „Kriegszeitenkommunismus“ hindurchgehen müssen, wenn wir den Raum für die neuen, kommenden Freiheiten offenhalten wollen. Wenn wir uns an unsere alte Lebensweise klammern, werden wir ganz sicher in einer neuen Barbarei landen. Erst wenn wir zugeben, dass die Lage – innerhalb der bestehenden Weltordnung – aussichtslos ist, können wir einen Ausweg finden.

1 Jonathan Lemire, Alexandra Jaffe und Aamer Madhani, „Trump Aide: ‚We're Not Going to Control the Pandemic'“, *Pittsburgh Post-Gazette*, 25.10.2020, www.post-gazette.com/news/nation/2020/10/25/2020-election-campaign-Donald-Trump-New-Hampshire-Maine-Joe-Biden-COVID-19-coronavirus-Mike-Pence-chief-of-staff/stories/202010250196, zuletzt abgerufen am 02.05.2022.

2 Siehe Paul Krugman, „Trump Tells Coronavirus ‚I Surrender'“, *New York Times*, 26.10.2020, www.nytimes.com/2020/10/26/opinion/trump-coronavirus-climate-change.html, zuletzt abgerufen am 03.05.2022.

3 Jonathan Watts, „Arctic Methane Deposits ‚Starting to Release', Scientists Say“, *The Guardian*, 27.10.2020, www.theguardian.com/science/2020/oct/27/sleeping-giant-arctic-methane-deposits-starting-to-release-scientists-find, zuletzt abgerufen am 03.05.2022.

7

Wie man Trump in seinem Begriff tötet

Am 23. November 2020 erklärte sich Donald Trump dazu bereit, seinen Rückzug aus dem Amt des Präsidenten anzutreten. Die Art und Weise aber, wie er sein Einverständnis verkündete, sagt viel über die Person Trump aus.[1] Seine Erklärung erfolgte, nachdem die zuständige Verwaltungsbehörde Joe Biden zum „offenkundigen Sieger" der US-Wahl erklärt hatte, sodass der formelle Regierungswechsel beginnen konnte. Emily Murphy, die Leiterin der Behörde, stellte in einem Schreiben an den designierten Präsidenten fest, dass sie ihre Entscheidung „unabhängig" getroffen habe und von den ausführenden Organen nicht unter Druck gesetzt worden sei. (Man beachte, dass von Biden als dem „offenkundigen" Wahlsieger gesprochen wird, demjenigen also, der gewonnen zu haben scheint – wenn das Gegenteil von Schein das ist, was eigentlich ist, dann impliziert diese Einschränkung, dass, unabhängig vom Endergebnis der Stimmnachzählung, „eigentlich" Trump gewonnen hat!) Wenige Minuten nach Bekanntwerden von Murphys Brief twitterte Trump, er habe Murphy die Erlaubnis gegeben, den Brief zu verschicken, gelobte aber, er wolle den Beschluss weiter anfechten.[2] Das Geld für diesen letzten verzweifelten Versuch, das Wahlergebnis doch noch zu kippen, sollte durch eine Spendenaktion eingetrieben werden, nicht zuletzt unter den eigenen Anhängern, die entsprechend aggressiv um Beiträge angegangen wurden. Halten wir also fest: Trump akzeptierte die Machtübergabe, indem er Maßnahmen zuließ, die unabhängig von seinem Willen getroffen wurden, gestand seine Niederlage aber gleichzeitig nicht ein. Trump ist also ein wandelnder Widerspruch: der als Bewahrer traditioneller christlicher Werte auftretende postmoderne Ironiker schlechthin; der ultimative Zerstörer von Recht und Ordnung, der sich zugleich als ihr bedingungsloser Beschützer ausgibt.

Eine ähnliche Spannung lässt sich in der Beziehung ausmachen, die Trump zur extremen Rechten unterhält, und zwar vor allem in der Art, wie er versucht, sich von den fragwürdigsten Teilen des rechten Rands zu distanzieren, während er zugleich die patriotische Grundhaltung lobt, die man dort pflegt. Diese Distanz ist natürlich reine Rhetorik und sonst nichts. Derweil er die schlimmsten Ansichten von Gruppierungen wie den *Proud Boys* mit dünnen Worten kritisiert (und ihnen sagt, sie sollten „sich zurückhalten"), macht Trump gleichzeitig klar, was er von ihnen erwartet. Sie sollen den indirekten Aufrufen zur Gewalt, die er in seine Reden einstreut, folgen („sich bereithalten") und entsprechend zur Tat schreiten.

Trumps Reaktion auf die *Proud Boys* ist nur *ein* anschauliches Beispiel dafür, wie ernst man seine „Exzesse" nehmen muss. Bei einem der seltenen Wahlkampfauftritte, die Melania Trump an der Seite ihres Mannes absolvierte, prangerte sie die „sozialistische Agenda" Bidens an[3] – aber wie steht es dann mit Kamala Harris, die doch meist weiter links eingeordnet wird als der äußerst gemäßigte Biden? Melanias Ehemann hat diesbezüglich eine klare Meinung: „Sie ist Kommunistin, keine Sozialistin. Sie steht noch jenseits davon. Sie will die Grenzen öffnen; sie will ganze Heerscharen von Mördern und Vergewaltigern in unser Land lassen."[4] (Seit wann sind übrigens offene Grenzen ein charakteristisches Anliegen des Kommunismus?) Biden reagierte unverzüglich: „Nichts, aber wirklich gar nichts von dem, was ich je gesagt habe, könnte Sie zu der Annahme veranlassen, ich sei Sozialist oder Kommunist."[5] Das ist sicher richtig, geht aber an der Sache vorbei. Biden und Harris abzulehnen, weil sie Sozialisten bzw. Kommunisten seien, ist keine bloße rhetorische Übertreibung –

Trump sagt nicht einfach nur etwas, von dem er weiß, dass es nicht stimmt. Seine „Übertreibungen" sind ein ziemlich gutes Beispiel für etwas, das man den *Realismus der Begriffe* nennen sollte – die Vorstellung, dass Begriffe nicht nur Bezeichnungen sind, sondern vielmehr auch den politischen Raum strukturieren und insofern Auswirkungen in der Realität haben. Trumps „kognitive Landkarte" des politischen Raums ist eine fast symmetrische Umkehrung der stalinistischen Vorstellung, nach der jeder, der sich der Partei widersetzt, als Teil eines faschistischen Komplotts betrachtet wird. Von Trumps Standpunkt aus verschwindet die liberale Mitte – die Liberalen sind bloß Kommunisten mit Diplomabschluss, wie es sein Freund Viktor Orbán ausdrückte[6] –, und somit gibt es also nur noch zwei echte Pole: populistische Nationalisten und Kommunisten.

Im Serbischen gibt es eine wunderbare Redensart: *Ne bije al' ubija u pojam* (Man schlägt den anderen nicht, sondern tötet ihn in der begrifflichen Vorstellung). Die Wendung bezieht sich auf jemanden, der einen anderen nicht durch unmittelbare Gewalt vernichtet, sondern mit Handlungen überzieht, die dessen Selbstachtung untergraben, sodass er am Ende gedemütigt und seines Wesenskerns („seines Begriffs") beraubt ist. Das „Töten im Begriff" bezeichnet das Gegenteil wirklicher Vernichtung (der empirischen Realität des Gegenübers), bei welcher der „Begriff" der vernichteten Person in gehobener Form überlebt (zum Beispiel indem der Feind auf eine Weise getötet wird, durch die er in den Köpfen Tausender als Held weiterlebt). Auf diese Weise sollten wir auch mit dem Nationalsozialismus verfahren: Wir sollten Hitler nicht einfach nur vernichten (um seine „Exzesse" loszuwerden und den vernünftigen Kern seines Projekts zu retten), sondern ihn vielmehr in dem Begriff töten, den wir von ihm haben. Und so verhält es sich auch mit Trump und seinem Erbe. Die eigentliche Aufgabe besteht nicht einfach nur darin, ihn zu besiegen (was die Möglichkeit eröffnet, dass er 2024 wiederkommt), sondern ihn vielmehr „in seinem Begriff zu töten" – ihn in seiner ganzen wertlosen Eitelkeit und Widersprüchlichkeit sichtbar zu machen, aber auch danach zu fragen (und das ist der entscheidende Teil), wie ein derart unwürdiger Mensch Präsident der Vereinigten Staaten werden konnte. Hegel hätte es so ausgedrückt: Trump in seinem Begriff zu töten heißt, *ihn auf seinen Begriff zu bringen*, ihn also dadurch sich selbst vernichten zu lassen, dass man ihn als das erscheinen lässt, was er ist.

1 Siehe Sam Levin und Maanvi Singh, „Trump Agrees to Begin Transition as Key Agency Calls Biden Apparent Election Winner", *The Guardian*, 14.11.2020, www.theguardian.com/us-news/2020/nov/24/trump-transition-biden-general-services-administration, zuletzt abgerufen am 02.05.2022.

2 Kevin Breuninger, „Trump Administration Officially Begins Transition to Biden after Weeks of Delay", *CNBC*, 13.11.2020, www.cnbc.com/2020/11/23/trump-appointee-informs-biden-that-gsa-will-begin-transition-process-reports-say.html, zuletzt abgerufen am 02.05.2022.

3 Michael Rubinkam, „Melania Trump Slams Biden, Dems in First Solo Campaign Stop", *AP News*, 27.10.2020, apnews.com/article/melania-trump-slams-joe-biden-democrats-abea5fb241eaa7c320da7f7e22bf6342, zuletzt abgerufen am 02.05.2022.

4 Katherine Fung, „Donald Trump Says Kamala Harris Is a ‚Communist' and a ‚Monster' Who Wants to Open Up Borders", Newsweek, 08.10.2020, www.newsweek.com/donald-trump-says-kamala-harris-communist-monster-who-wants-open-borders-1537492, zuletzt abgerufen am 02.05.2022.

5 Ebd.

6 Kovács Zoltán, „Orbán: ‚There Are No Liberals, Only Communists With University Degrees'", *Index*, 17.02.2020, index.hu/english/2020/02/17/hungary_viktor_orban_state_of_the_nation_2020, zuletzt abgerufen am 02.05.2022.

8

Democracy reborn? Nicht mit Joe Biden!

Democracy reborn ist der Titel eines 2007 veröffentlichten Buches des Historikers Garrett Epps; der Ausdruck bezeichnet in der US-amerikanischen Geschichtsschreibung die Zeit nach dem Bürgerkrieg, als alle progressiven Kräfte gemeinsam darauf hinwirkten, dass der Zusatzartikel XIV in die Verfassung aufgenommen wurde. Dieser Zusatzartikel gewährte Afroamerikanern die volle Staatsbürgerschaft und untersagte es jedem Bundestaat, einem seiner Bürger den gleichberechtigten Rechtsschutz zu verweigern. Er veränderte das öffentliche Leben in den USA bis in die kleinsten Vollzüge; Wissenschaftler bezeichnen ihn darum auch als „zweite Verfassung". Dabei handelte sich nicht um eine Versöhnung, sondern um eine neue, durch den siegreichen Norden auferlegte Einheit und einen großen Schritt in die Richtung allgemeiner Emanzipation. Ist mit dem Sieg, den die Parteienkoalition *Apruebo Dignitat* im Referendum vom Oktober 2020 in Chile errungen hat, nicht etwas Ähnliches passiert? Der dadurch initiierte Prozess zur Änderung der Verfassung, der mit großer Mehrheit bestätigt wurde, zielt nicht nur darauf ab, mit dem Pinochet-Erbe aufzuräumen und in die „demokratische" Ära vor der Diktatur zurückzukehren; mit ihm soll auch ein grundlegender Wandel bewirkt und eine neue Phase der Emanzipation eingeleitet werden. Auch hier stellt die „Wiedergeburt der Demokratie" keine Rückkehr zu einem idealisierten alten Zustand dar, sondern markiert einen radikalen Bruch mit der gesamten Vergangenheit.

In der Ära Trump befanden sich die USA de facto in einem ideologisch-politischen Bürgerkrieg zwischen der populistischen

Neuen Rechten und der liberal-demokratischen Mitte, in dem mit physischer Gewalt zumindest gedroht wurde. Nun aber hat Trumps autoritärer Populismus eine Niederlage erlitten. Gibt es damit aber auch wieder eine neue Chance auf Demokratie? Nein, die gibt es leider nicht. Diese geringe Chance wurde dadurch vertan, dass man „demokratische Sozialisten" wie Bernie Sanders und Alexandria Ocasio-Cortez ins Abseits drängte. Nur ein Bündnis der Linksliberalen mit den demokratischen Sozialisten hätte den demokratischen Emanzipationsprozess einen Schritt voranbringen können.

Da der Senat in den Händen der Republikaner bleibt und der Supreme Court mehrheitlich konservativ besetzt ist, wird Biden als neuer Präsident kaum Spielraum haben und keine großen Veränderungen durchsetzen können. Darüber hinaus besteht das grundlegendere Problem jedoch darin, dass Biden selbst ein „gemäßigter" Vertreter des wirtschaftlichen und politischen Establishments ist, der auf Andeutungen, er neige dem Sozialismus zu, mit Entsetzen reagiert.

Alexandria Ocasio-Cortez hatte also völlig recht, als sie in einem Interview nach der Wahl den Waffenstillstand brach und den Demokraten Inkompetenz vorhielt. Sie warnte, die Partei werde bei den Zwischenwahlen 2022 große Verluste erleiden, wenn die Regierung Biden wichtige Ämter nicht mit Leuten vom progressiven Flügel besetze.[1]

Die USA sind jetzt nahezu mittig gespalten, und wenn Biden von Einheit und Versöhnung spricht, dann klingt das hohl. „Wie kann Biden Amerika heilen", fragt *The Guardian*, „wenn Trump nicht will, dass das Land geheilt wird?"[2] Und diese Spaltung wird bleiben: „Trump war kein Unfall. Das Amerika, das ihn hervorgebracht hat, ist nach wie vor da."[3] Es könnte also durchaus sein, dass sich die Dinge nach ein paar Jahren von Bidens Regentschaft ähnlich entwickeln werden wie in der Folgezeit des Bürgerkriegs, als die „Wiedergeburt der Demokratie" schlussendlich zu einem

Kompromiss zwischen den Republikanern und den schwarzenfeindlichen Demokraten des Südens führte.

Das Wahlergebnis stellt jedoch nicht einfach nur ein Patt dar. Es gibt einen eindeutigen Gewinner: das Großkapital und das System des „Staats im Staate", von Google und Microsoft bis hin zum FBI und der NSA. Für sie ist eine schwache Präsidentschaft Bidens und dazu ein Senat in republikanischer Hand das Beste, was passieren konnte. Ohne Trumps exzentrisches Gebaren werden der internationale Handel und die politische Zusammenarbeit wieder zur Normalität zurückkehren, während der Senat und der Oberste Gerichtshof alle radikalen Maßnahmen blockieren werden. Paradoxerweise markierte der Sieg der „progressiven" Seite in den USA zugleich ihre Niederlage, ein politisches Patt, das es Trump sogar ermöglichen könnte, 2024 erneut an die Macht zu gelangen.

Deshalb sollten, ja müssen wir uns gerade im Moment von Trumps Niederlage fragen, wie es ihm gelingen konnte, das US-amerikanische Volk zur Hälfte auf seine Seite zu ziehen. Ein Grund dafür dürfte eine Eigenschaft sein, die er mit Bernie Sanders teilt. Sanders' Anhänger sind ihm fast schon bedingungslos ergeben – ihre Devise lautet: „Einmal Bernie, immer Bernie!" Diese Zuneigung aber hat nichts Geheimnisvolles; sie ist einfach Ausdruck der Erkenntnis, dass Bernie sich wirklich mit ihnen und ihren Problemen befasst, dass er sie wirklich versteht – und damit ganz anders ist als die meisten anderen demokratischen Kandidaten. Dabei geht es nicht darum, wie realistisch sein Programm ist oder ob es sich gut umsetzen lässt. Sanders trifft schlicht einen Nerv bei seinen Leuten. Denn wer wollte ernsthaft behaupten, dass Bloomberg oder Biden sich wirklich in die Lage von Menschen versetzen können, die sich darüber Sorgen machen, wie es weitergeht, wenn jemand in ihrer Familie schwer krank wird?

Trump ist in dieser Hinsicht Sanders oberflächlich gesehen ähnlich. Obwohl sich seine „Solidarität" mit den einfachen Menschen meist auf vulgäre Bemerkungen und Obszönitäten beschränkt, spricht er doch ihre alltäglichen Sorgen und Nöte in einfachen Worten an. Dadurch vermittelt er den Eindruck, dass es ihm wirklich um sie geht und er ihre Würde achtet. Man muss zugeben, dass Trump auch im Umgang mit der Pandemie auf diese scheinbar menschliche Weise agierte: Er versuchte Ruhe zu bewahren, indem er den Menschen sagte, dass die Pandemie bald vorbei wäre und sie ihr normales Leben fortführen könnten. Wie ich an anderer Stelle bereits schrieb, ist Biden ein Trump mit menschlichem Antlitz, sprich, er ist zivilisierter und freundlicher. Genauso gut aber lässt sich auch das Gegenteil behaupten: Trump ist ein Biden mit menschlichem Antlitz – allerdings handelt es sich dabei um eine auf das niedrige Niveau von vulgären Bemerkungen und Beleidigungen reduzierte „Menschlichkeit", so wie ein gewöhnlicher Trinker, der Unsinn daherredet, „menschlicher" ist als ein Experte, der sich über komplizierte Formeln äußert.

Wir sind mittlerweile so tief gesunken, dass ein Präsident, der nichts ändern wird, noch das Beste ist, worauf wir hoffen können. Die Einzigen, die es verdienen, als Helden gefeiert zu werden, sind all jene, welche die Gewaltandrohungen von Trumps Anhängern einfach ignoriert haben, ruhig ihrer Arbeit nachgegangen sind und weiter Stimmen ausgezählt haben – ein solches Lob ist sonst eigentlich für „Schurkenstaaten" reserviert, in denen eine friedliche Machtübergabe ein Grund zum Feiern ist.

Eine Hoffnung gibt es, auch wenn sie klein ist. Mit dem teilweisen Rückzug der Vereinigten Staaten aus der Weltpolitik könnte ein Ergebnis der Ära Trump bestehen bleiben, das eigentlich gar nicht als Dauerlösung vorgesehen war. Die USA werden akzeptieren müssen, dass sie nur ein Staat unter anderen in einer neuen, multizentrischen Welt sind. Nur so lässt sich die für uns alle demütigende Situation vermeiden, dass wir mit banger Sorge die Stimmenauszählung in den USA verfolgen, als hinge das Schicksal der ganzen Welt von ein paar Tausend amerikanischen Ignoranten ab.

1 Tom McCarthy, „Alexandria Ocasio-Cortez Ends Truce By Warning ‚Incompetent' Democratic Party", *The Guardian*, 08.11.2020, www.theguardian.com/us-news/2020/nov/08/alexandria-ocasio-cortez-ends-truce-by-warning-incompetent-democratic-party, zuletzt abgerufen am 03.05.2022.
2 Robert Reich, „How Can Biden Heal America When Trump Doesn't Want It Healed?", *The Guardian,* 08.11.2020, www.theguardian.com/commentisfree/2020/nov/08/joe-biden-donald-trump-election-healing-robert-reich, zuletzt abgerufen am 03.05.2022.
3 Michael Goldfarb, „Trump Was No Accident. And the America That Made Him Is Still With Us", *The Guardian*, 08.11.2020, www.theguardian.com/commentisfree/2020/nov/08/trump-was-no-accident-the-america-that-made-him-is-still-with-us, zuletzt abgerufen am 03.05.2022.

9
The Great Reset? Ja, gerne – aber bitte richtig!

Existenzielle Unsicherheit, so bemerkte Jürgen Habermas in einer ersten Reaktion auf den Ausbruch von Covid-19 im April 2020 „verbreitet sich jetzt […] global und gleichzeitig, und zwar in den Köpfen der medial vernetzten Individuen selbst. […] So viel Wissen über unser Nichtwissen und über den Zwang, unter Unsicherheit handeln und leben zu müssen, gab es noch nie."[1] Habermas sagt zu Recht, dass dieses Nichtwissen sich nicht nur auf die Pandemie beschränkt – in diesem Bereich gibt es zumindest Fachleute –, sondern mehr noch ihre wirtschaftlichen, sozialen und psychischen Folgen betrifft. Man beachte die präzise Formulierung: Es ist nicht einfach so, dass wir nicht wissen, was vor sich geht, sondern wir *wissen*, dass wir es nicht wissen. Dieses Nichtwissen ist selbst eine soziale Tatsache, die sich auch im Handeln unserer Institutionen zeigt. Wir wissen heute, dass die Menschen im Mittelalter oder in der frühen Neuzeit wesentlich weniger wussten als wir selbst. Sie aber wussten das nicht, denn sie verließen sich auf ein stabiles weltanschauliches Fundament, das ihnen die Gewähr dafür bot, dass das Universum eine sinnhafte Einheit ist. Dasselbe gilt für einige kommunistische Vorstellungen, ja selbst für Francis Fukuyamas Idee vom Ende der Geschichte – alle nahmen sie für sich in Anspruch, zu wissen, welchen Verlauf die Geschichte nimmt. Habermas ist ebenfalls darin zuzustimmen, dass die Unsicherheit ihren Sitz in „den Köpfen der medial vernetzten Individuen" hat. Unsere Verbindung zum vernetzten Universum des World Wide Web erweitert unser Wissen ganz enorm, versetzt uns aber zugleich in einen Zustand radikaler Ungewissheit: Wurden wir vielleicht gehackt? Wer hat die Kontrolle über unseren Zugang? Können wir dem trauen, was wir lesen, oder handelt es sich dabei etwa um Fake News? In diesen Zusammenhang gehören auch die immer neuen Enthüllungen über Hackerangriffe, die aus dem Ausland auf US-amerikanische Regierungseinrichtungen und große Unternehmen ausgeübt werden. Die Amerikaner müssen gerade feststellen, dass sie nicht einmal sagen können, welchen Umfang die Attacken haben und wie die Angreifer genau vorgehen. Die USA befinden sich im Zangenangriff der Viren und werden nicht nur biologisch, sondern auch digital attackiert.

Wenn wir versuchen, uns vorzustellen, wie unsere Gesellschaften nach dem Ende der Pandemie aussehen werden, so sollten wir uns von der Zukunftsforschung fernhalten, denn sie lässt unser Nichtwissen schon per se unberücksichtigt. Unter Zukunftsforschung versteht man eine Prognostizierung, bei der von gesellschaftlichen Tendenzen der Gegenwart systematisch auf die Zukunft geschlossen wird. Und genau darin liegt das Problem: Da sie immer nur vom bereits Bestehenden ausgeht, versäumt es die Futurologie, auch historische „Wunder" in Betracht zu ziehen, also radikale Brüche, die sich lediglich rückblickend erklären lassen. Vielleicht sollten wir hier auf die im Französischen bestehende Unterscheidung zwischen *futur* und *avenir* eingehen: *Futur* bezeichnet das, was auf die Gegenwart folgt, während *avenir* auf radikalere Veränderungen hindeutet. Wenn ein Präsident wiedergewählt wird, ist er „der gegenwärtige und künftige Präsident", aber er ist nicht „der kommende" Präsident – der kommende Präsident ist ein anderer Präsident. Wird die Zukunft nach Corona also bloß eine weitere Zukunft sein oder erleben wir das Kommen von etwas Neuem?

Die Antwort darauf hängt nicht nur von der Wissenschaft, sondern auch von unseren *politischen* Entscheidungen ab. Dabei ist es an der Zeit, dass wir uns von allen Illusionen bezüglich des „guten" Ausgangs der US-Wahlen verabschieden, der bei Liberalen auf der ganzen Welt solche Erleichterung auslöst hatte. John Carpenters Film *Sie leben* von 1988, ein in Vergessenheit geratenes Meisterwerk des links eingestellten Hollywood, erzählt die Geschichte von John Nada (Spanisch für „nichts"), einem obdachlosen Arbeiter, der in einer verlassenen Kirche zufällig auf einige Kisten mit Sonnenbrillen stößt. Als er später auf der Straße eine dieser Brillen aufsetzt, stellt er fest, dass auf einer großen Reklametafel, die eben noch für Computer geworben hatte, jetzt einfach nur das Wort „gehorche" steht. Auf einer anderen Reklametafel erscheint statt einer im Bikini abgebildeten Strandschönheit ein weiterer Schriftzug; dieser richtet die Forderung „Heirate und pflanze dich fort" an den Betrachter. Bald schon entdeckt Nada, dass die Brille Geldscheinen die Aussage „Das ist dein Gott" entlockt; außerdem zeigt sie ihm, dass viele Menschen, denen er begegnet und die nach außen sympathisch wirken, in Wirklichkeit grässliche Aliens mit totenschädelartigen Gesichtern sind. Zurzeit verbreitet sich im Internet ein Bild, das den Tarneffekt aus *Sie leben* anhand von Joe Biden und Kamala Harris nachahmt. In unmittelbarer Betrachtung sieht man die beiden freundlich lächelnd mit dem Slogan „Time to heal" – Zeit, zu heilen, wieder zusammenzuwachsen. Doch durch die Brille gesehen, erscheinen sie als zwei Monsteraliens, und die Botschaft dazu lautet: „Time to heel" – Zeit, brav zu folgen (von engl. *heel!*, einem Befehl an Hunde, „bei Fuß" zu laufen).

Natürlich handelt es sich dabei um Trump-Propaganda, die es zum Ziel hat, Biden und Harris als Erfüllungsgehilfen anonymer Konzernapparate, die unser Leben kontrollieren, zu diskreditieren. Das heißt nicht, dass diese Botschaft nicht auch (mehr als nur) ein Körnchen Wahrheit enthält. Bidens Sieg steht für eine Zukunft, in der die „Normalität", wie sie vor Trump bestand, ihre Fortsetzung findet – darum wurde der Ausgang der Wahl auch mit solcher Erleichterung aufgenommen. Diese „Normalität" aber bedeutet nichts anderes als die Herrschaft des anonymen globalen Kapitals, welches der wahre Alien unter uns ist. Ich weiß noch, dass es zur Zeit meiner Jugend den Wunsch nach einem „Sozialismus mit menschlichem Antlitz" gab, der eine Abkehr vom „bürokratischen" Sozialismus sowjetischer Prägung darstellen würde. Biden verspricht nun einen globalen Kapitalismus mit menschlichem Antlitz; doch hinter der schönen Fassade wird sich an den tatsächlichen Verhältnissen nichts ändern. Im Bereich der Bildung hat dieses „menschliche Antlitz" die Form einer geradezu manischen Fixierung auf das allgemeine und spezielle „Wohlbefinden" angenommen. Die Idee dahinter ist, dass Schüler und Studenten sich ausschließlich in eigens geschaffenen Blasen bewegen, die sie unter dem Schutz der Regeln politischer Korrektheit von der äußeren Wirklichkeit mit ihren Schrecken abschirmen. Bildung und Erziehung sollen nicht mehr in erster Linie nüchterne Aufklärung leisten und so auf die Begegnung mit der gesellschaftlichen Wirklichkeit vorbereiten – vielmehr heißt es, diese Sicherheit verhindere seelische Zusammenbrüche. Auf diese Argumentation sollten wir uns jedoch nicht einlassen, sondern dagegenhalten, dass es sich genau umgekehrt verhält. Ein solch falsches, weil letztlich trügerisches Gefühl von Sicherheit macht uns erst recht anfällig für psychische Krisen, wenn wir mit der sozialen Realität konfrontiert werden. Die „Wohlfühlkultur" verleiht unserer Realität lediglich ein falsches „menschliches Antlitz", anstatt uns in die Lage zu versetzen, mit dieser Realität umzugehen und sie von Grund auf zu verändern. Biden ist der Wohlfühl-Präsident schlechthin.

Aber warum ist Biden dann immer noch besser als Trump? Von Kritikern heißt es häufig, er lüge genauso und vertrete die Interessen des Kapitals, nur eben in höflicherer Form – leider kommt es auf diese Form aber sehr wohl an. Indem Trump die öffentliche Rede derart ins Vulgäre gezogen hat, hat er der ethischen Substanz unseres Lebens – dem, was Hegel als „allgemeine Sittlichkeit" im Unterschied zur individuellen Moral bezeichnete – schwer zugesetzt. Diese Vulgarisierung ist ein Phänomen, das sich überall auf der Welt beobachten lässt. Nehmen wir ein europäisches Beispiel: Szilárd Demeter, Leiter des Petőfi-Literaturmuseums in Budapest, schrieb im November 2020 in einem Kommentar: „Europa ist George Soros' Gaskammer. Giftgas strömt aus der Kapsel der offenen multikulturellen Gesellschaft und bringt der europäischen Art zu leben den Tod." Demeter bezeichnete Soros im Weiteren als „liberalen Führer", dessen „liberal-arische Armee ihn mehr vergöttert, als Hitler von seiner Armee vergöttert wurde."[2] Wenn man ihn darauf anspräche, würde Demeter seine Äußerungen wohl als rhetorische Übertreibung abtun; das macht sie in ihren Implikationen jedoch keineswegs weniger erschreckend. Der Vergleich zwischen Soros und Hitler ist zutiefst antisemitisch: Er stellt Soros auf eine Ebene mit Hitler, indem er behauptet, die offene, multikulturelle Gesellschaft, die Soros anstrebt, sei nicht nur ebenso gefährlich wie der Holocaust und der arische Rassismus, auf den jener sich stützte, sondern sie sei sogar noch schlimmer, eine noch größere Gefahr für „die europäische Art zu leben".

Gibt es noch eine andere Alternative zu diesen erschreckenden Tendenzen als Bidens „menschliches Antlitz"? Erst kürzlich führte Greta Thunberg drei Dinge an, die wir als positive Lehren aus der Pandemie ziehen könnten: „Es ist möglich, eine Krise wie eine Krise zu behandeln; es ist möglich, die Gesundheit der Menschen über wirtschaftliche Interessen zu stellen; und es ist möglich, auf die Wissenschaft zu hören."[3] Ja, das sind sicher reale Möglichkeiten. Eine Krise lässt sich jedoch auch dazu nutzen, von anderen Krisen und Problemen abzulenken (etwa dem der globalen Erwärmung, dem wir aufgrund der Pandemie keine Beachtung mehr schenken sollen); außerdem kann sie dazu benutzt werden, die Reichen reicher und die Armen ärmer zu machen (wie es im Jahr 2020 tatsächlich mit beispielloser Geschwindigkeit geschehen ist); und es ist auch möglich, die Wissenschaft zu ignorieren oder sich gegen sie abzuschotten (man denke nur an jene, die sich der Impfung verweigern, und an die explosionsartige Zunahme von Verschwörungstheorien). Der Ökonom Scott Galloway liefert eine mehr oder weniger treffende Beschreibung der Lage, in der wir uns seit dem Ausbruch der Pandemie befinden:

> Man mag es nur ungern laut aussprechen, aber mir kommt es so vor, als sei diese Pandemie in erster Linie dazu erfunden worden, die oberen 10 Prozent auf das Niveau des obersten 1 Prozent zu hieven und die übrigen 90 Prozent weiter nach unten zu ziehen. [...] Bald, sehr bald schon werden wir ein Land von 3 Millionen Herren sein, die sich von 350 Millionen Unfreien bedienen lassen. Wir haben uns entschieden, die Konzerne statt der Menschen zu schützen. Der Kapitalismus wird buchstäblich in sich zusammenfallen, wenn er es nicht vermag, die Säule der Empathie wieder aufzurichten. [...] Wir haben entschieden, Kapitalismus heiße, dass man Konzerne liebevoll und einfühlsam behandelt, die einzelnen Menschen dagegen rücksichtlos und hart.[4]

Worin sieht Galloway aber den Ausweg aus dieser Lage? Wie sollen wir den gesellschaftlichen Kollaps verhindern? Seine Lösung besteht darin, dem Kapitalismus durch einen schöpferischen Zerstörungsprozess wieder Liebe einzuhauchen. Dabei lässt man scheiternde Unternehmen scheitern, während man sich um die Menschen kümmert, die dadurch ihren Arbeitsplatz verlieren. „Wir müssen es zulassen, dass Menschen ihren Job verlieren, damit Apple sich entwickeln und Sun Microsystems aus dem Geschäft drängen kann. Dann nehmen wir diesen unglaublichen Reichtum und kümmern uns einfühlsamer um die Menschen." Hier muss allerdings die Frage zugelassen werden, wer dieses mysteriöse „Wir" eigentlich ist und wie diese Umverteilung genau bewerkstelligt werden soll. Fordern wir von den Gewinnern (in diesem Fall Apple) einfach höhere Steuern und erlauben ihnen dafür, ihr Monopol zu behalten? Galloway beweist mit seiner Idee durchaus ein gewisses dialektisches Gespür: Ungleichheit und Armut lassen sich nur dadurch verringern, dass es dem Marktwettbewerb erlaubt wird, seine grausame Arbeit zu verrichten (und man es zulässt, dass Menschen ihren Job verlieren). Und dann? Was ist dann? Erwarten wir, dass die Marktmechanismen selbst neue Arbeitsplätze schaffen? Oder soll das der Staat übernehmen? Wie lassen sich „Liebe" und „Empathie" konkret umsetzen? Oder verlassen wir uns auf die Empathie der Gewinner und rechnen damit, dass sie sich alle wie Bill Gates und Warren Buffett verhalten? Mir erscheint diese Ergänzung der Marktmechanismen durch Moral, Liebe und Empathie äußerst problematisch. Sie wird uns nicht ermöglichen, das Beste aus beiden Welten – Marktegoismus und moralische Empathie – zu bekommen, sondern viel wahrscheinlich das Schlechteste davon.

Das menschliche Antlitz dieses „transparenten, authentischen und menschlichen Führungsstils" sind Gates, Bezos, Zuckerberg – die Gesichter des autoritären Unternehmerkapitalismus. Sie alle inszenieren sich als humanitäre Helden, unsere neue Aristokratie, die von den Medien gefeiert und als weise Humanisten dargestellt werden. Gates spendet Milliarden für wohltätige Zwecke, aber wir sollten uns daran erinnern, wie er sich gegen Elizabeth Warrens Plan stellte, die Steuern um ein paar Prozentpunkte zu erhöhen. Er war voll des Lobes über Thomas Piketty und hat sich selbst einmal praktisch zum Sozialisten erklärt – was er in einem gewissen, ziemlich verdrehten Sinne vielleicht tatsächlich ist: Sein Reichtum nämlich stammt aus der Privatisierung dessen, was Marx „Gemeingut" nannte, unseres gemeinschaftlichen sozialen Raums, in dem wir uns als Gesellschaft bewegen und kommunizieren. Gates' Reichtum speist sich nicht etwa aus entsprechend geringen Herstellungskosten der Produkte, die Microsoft verkauft (man kann sogar sagen, dass Microsoft den Leuten, die die inhaltliche Arbeit verrichten, einen verhältnismäßig hohen Lohn zahlt). Gates' Reichtum hat nichts damit zu tun, dass er gute Softwareprodukte zu niedrigeren

Preisen als seine Konkurrenten herstellt, und er liegt auch nicht darin begründet, dass er besonders gut darin wäre, seine Angestellten „auszubeuten". Gates ist zu einem der reichsten Männer der Welt geworden, indem er das Medium, über das Millionen kommunizieren, privatisiert hat, es kontrolliert und die Nutzungsgebühr dafür einstreicht. Und so wie Microsoft die Software privatisiert hat, die die meisten von uns nutzen, haben Facebook unsere persönlichen Kontakte und Google die Suche nach Informationen im Internet privatisiert. Die neuen Megakonzerne, die durch Privatisierung von Gemeingütern entstehen, rechtfertigen (bis zu einem gewissen Grad zumindest) die Auffassung, dass wir heute erleben, wie der Feudalismus in Gestalt eines feudalen Kapitalismus wieder auf der historischen Bildfläche erscheint. Indem sie unsere Gemeingüter unter Kontrolle halten, agieren die neuen Herren (Bill Gates, Elon Musk) auf eine den klassischen Feudalherren entsprechende Weise. Die US-amerikanische Politikwissenschaftlerin Jodi Dean bemerkte in diesem Zusammenhang:

> Im Unterschied zu einem Kapitalisten, dessen Gewinn auf dem Mehrwert basiert, der von Lohnarbeitern durch Warenproduktion erwirtschaftet wird, bezieht der Herr den Wert durch Monopol, Zwang und Gebühren. [...] Digitale Plattformen sind die neuen Wassermühlen, ihre milliardenschweren Besitzer die neuen Herren und ihre Tausenden von Angestellten und Milliarden von Nutzern die neuen Bauern.[5]

Genau so funktionieren Apple, Microsoft, Facebook und Google: Wir behalten die Freiheit der Wahl, doch was in welchem Umfang zur Wahl steht, wird durch das Unternehmen bestimmt, das den jeweiligen Anteil an unserem Gemeingut in seinen Privatbesitz überführt hat: *Über Google* suchen wir nach Informationen, die wir brauchen, *über Facebook* bestimmen wir frei über unsere öffentliche Identität usw. Diese Megakonzerne versuchen, unsere Zukunft wirtschaftlich zu erschließen (Gates entwickelt ständig neue Pläne, wie unser zukünftiges Leben organisiert sein könnte), und selbst den Weltraum wollen sie erobern (Musk besitzt zahlreiche Satelliten und plant den Bau von Siedlungen auf dem Mars).

Daher ist Trumps „Rebellion“ gegen die großen digitalen Konzerne nicht völlig aus der Luft gegriffen. Es lohnt sich durchaus, sich eingehender mit den „War Room“-Podcasts von Steve Bannon, dem größten Propagandisten von Trumps Populismus, zu beschäftigen. Es ist schon faszinierend, wie er es schafft, Halbwahrheit an Halbwahrheit zu reihen, sodass am Ende eine einzige große Lüge dabei herauskommt. Ja, die Schere zwischen Arm und Reich hat sich unter Obama enorm vergrößert, und große Konzerne sind im Zuge seiner Amtszeit mächtiger geworden, doch unter Trump hat sich daran nichts geändert – alles ging einfach so weiter. Dazu hat Trump sogar noch die Steuern für die Reichen gesenkt und Geld drucken lassen, um damit Konzernen aus der Klemme zu helfen. Somit stehen wir vor einer schrecklichen Wahl zwischen zwei falschen Alternativen: entweder einem großen Neustart des Konzernkapitalismus oder einem nationalistischen Populismus, der den Konzernen vorgeblich den Kampf ansagt, am Ende aber auf das Gleiche hinausläuft. *The Great Reset* – so lautet das Rezept, um einiges (vielleicht sogar vieles) zu verändern und im Grunde doch alles so zu belassen, wie es ist.

Aber gibt es denn noch einen dritten Weg jenseits der zwei Extreme einer Rückkehr zur alten Normalität oder eines kapitalistischen „großen Neustarts“? Ja – es gibt die Möglichkeit eines echten großen Neustarts. Was dafür zu tun wäre, ist kein Geheimnis – Greta Thunberg hat es klar benannt. Erstens müssen wir die Corona-Krise endlich als das erkennen, was sie ist, nämlich als Teil einer globalen Krise, die unsere gesamte Art zu leben betrifft, von der Ökologie bis zu den neu auftretenden gesellschaftlichen und sozialen Spannungen. Zweitens müssen wir die Wirtschaft der Kontrolle und Regulation durch die Gesellschaft unterstellen. Drittens müssen wir uns an die Wissenschaft halten, was aber nicht heißt, dass wir ihr als Instanz einfach die Entscheidungen überlassen sollten. Und warum nicht? Kehren wir hierfür noch einmal zu Habermas zurück, mit dem wir unsere Erörterung begonnen haben: Unser Problem besteht darin, dass wir handeln müssen, aber zugleich wissen, dass wir die Situation, in der wir uns befinden, gar nicht wirklich überblicken – handeln wir jedoch nicht, käme unser Nichtstun dennoch einer Handlung gleich. Aber trifft das nicht grundsätzlich auf jedes Handeln zu? Unser großer Vorteil liegt darin, dass wir *wissen*, wie viel wir nicht wissen, und dieses Wissen um unser Nichtwissen eröffnet uns einen Freiraum. Wir handeln, ohne die Situation vollständig zu überblicken, doch darin zeigt sich nicht einfach nur unsere Beschränkung. Dass die Situation – zumindest im gesellschaftlichen Bereich – selbst offen und also nicht komplett (vorher-) bestimmt ist, gibt uns Freiheit.

Was die Pandemie betrifft, so ist unsere Situation sicherlich offen. Die erste Lektion haben wir bereits gelernt: Ein „Lockdown light" reicht nicht aus. Man erklärt uns zwar, dass „wir" (unsere Wirtschaft) uns keinen weiteren harten Lockdown leisten können – aber dann krempeln wir eben die ganze Wirtschaft um. Der Lockdown ist die radikalste negative Geste *innerhalb* der bestehenden Ordnung. Der Weg darüber hinaus, in eine neue, positive Ordnung, führt über die Politik, nicht über die Wissenschaft. Wir müssen unser wirtschaftliches System so verändern, dass es die Lockdowns und Notlagen, die mit Sicherheit auf uns zukommen werden, überstehen kann – ähnlich, wie man in einem Krieg dazu gezwungen ist, die Grenzen des Marktes zu ignorieren und Möglichkeiten zu finden, um Dinge zu tun, die in einer freien Marktwirtschaft „unmöglich" wären.

Im März 2003 versuchte sich Donald Rumsfeld als Philosoph und stellte dabei einige laienhafte Betrachtungen über das Verhältnis zwischen dem Bekannten und dem Unbekannten an: „Zum einen haben wir es mit dem bekannten Bekannten zu tun.

Das sind die Dinge, von denen wir wissen, dass wir sie wissen. Dann gibt es das bekannte Unbekannte. Also jene Dinge, von denen wir wissen, dass wir sie nicht wissen. Aber es gibt auch das unbekannte Unbekannte. Das sind die Dinge, von denen wir nicht wissen, dass wir sie nicht wissen."[6] Was Rumsfeld damals zu erwähnen versäumte, ist der vierte und entscheidende Begriff: das „unbekannte Bekannte", die Dinge also, von denen wir nicht wissen, dass wir sie wissen – was ziemlich genau dem Freud'schen Unbewussten entspricht, und damit dem „Wissen, das von sich selbst nichts weiß", wie Lacan das gerne nannte. Während Rumsfeld dachte, die Hauptgefahr in der Konfrontation mit dem Irak gehe vom „unbekannten Unbekannten" aus – also von Bedrohungen durch Saddam Hussein, von denen man noch gar nichts ahnte –, sollten wir darauf bestehen, dass die größte Gefahr vielmehr von dem „unbekannten Bekannten" ausgeht, jenen verleugneten Überzeugungen und Annahmen, die wir mit uns herumtragen, ohne uns dessen bewusst zu sein. Wir sollten Habermas' Bemerkung, dass wir noch nie so viel über unser Nichtwissen wussten wie heute, anhand der Kategorien von Rumsfeld betrachten. Die Pandemie hat all das erschüttert, von dem wir wussten (oder zu wissen glaubten), dass wir es wussten; sie hat uns Dinge bewusst gemacht, von denen wir nicht wussten, dass wir sie nicht wussten, und in unserem Umgang mit ihr haben wir uns auf all das gestützt, von dem wir nicht wussten, dass wir es wussten (all die Annahmen und Vorurteile, die unser Handeln bestimmen, obwohl wir uns ihrer gar nicht bewusst sind). Wir haben es hier nicht mit einem einfachen Übergang vom Nichtwissen zum Wissen zu tun, sondern mit einem viel subtileren Geschehen, nämlich dem Übergang vom Nichtwissen zum Wissen um das, was wir nicht wissen – unser positives Wissen bleibt dasselbe, aber wir gewinnen dabei Freiraum zum Handeln.

Die Tatsache, dass China (ebenso wie Taiwan und Vietnam) so viel besser darin waren, die Pandemie zu bekämpfen, hat etwas mit all dem zu tun, von dem wir nicht wissen, dass wir es wissen – mit unseren Annahmen und Vorurteilen. Ich bin dieses ewige Gerede davon, dass „China es zwar geschafft hat, die Verbreitung des Virus zu verhindern, aber einen hohen Preis dafür bezahlt hat", wirklich langsam leid. Natürlich kennen wir nicht die ganze Wahrheit darüber, was dort wirklich abgelaufen ist. Dazu bräuchten wir schon einen Whistleblower. Aber eines ist doch Fakt: Nachdem das Virus in Wuhan ausgebrochen war, verhängten die Behörden einen strikten Lockdown und stoppten landesweit den Großteil der Produktion – der Schutz von Menschenleben zählte dabei offensichtlich mehr als wirtschaftliche Interessen. Auch wenn man zugeben muss, dass dies mit einer gewissen Verzögerung geschah, nahmen die Behörden die Krise doch äußerst ernst. Jetzt macht sich das bezahlt, nicht zuletzt auch wirtschaftlich. Und seien wir ehrlich: Das war nur möglich, weil die Kommunistische Partei noch immer vollständig über die Wirtschaft verfügen und sie ihren Vorstellungen entsprechend regulieren kann: Die gesellschaftliche Kontrolle des Marktes und der ihn bestimmenden Mechanismen ist in China kein Fremdwort, sondern eine, wenn auch „totalitäre" Realität. Unsere Frage ist es aber wiederum nicht, wie in China vorgegangen wird, sondern wie wir vorgehen sollten. Der chinesische Weg ist nicht der einzig wirksame Weg; er ist nicht „objektiv notwendig" in der Hinsicht, dass die Daten ihn zwingend nahelegen. Die Pandemie ist nicht einfach ein virales Geschehen, sondern ein Prozess, der innerhalb bestimmter wirtschaftlicher, gesellschaftlicher und weltanschaulicher Koordinaten abläuft, die grundsätzlich veränderbar sind.

Es ist schon eine verrückte Zeit, in der wir gerade leben, jetzt, da sich das Jahr 2020 seinem Ende zuneigt. Die Hoffnung, die Impfstoffe mögen sich als wirksam erweisen, mischt sich mit Niedergeschlagenheit, ja Verzweiflung angesichts steigender Infektionszahlen und der fast täglichen Meldungen über neue unbekannte Dinge in Bezug auf das Virus. Dabei ist die Antwort auf die Frage

„Was tun?“ im Grunde ganz einfach: Wir verfügen über die Mittel und Ressourcen, das Gesundheitssystem so grundlegend zu verändern, dass es den Menschen dienen und sie in Krisenzeiten tatsächlich unterstützen kann. Aber, so heißt es in „Lob des Kommunismus“, einem Lied aus Brechts Stück *Die Mutter*: „Es ist das Einfache, das schwer zu machen ist.“ Es gibt eine ganze Reihe von Hindernissen, die es so schwer machen, allen voran die globale kapitalistische Ordnung und ihre ideologische Hegemonie. Brauchen wir also einen neuen Kommunismus? Ja, aber einen *moderat konservativen Kommunismus*, wie ich ihn nennen möchte. Dabei handelt es sich um einen Kommunismus, der alles Notwendige unternimmt, um gegen Bedrohungen durch Viren oder sonstige Gefahren vorzugehen, der Verfahren einführt, um die Marktmacht einzuschränken und die Wirtschaft der Kontrolle durch die Gesellschaft zu unterstellen – und das Ganze zugleich konservativ (in dem Sinne, dass er die Voraussetzungen menschlichen Lebens zu *bewahren* sucht, wozu es paradoxerweise notwendig ist, Dinge zu verändern) und moderat (in dem Sinne, dass er auch die unvorhersehbaren Nebeneffekte aller Maßnahmen mit einkalkuliert).

Der Philosoph Emmanuel Renault zeigte auf, dass es sich bei der entscheidenden theoretischen Kategorie, durch die Marx den Klassenkampf ins Zentrum der Kritik politischer Ökonomie rückte, um die der sogenannten Tendenzgesetze handelt, also jener Gesetze, die eine notwendige Tendenz in der kapitalistischen Entwicklung beschreiben, wie etwa den Fall der Profitrate. (Wie Renault feststellte, bestand schon Adorno darauf, dass Marx' Begriff der „Tendenz“ sich nicht auf eine Vorstellung von „Trends“ reduzieren lässt, sondern in einer anderen Dimension angesiedelt ist.)[7] Marx selbst verwendet in seiner Darstellung dieser „Tendenz“ den Begriff des *Antagonismus*: Die fallende Profitrate ist eine Tendenz, welche Kapitalisten dazu treibt, ihre Arbeiter verstärkt auszubeuten, und die Arbeiter dazu, sich dagegen zur Wehr zu setzen, sodass das Ergebnis nicht vorherbestimmt, sondern vom Kampf abhängig ist – so haben organisierte Arbeiter den Kapitalisten in einigen Sozialstaaten beträchtliche Zugeständnisse abringen können. Der Kommunismus, von dem ich spreche, stellt genau eine solche Tendenz dar. Die Gründe dafür liegen auf der Hand: Wir brauchen eine globale Antwort auf die Bedrohungen für Gesundheit und Umwelt, und die Wirtschaft muss in irgendeiner Form vergesellschaftet werden. Die Antwort, mit welcher der globale Kapitalismus auf die Pandemie reagiert – ein *Great Reset*, der keiner ist, nationalistischer Populismus oder Solidarität, die auf Empathie reduziert wird –, sollten wir dabei als *Reaktion auf jene kommunistische Tendenz* verstehen.

Wie wird sich die kommunistische Tendenz letztendlich durchsetzen? Die traurige Antwort lautet: durch immer neue Krisen. Sagen wir es mit aller Deutlichkeit: Das Virus ist im wahrsten Sinne des Wortes Atheist. Natürlich sollten wir analysieren, inwiefern die Pandemie gesellschaftlich bedingt ist, doch im Grunde ist sie nicht mehr als das Produkt bedeutungsloser Kontingenz; sie hat keine „tiefere Bedeutung". (Wir können sie nicht für eine Strafe Gottes halten, wie das die Menschen im Mittelalter in Bezug auf die Pest taten.) Bevor Freud sich für Vergils berühmte Zeile „Acheronta movebo" als Motto für seine *Traumdeutung* entschied, hatte er noch eine andere Möglichkeit in Betracht gezogen, und zwar Satans Worte aus Miltons *Das verlorene Paradies*: „Wie aus der Hoffnung wir Verstärkung schöpfen / Wo nicht, Entschlossenheit aus der Verzweiflung."[8] Und genau so sollten wir gefallenen Engel der Gegenwart, die wir unsere Erde zerstören, auf die virale und ökologische Bedrohung reagieren. Wenn wir uns eingestehen müssen, dass unsere Lage hoffnungslos ist, dann sollten wir aus der Verzweiflung Entschlossenheit ziehen. Wir sollten akzeptieren, dass wir uns in einer verzweifelten Situation befinden, und entsprechend entschlossen handeln. Um noch einmal Greta Thunberg zu zitieren: „Es reicht nicht mehr, dass wir unser Bestes tun. Jetzt müssen wir das scheinbar Unmögliche schaffen.“ Die Zukunftsforschung befasst sich mit dem, was möglich ist; wir müssen tun, was (aus der Perspektive der bestehenden globalen Ordnung) *unmöglich* ist.

1 „Jürgen Habermas über Corona: So viel Wissen über unser Nichtwissen gab es noch nie“, *Frankfurter Rundschau*, 10.04.2020, www.fr.de/kultur/gesellschaft/juergen-habermas-coronavirus-krise-covid19-interview-13642491.html, zuletzt abgerufen am 24.5.2022.

2 „Hungarian Cultural Commissioner Lights Powder Keg of Controversy after Describing Europe as ‚George Soros' Gas Chamber'“, *dailytimes247*, 29.11.2020, dailytimes247.com/hungarian-cultural-commissioner-lights-powder-keg-of-controversy-after-describing-europe-as-george-soros-gas-chamber, zuletzt abgerufen am 25.05.2022.

3 Suyin Haynes, „‚We Now Need to Do the Impossible.' How Greta Thunberg Is Fighting for a Greener Post-Pandemic World“, *Time*, 08.12.2020, time.com/5918448/greta-thunberg-coronavirus-climate-change, zuletzt abgerufen am 02.06.2022.

4 „Capitalism ‚Will Collapse on Itself' Without More Empathy and Love: Scott Galloway“, *Yahoo! Finance*, 01.12.2020, finance.yahoo.com/news/capitalism-will-collapse-on-itself-without-empathy-love-scott-galloway-120642769.html, zuletzt abgerufen am 25.05.2022; siehe auch Scott Galloway, *Post Corona: From Crisis to Opportunity*, Portfolio, New York 2020.

5 Zitiert nach: Jodi Dean, „Neofeudalism: The End of Capitalism?“, *Los Angeles Review of Books*, 12.05.2020, lareviewofbooks.org/article/neofeudalism-the-end-of-capitalism, zuletzt abgerufen am 02.06.2022.

6 Ich habe dieses Beispiel viele Male in meinen Büchern verwendet, am ausführlichsten in *Auf verlorenem Posten*, Suhrkamp, Frankfurt am Main 2008.

7 Siehe T. W. Adorno, *Philosophische Elemente einer Theorie der Gesellschaft*, Suhrkamp, Frankfurt am Main 2008, S. 37–40.

8 John Milton, *Das verlorene Paradies*, Rößling'sche Buchhandlung, Leipzig 1846, S. 6.

10
Christus in Zeiten der Pandemie

An Weihnachten gedenken wir der Geburt von Jesus Christus. Was bedeutet uns dieses einzigartige und nach Hegel sogar ungeheuerliche Ereignis, bei dem – in grotesker Unverhältnismäßigkeit – Gott selbst, und nicht sein Bote oder Prophet, als gewöhnlicher Mensch in unserer gewöhnlichen Wirklichkeit erschien? Was bedeutet es uns heute, in einer Zeit, in der ein Großteil der Menschheit von einer brutalen Pandemie gelähmt und von vielen anderen Gefahren bedroht ist – von der globalen Erwärmung bis zu sozialen Unruhen?

Wir leben in einer Art Hölle, gefangen in dauernder Spannung und Niedergeschlagenheit, die Pandemie hat unser gewohntes Alltagsleben zerstört. Das ist der Punkt, an dem Christus ins Spiel kommt – aber wie soll das geschehen? Besonders in Zeiten der Not, so die übliche Antwort, sollten wir daran denken, dass es eine höhere, allmächtige Kraft gibt, die uns liebt und beschützt; darum sollten wir uns im Gebet an Gott wenden und auf unser Schicksal vertrauen. Wie finster die Welt auch sein mag, Erlösung ist in Sicht. Und vielleicht hat Gott ja auch die Pandemie zugelassen, um uns eine Warnung zu geben.

Meiner Meinung nach sollte man diese gesamte Denktradition aufgegeben. Wir sollten uns stärker darum bemühen, die einzigartige Rolle von Christus zu begreifen, die nicht nur dem traditionellen Christentum entgeht, sondern sogar der Mystik in ihrer höchsten Gestalt – womit natürlich Meister Eckhart gemeint ist. Diesem wird manchmal eine Aussage zugeschrieben (die sich in seinem Werk allerdings nicht findet), wonach er lieber mit Jesus in der Hölle wäre als ohne ihn im Himmel. Das sollte man nicht einfach nur als Hypothese lesen, sondern vielmehr als eine Wahl, die wir in der Wirklichkeit zu treffen haben: die Wahl zwischen Gott und Christus, und das ist die Wahl zwischen Himmel und Hölle. In *Une saison en enfer* schrieb Arthur Rimbaud: „Ich glaube, ich bin in der Hölle, also bin ich." Diese Aussage gilt es ganz kartesianisch zu verstehen: Als spezifisches, einzelnes Ich kann ich nur in der Hölle existieren.

Die Mystiker gehen von der zeitlichen Ordnung der Geschöpfe auf den Urgrund der Ewigkeit zurück, doch die entscheidende Frage lassen sie aus: Wie gehen die Geschöpfe aus diesem Urgrund hervor? Das heißt also nicht: „Wie können wir von unserem zeitlich begrenzten Sein zur Ewigkeit gelangen?", sondern: „Wie kann die Ewigkeit selbst in das zeitlich begrenzte Sein hinabsteigen?" Hier gibt es nur eine Antwort: Die Ewigkeit ist das Gefängnis schlechthin, ein erstickender Kerker, und erst der Sturz in das irdische, kreatürliche Leben schafft eine Öffnung hin zu menschlicher (und sogar göttlicher) Erfahrung. Der englische Schriftsteller G. K. Chesterton hat diesen Gedanken mit bewundernswerter Klarheit herausgearbeitet. Was die heute so gern behauptete „spirituelle Identität von Buddhismus und Christentum" betrifft, heißt es bei ihm: „Liebe will das Individuelle; Liebe will daher das Geschiedensein. Dass Gott die Welt in kleine Stücke zerbrochen hat, begrüßt das Christentum mit instinktiver Freude [...]. [D]as Christentum ist ein Schwert, das schneidet und befreit. Keine andere Weltanschauung lässt zu, dass Gott über die Aufspaltung der Welt in lebendige Seelen frohlockt."[1] Chesterton ist sich dabei vollkommen dessen bewusst, dass es nicht genügt, wenn Gott den Menschen von sich (Gott) selbst trennt, sodass die Menschen ihn lieben können – diese Trennung *muss* auf Gott selbst zurückgewendet werden, sodass Gott von sich selbst verlassen wird: „Als die Erde erbebte und die Sonne am Himmel erlosch, geschah es nicht wegen der Kreuzigung, sondern wegen des Schreis, der vom Kreuz kam und der bekannte, dass Gott von Gott verlassen ist."[2] Aufgrund dieser Überschneidung zwischen der Absonderung des Menschen von Gott und Gottes Absonderung von sich selbst ist das Christentum „unglaublich revolutionär", wie Chesterton schreibt:

> Dass ein braver Mann mit dem Rücken zur Wand stehen kann, wissen wir schon; dass aber Gott mit dem Rücken zur Wand stehen kann, darauf können die Rebellen aller Zeiten stolz sein. Weltweit ist das Christentum die einzige Religion, die begriffen hat, dass einem allmächtigen Gott etwas fehlt. Nur das Christentum hat begriffen, dass Gott, um ganz und gar Gott zu sein, nicht nur König, sondern auch Rebell sein muss.[3]

Chesterton ist vollkommen klar, dass wir uns damit auf etwas zubewegen, „so unergründlich und angsterregend, dass es nicht leicht zu erörtern ist". Weiter heißt es: „In der dramatischen Geschichte vom Leidensweg Christi gibt es eine deutliche Gefühlsäußerung, die zeigt, dass der Schöpfer aller Dinge (obgleich es undenkbar scheint) nicht bloß Todesqualen, sondern auch Qualen des Zweifels gelitten hat."[4] In der Standardform des Atheismus glaubt der emanzipierte Mensch nicht länger an Gott; im Christentum stirbt Gott *für sich* – in seinem verzweifelten Aufschrei „Mein Vater, mein Vater, warum hast du mich verlassen?" begeht Christus selbst, was für einen Christen die größte Sünde ist: Er wankt in seinem Glauben.

Wenn wir dieses Paradox ernst nehmen, ist es uns nicht erlaubt, bei der üblichen transzendenten Gestalt Gottes Zuflucht zu suchen; in dieser Vorstellung ist er der geheime Herrscher, der den Sinn dessen kennt, was uns als selbst sinnlose Katastrophe erscheint, ein Gott, der das ganze Bild sieht, in dem das, was wir als Zerstörung empfinden, tatsächlich zur Harmonie der Welt beiträgt. Wenn wir mit einem Ereignis wie dem Holocaust oder dem noch nicht so lange zurückliegenden Tod von Millionen Menschen in Kongo konfrontiert werden – ist es dann nicht obszön zu behaupten, diese schrecklichen Geschehnisse hätten eine tiefere Bedeutung, weil sie letztlich zur Harmonie des Ganzen beitragen? Gibt es ein Ganzes, das ein Ereignis wie den Holocaust teleologisch rechtfertigen und damit aufheben kann? Christus' Tod am Kreuz bedeutet, wir müssen die Vorstellung eines Gottes, der als transzendente Instanz sicherstellt, dass unser Handeln zu einem glücklichen Ende führt, ohne Einschränkung aufgeben, und damit auch die Idee, dass die Geschichte auf ein Ziel zusteuert. Der Tod Christi ist der Tod *dieses* Gottes; er verwehrt jeglichen „tieferen Sinn", der die Katastrophen der Geschichte in ihrer brutalen Realität verschleiert.

Von hier aus können wir die einzig konsequente christliche Antwort auf die ewigen wesentlichen Fragen geben: War Gott in Auschwitz? Wie konnte er solch ungeheures Leid zulassen? Warum ist er nicht eingeschritten und hat es verhindert? Die Antwort ist nicht, dass wir lernen sollten, uns von dem launenhaften irdischen Geschehen zurückzuziehen und uns dem seligen Frieden Gottes zu überlassen, der seine Wohnstatt in höheren, unserem Unglück entrückten Sphären hat, von denen aus wir erkennen können, wie nichtig die menschlichen Belange letztlich doch sind. (Das ist die übliche heidnische Antwort.) Die Antwort ist aber auch nicht, dass Gott weiß, was er tut, und uns auf irgendeine Weise für unser Leid entschädigen, unsere Wunden heilen und die Schuldigen bestrafen wird. (Das ist die übliche teleologische Antwort.) Die Antwort findet sich woanders – zum Beispiel in der Schlussszene von *Shooting Dogs*, einem Film über den Völkermord in Ruanda, in dem eine Gruppe von Tutsi, die in einer christlichen Schule Zuflucht gefunden haben, ihrer baldigen Abschlachtung durch einen Hutu-Mob entgegensieht. Ein junger britischer Lehrer der Schule bricht in Verzweiflung aus und fragt den älteren Priester, eine (von John Hurt gespielte) väterliche Figur, wo Christus denn jetzt sei, um das Schlachten zu verhindern. Der Priester antwortet ihm: Christus ist jetzt hier präsenter als je zuvor; er leidet hier mit uns. Wenn wir verzweifelt sind und unser Schicksal verfluchen, wenn wir mutig akzeptieren, dass uns keine höhere Macht zu Hilfe kommen wird, dann ist er hier bei uns.

Die wahre Weihnachtsbotschaft lautet also nicht: „Wir sind in Sicherheit; dort oben passt jemand auf uns auf; er hat uns seinen eigenen Sohn als Botschafter geschickt!", sondern: „Wir sind allein und selbst verantwortlich für unser Schicksal." Dieses Fehlen einer jenseitigen Unterstützung ist ein anderer Ausdruck für Freiheit: Christus gibt dem göttlichen Geschenk der Freiheit körperliche Gestalt oder, wie Rammstein in „Ohne dich" texten: „Ohne dich kann ich nicht sein, mit dir bin ich auch allein" – nur mit Christus sind wir wirklich allein. Heute handeln wir nur dann im Sinne von Christus, wenn wir unsere Verantwortung für die Pandemie und andere Katastrophen übernehmen und gemeinsam in weltweiter Solidarität tätig werden – in dem Bewusstsein, dass keine höhere Macht ein glückliches Ende garantiert. Diese weltumspannende Solidarität trägt im Christentum die Bezeichnung Heiliger Geist; es ist die Gemeinschaft der in Liebe verbundenen Gläubigen. Als Christus von seinen Jüngern gefragt wurde, wie sie denn erkennen könnten, dass er nach seinem Tod zurückgekehrt sei, antwortete er ihnen: „Wo zwei oder drei in meinem Namen versammelt sind, da bin ich mitten unter ihnen." Christus kehrt als Liebesband zwischen seinen Jüngern wieder, nicht als höhere Macht, die sie vereint.

1 G. K. Chesterton, *Orthodoxie*, Eichborn, Frankfurt am Main 2000, S. 248 f.
2 Ebd., S. 259.
3 Ebd., S. 258.
4 Ebd.

11
Erst als Farce, dann als Tragödie?

Wir alle kennen die Bemerkung von Marx, dass die Geschichte sich wiederholt: Erst ereigne sie sich als Tragödie und dann noch einmal als Farce. Marx dachte dabei an die Tragödie des Sturzes von Napoleon I. und an die spätere Farce der Regentschaft von dessen Neffen Napoleon III. Wie Herbert Marcuse in den 1960er-Jahren anmerkte, bestand die Lektion des Nationalsozialismus offenbar im genauen Gegenteil: Zuerst erschien er als Farce (in den 1920er-Jahren wurden Hitler und seine Bande meist als randständiger Haufen politischer Witzfiguren betrachtet), dann wiederholte er sich als Tragödie (als Hitler tatsächlich die Macht übernahm). Die Erstürmung des US-amerikanischen Kapitols, zu der sich ein Mob von Trump-Anhängern im Januar 2021 hinreißen ließ, war offensichtlich kein ernsthafter Putschversuch, sondern vielmehr eine Farce. Jake Angeli, ein Anhänger der QAnon-Bewegung, den viele von uns kennen, weil er mit gehörntem „Wikinger"-Kopfschmuck ins Kapitol eindrang, verkörpert exemplarisch, was an diesem Mob von Protestlern nicht stimmte. In der Populärkultur verbindet man Wikingerkrieger mit gehörnten Helmen – es ist jedoch nirgends belegt, dass Wikingerhelme wirklich mit Hörnern versehen waren; solche Helme entstammen der romantischen Fantasie des frühen 19. Jahrhunderts. So viel zur Authentizität der Demonstranten.

Was sich im Kapitol abspielte, war kein Putschversuch, sondern vielmehr ein Karneval. Der US-amerikanische Literaturwissenschaftler Russell Sbriglia kommentierte die Ereignisse wie folgt:

> Könnte es ein besseres Beispiel dafür geben, wie die Logik vom „Diebstahl des Genießens“ funktioniert, als das Mantra „Stoppt den Diebstahl!“, welches die Anhänger Trumps beim Sturm auf das Kapitol skandierten? Der hedonistische, karnevaleske Charakter der Erstürmung des Kapitols, mit welcher „der Diebstahl“ gestoppt werden sollte, war nicht bloß ein Nebeneffekt des versuchten Aufstands. Insofern es darum ging, sich das Genießen zurückzuerobern, das den Kapitol-Stürmern von den anderen Mitgliedern der Nation (also den Schwarzen, Mexikanern, Muslimen, von LGBTQ+-Personen usw.) „gestohlen“ worden war, war das karnevaleske Element absolut unerlässlich.[1]

Die Vorstellung, der Karneval könne für progressive Protestbewegungen als Modell dienen, ist äußerst problematisch – wobei solche Proteste nicht nur in ihrer Form und Atmosphäre (theatralische Aufführungen, humorvolle Sprechchöre), sondern auch in ihrer nicht zentralisierten Organisation den Charakter eines Karnevals haben. Trägt die spätkapitalistische gesellschaftliche Wirklichkeit nicht selbst schon karnevaleske Züge? War die berüchtigte „Kristallnacht“ von 1938 – der halb organisierte, halb spontane Ausbruch von Gewalt, die sich gegen jüdische Einrichtungen und Menschen jüdischen Glaubens richtete – nicht auch und vor allem ein Karneval, wenn es denn je einen gab? Und ist „Karneval“ nicht auch der Name für die obszöne Unterseite der Macht, angefangen bei Gruppenvergewaltigungen bis hin zu Hetzjagden und Lynchmorden? Vergessen wir nicht: Michail Bachtin entwickelte den Karnevalsbegriff in seinem Buch über Rabelais, das er in den 1930er-Jahren als unmittelbare Reaktion auf den Karneval der stalinistischen Säuberungen verfasste. Bis heute besteht eine der Strategien der „niederen Klassen“ im Widerstand gegen die Mächtigen immer wieder auch darin, erschreckende Brutalität an den Tag zu legen, um die Mittelschicht in ihrem Anstandsgefühl zu verstören. Mit den Ereignissen im Kapitol aber hat der Karneval erneut seine Unschuld verloren. Wird sich also auch in diesem Fall die Farce als

Tragödie wiederholen? Wird ihr ein ernst gemeinter gewaltsamer Staatsstreich folgen? Es gibt sicher unheilvolle Zeichen, die in diese Richtung deuten:

> Nach einer Umfrage, die am Tag nach dem Sturm auf das Kapitol durchgeführt wurde, befürworten 45 Prozent der Republikaner die Aktion und glauben, dass Trump mit Gewalt als Präsident durchgesetzt werden müsse, während 43 Prozent den Einsatz von Gewalt zum Erreichen dieses Ziels ablehnen oder zumindest nicht befürworten. Die äußerste Rechte hat damit eine Basis von etwa 30 Millionen Menschen geschaffen, von denen eine wachsende Zahl das Prinzip der Demokratie ausdrücklich ablehnt und dazu bereit ist, autoritäre Herrschaft zu akzeptieren. Wir können von Glück reden, dass der Gegenstand ihrer Verehrung narzisstisch gestört ist und kognitiv immer weiter abbaut. Es ist jedoch nur eine Frage der Zeit, bis irgendwo ein neuer Trump auftaucht, der weniger wahnhaft ist, dafür aber kompetenter; der Weg, auf dem ein autoritäres Regime gegen den Willen der Wählermehrheit eingesetzt werden könnte, ist jedenfalls bereitet.[2]

Einmal abgesehen davon, dass Trump durch seinen Narzissmus und seinen kognitiven Abbau nicht verkrüppelt ist, speist sich sein Erfolg aus genau diesen beiden Eigenschaften. Was das Nachlassen der geistigen Fähigkeiten betrifft, sind seine Anhänger selbst geplagt genug: Sie leugnen die wahre Tragweite der Geschehnisse – sei es die Pandemie, die globale Erwärmung oder auch Rassismus und Sexismus in den USA –, und sie sind felsenfest davon überzeugt, dass hinter allem, was die amerikanische Lebensweise ernsthaft bedrohen könnte, eine Verschwörung stecken muss. Aus diesem Verfall des Denkens heraus ist eine nicht unerhebliche rechtsradikale Bewegung entstanden, die sich (wie im Faschismus) aus weißen Arbeitern der unteren Mittelschicht, die um ihre Vorrechte fürchten, und den milliardenschweren Strippenziehern im Hintergrund zusammensetzt.

War das Eindringen in das Kapitol tatsächlich eine Störung, die den US-Staatsapparat ernsthaft beeinträchtigte? Man könnte es meinen: „Amerikas ranghöchster General, Mark Milley, und der gesamte militärische Führungsstab gaben am Dienstag [12. Januar] eine Erklärung ab, in der sie das gewaltsame Eindringen in das US-Kapitol in der vergangenen Woche verurteilten und die Angehörigen der Streitkräfte an ihre Verpflichtung erinnerten, die Verfassung zu stützen und zu verteidigen und jeglichem Extremismus entgegenzutreten."[3] Es gibt Indizien, die darauf hindeuten könnten, dass zwischen Staatsorganen und den Demonstranten eine gewisse Solidarität bestand. Das zu glauben, fällt nicht sonderlich schwer. Schließlich braucht man sich ja nur vorstellen – das wurde oft bemerkt –, wie viel brutaler die Organe vorgehen würden, wenn Demonstranten der *Black-Lives-Matter*-Bewegung das Kapitol belagerten. Die Demonstranten wurden nicht bezwungen – sie sind einfach nach Hause gegangen (wie es Trump ihnen geraten hatte) und dann in irgendeiner nahe gelegenen Bar wieder zusammengekommen, um ihre Tat zu feiern.

Einem Berichterstatter zufolge sind die meisten der Demonstranten „aus ihren wohlhabenden Vorstädten in der Bereitschaft nach Washington geflogen, für die Sache des *White Privilege* zu sterben".[4] Das mag stimmen, doch viele von ihnen waren auch Teil einer unteren Mittelschicht, die ihre Privilegien durch das eingebildete Bündnis von Großunternehmen (Digitalkonzernen, Banken), staatlicher Verwaltung (die uns im Alltag kontrolliert, unsere Grundfreiheiten durch Lockdowns, Maskenpflicht, Waffengesetze und andere Maßnahmen einschränkt), Naturkatastrophen (Pandemien, Waldbränden) und „anderen Gruppen" (Armen, Migranten, LGBTQ+-Personen) bedroht sieht, welche angeblich die Finanzmittel des Staates aufzehren und ihn so dazu zwingen, die Steuern zu erhöhen. Eine ganz zentrale Rolle spielt dabei die Kategorie „unsere Lebensweise", mit der in allererster Linie das Beisammensein in Bars und Cafeterias oder bei großen

Sportveranstaltungen, der freie Autoverkehr sowie das Recht auf Waffenbesitz gemeint sind. Alles, was eine Bedrohung dieser Freiheiten darstellt, wird abgelehnt und als Komplott angeprangert – von der staatlichen Kontrolle (die allerdings akzeptiert wird, wenn sie sich gegen „andere" richtet) über unfaire chinesische Handelspraktiken und dem „Terror" der politischen Korrektheit, bis hin zur globalen Erwärmung und zu Pandemien. Die bezeichnete „Lebensweise" ist dabei offenkundig nicht klassenneutral; es ist die Lebensweise eines Teils der weißen Mittelschicht, der sich selbst als die eigentliche Verkörperung dessen begreift, „was Amerika ausmacht".

Wenn nun davon gesprochen wird, dass der Träger dieser Verschwörung – der von den Liberalen beherrschte *deep state* – nicht nur die Wahlen gestohlen hat, sondern „uns" auch unsere Lebensweise wegnimmt (indem er sie allmählich untergräbt), sollten wir eine andere Kategorie anwenden (so wie Sbriglia in dem oben zitierten Kommentar) und die Bezeichnung „Diebstahl des Genießens" wählen. Jacques Lacan prophezeite in den frühen 1970er-Jahren, dass die kapitalistische Globalisierung eine neue Form des Rassismus hervorbringen werde; dieser gelte der Gestalt eines Anderen, der uns entweder unser Genießen (die tiefe Befriedigung, die wir aus unserer Art zu leben ziehen) zu entreißen droht und/oder der selbst offensichtlich im Besitz eines exzessiven Genießens ist, das sich unserem Zugriff entzieht. (Man denke dabei nur an die antisemitischen Fantasmen bezüglich jüdischer Geheimrituale, die Fantasmen von den überlegenen sexuellen Fähigkeiten schwarzer Männer oder daran, wie weiße Amerikaner, die dem Glauben an die Überlegenheit ihrer Rasse anhängen, Mexikaner als Vergewaltiger und Drogenhändler wahrnehmen.) Das Genießen ist dabei nicht mit sexuellen oder anderen Lüsten zu verwechseln; es meint eine tiefere Befriedigung, die wir in unserer speziellen Lebensweise finden, und schließt auch paranoide Vorstellungen über die Lebensweise der anderen mit ein.

Das, was uns an den anderen stört, verkörpert sich zumeist in den kleinen Details des täglichen Lebens (dem Geruch von Essen, dem Lärm von Musik oder der Art, wie die anderen lachen). Nebenbei gefragt: War in der Art, wie die liberalen Linken auf jene Demonstranten reagierten, die in das Kapitol eingedrungen waren, nicht eine ähnliche Mischung aus Faszination und Schrecken zu spüren? Ließ sich in der Verurteilung der „gewöhnlichen" Menschen, die in einem karnevalesken Moment, welcher die Regeln des öffentlichen Lebens kurzzeitig außer Kraft setzte, in das heilige Machtzentrum eingebrochen waren, nicht auch ein Hauch von Neid ausmachen?

Die Ausmaße dessen allerdings, was von den Demonstranten und Trump-Anhängern schlicht geleugnet wird, sind wirklich erschreckend. Die Corona-Pandemie breitet sich trotz Impfung weiter aus und verschärft die bestehenden Ungleichheiten weiter. Zu den Perspektiven für unsere Umwelt heißt es in *The Guardian*: „Der Planet steht vor einer ‚schrecklichen Zukunft: Artensterben, sich verschlechternde Gesundheit und klimatische Umwälzungen' bedrohen die Menschheit in ihrem Überleben, so warnt eine Gruppe internationaler Wissenschaftler und schlägt Alarm, weil die Menschen noch immer nicht begriffen hätten, wie akut die Krise der Biodiversität und des Klimas tatsächlich ist."[5] An dieser Stelle aber sollten wir uns noch einer anderen Leugnung zuwenden und näher auf deren Elemente eingehen. Es geht dabei um die Zeremonie zur Amtseinführung von Joe Biden, die in einem politischen Kommentar wie folgt beschrieben wird:

> Es war so, als wäre alles zuvor nicht geschehen. Abgesehen davon war es natürlich real und tatsächlich geschehen. Die letzten vier Jahre haben sich bei so vielen Amerikanern wie ein Trauma eingebrannt, und diese Erschütterung wird nicht einfach so verschwinden. Dazu braucht es Heilung, und Biden hat noch einen langen Weg vor sich. Doch immerhin: Für etwa eine Stunde gab es dort, am US-Kapitol, so etwas wie ein Innehalten –

> eine dringend benötigte Pause von dem Wahnsinn, einen Moment der Grenzziehung, der auf ewig mit dem Jahr 2020 verbunden bleiben wird.[6]

Trump ist jedoch nicht einfach passiert; er ist aus ebenjener Welt hervorgegangen, die in dem Gedicht „The Hill We Climb", das die junge Lyrikpreisträgerin Amanda Gorman bei Bidens Amtseinführung vortrug, gefeiert wird. Gorman sprach am Kapitol von sich selbst als „kleines, dünnes schwarzes Mädchen, Nachfahrin von Sklavinnen, Kind einer alleinerziehenden Mutter", das „davon träumen kann, Präsidentin zu werden, und nun hier, heute, für einen Präsidenten vorträgt".

> Und so lenken wir den Blick nicht auf das, was zwischen uns steht, sondern auf das, was vor uns liegt. / Wir schließen die Gräben, weil wir begreifen: / Soll an erster Stelle die Zukunft stehen, müssen wir erst von unseren Differenzen absehen. [...] Wir wollen nicht die Hand gegeneinander erheben, sondern einander die Hände reichen. / Wir wollen ohne Hader in Harmonie leben. [...] Wir haben Kräfte erlebt, die unsere Nation lieber spalten als heilen wollen. / Unser Land zertrümmern, um den Lauf der Demokratie zu bremsen. / Fast wären sie damit durchgekommen. / Aber die Demokratie mag sich zeitweise hemmen lassen, doch nie für alle Zeit verhindern.[7]

Wenn der Begriff „Ideologie" irgendeine Bedeutung hat, dann diese: Establishment und die Progressiven stellen sich vor, sie alle seien in einem erhabenen Augenblick der Geschlossenheit einig miteinander verbunden. Wenn man in eine solche einige Verbindung versunken ist, scheint tatsächlich nichts von dem, was unter Trump passiert ist, wirklich geschehen zu sein – woher aber sind Trump und seine Gefolgsleute gekommen? Ist sein Aufstieg nicht ein Anzeichen dafür, dass durch diese Einheit ein tiefer Riss verläuft? Wenn uns an einer Zukunft gelegen ist, dürfen wir nicht von unseren Differenzen absehen, sondern müssen das genaue

Gegenteil tun: Wir müssen unseren Fokus auf die Spaltungen und Antagonismen richten, welche die US-amerikanische Gesellschaft durchziehen – nicht auf den *uncivil war*, den „unbürgerlichen Krieg" zwischen dem liberalen Establishment und den Anhängern Trumps, sondern auf den eigentlichen Klassenantagonismus und all seine Auswirkungen (Rassismus, Sexismus und die ökologische Krise).

Die Rufe nach Einheit und nach Heilung der Spaltungen sind falsch. Trump ist der Inbegriff radikaler Spaltung, er verkörpert in seiner Person das „Wir gegen sie" (die „Feinde des Volkes"). Darum ist es nur möglich, ihn zu schlagen, indem man aufzeigt, dass seine Spaltung verlogen ist, dass er in Wirklichkeit einer von „denen" ist (ein Geschöpf des „Establishment-Sumpfs"), und indem man diese Spaltung durch eine radikalere Spaltung ersetzt, die den wahren Verhältnissen viel mehr entspricht: das Establishment in all seinen Erscheinungen steht der umfassenden Einheit aller emanzipatorischen Kräfte entgegen.

Wird sich die Farce also als Tragödie wiederholen? Diese Frage lässt sich nicht vorab beantworten – ob es dazu kommt, hängt von uns allen ab, von unserer Bereitschaft (oder fehlenden Bereitschaft), politisch aktiv zu werden. „Passen Sie auf, was Sie sich wünschen", warnte Trump Biden, als dieser damit drohte, ihn unter Berufung auf den 25. Verfassungszusatz seines Amtes zu entheben. Vielleicht hätte Trump selbst besser aufpassen sollen, als er sich die Unterstützung der rechtsextremen Demonstranten wünschte. Allerdings hat er auch einen entscheidenden Punkt getroffen: Was Biden sich wünschte – seine Vision eines neuen, einigen Amerika –, ist widersprüchlich, ein unmöglicher Traum, und je eher wir aus diesem Traum erwachen, desto besser für uns alle. Es hat nicht viel dazu gehört, ein so offensichtliches Ziel wie Trump zu besiegen – der wirkliche Kampf aber fängt jetzt erst an.

1 Russell Sbriglia (Privatgespräch).

2 Warren Montag, befragt von Juan Dal Maso, „It Is Only a Matter of Time Before a More Competent Trump Emerges", *Left Voice*, 11.01.2021, www.leftvoice.org/the-far-right-has-never-been-so-powerful-interview-with-warren-montag, zuletzt abgerufen am 16.05.2022.

3 „Military Joint Chiefs Statement Condemning ‚Sedition and Insurrection' at US Capitol ", CNN, 12.01.2021, edition.cnn.com/2021/01/12/politics/joint-chiefs-memo-capitol-insurrection/index.html, zuletzt abgerufen am 16.05.2022.

4 Will Bunch, „An Insurrection of Upper-Middle Class White People", *Philadelphia Inquirer*, 12.01.2021, www.inquirer.com/columnists/attytood/capitol-breach-trump-insurrection-impeachment-white-privilege-20210112.html, zuletzt abgerufen am 16.05.2022.

5 Phoebe Weston, „Top Scientists Warn of ‚Ghastly Future of Mass Extinction' and Climate Disruption", *The Guardian*, 01.01.2021, www.theguardian.com/environment/2021/jan/13/top-scientists-warn-of-ghastly-future-of-mass-extinction-and-climate-disruption-aoe, zuletzt abgerufen am 17.05.2022.

6 SE Cupp, „Did That Really Just Happen?", *CNN*, 23.01.2021, edition.cnn.com/ 2021/01/20/opinions/post-inauguration-commentary/index.html, zuletzt abgerufen am 17.05.2021.

7 Amanda Gorman, *The Hill We Climb / Den Hügel hinauf*, Zweisprachige Ausgabe, Hoffmann und Campe, Berlin 2021, S. 19 ff.

12
Was ist Trumps größter Verrat?

Als die Bezirksrichterin Vanessa Baraitser im Januar 2021 den Antrag der USA, Julian Assange auszuliefern, ablehnte, rief diese Entscheidung viele linke und liberale Kritiker auf den Plan. Ihre Kommentare erinnerten dabei die an die berühmten Zeilen aus T. S. Eliots *Mord im Dom*: „Die letzte Versuchung ist der größte Verrat, / Aus falschem Grund zu tun die richtige Tat". In dem Stück fürchtet der Erzbischof Thomas Becket, dass seine „richtige Tat" (die Entscheidung, sich dem König zu widersetzen und sich zu opfern) auf einem „falschen Grund" (nämlich egoistischem Streben nach dem Ruhm eines Heiligen) beruht. Hegel würde hier argumentieren, dass es bei dem, was wir tun, auf den allgemeinen, nach außen hin wirksamen Gehalt ankommt. Bringe ich ein heroisches Opfer, so ist es das, was zählt, unabhängig davon, aus welchen persönlichen und womöglich pathologischen Motiven ich es tue.

Im Falle des gerichtlichen Verfahrens in Bezug auf Assange stellt sich die Sache etwas anders dar. Hier war die Entscheidung, den Auslieferungsantrag abzulehnen, ganz offensichtlich das Richtige, „die richtige Tat"; falsch hingegen ist ihre Begründung nach außen. Die Richterin stellte sich ganz auf den Standpunkt der Behörden, wonach Assanges Aktivitäten nicht als journalistische Tätigkeit zu werten seien, und führte zur Rechtfertigung ihres abschließenden Urteils nur psychologisch-gesundheitliche Gründe an. „Der Gesamteindruck", so sagte sie, „ist der eines bedrückten und manchmal verzweifelnden Menschen, der ernsthaft um seine Zukunft fürchtet."[1] Sie fügte hinzu, Assanges Intelligenz lege den Schluss nahe, dass es ihm durchaus gelingen könnte, sich das

Leben zu nehmen, wenn er das wollte. Die psychische Gesundheit, auf welche sich die Richterin zur Begründung ihres Urteils berief, war dabei nur ein Vorwand, um Recht sprechen zu können; die Botschaft, die Baraiter implizit, aber dennoch deutlich nach außen vertrat, lautete: „Ich weiß, dass die Anschuldigung falsch ist, doch ich bin nicht bereit, das einzuräumen; darum richte ich den Fokus lieber auf die psychische Gesundheit." (Und da das Gericht nun auch eine Kaution für Assange abgelehnt hat, muss er sein Leben weiter unter jenen Bedingungen der Haft fristen, die ihn überhaupt erst in selbstmörderische Verzweiflung gestürzt haben.) Assanges Leben ist (vielleicht) gerettet, aber sein Verhalten (der Einsatz für die Pressefreiheit, der Kampf um das Recht, staatliche Verbrechen an die Öffentlichkeit zu bringen) wird weiter als Verbrechen eingestuft. Dieses Beispiel zeigt schön, worauf die menschenfreundliche Gesinnung unserer Gerichte wirklich hinausläuft.

All das ist allgemein bekannt. Eliots Zeilen aber lassen sich auch noch auf zwei andere politische Ereignisse der jüngsten Zeit anwenden. Assange an die USA auszuliefern, wäre so, als würde man Dissidenten, die aus Hongkong geflohen sind, zurück an China ausliefern. Falls es noch einen endgültigen Beweis dafür braucht, dass dies besser nicht geschehen sollte, so könnte ihn die Komödie liefern, die sich Anfang Januar 2021 in Washington abgespielt hat. Als Trump seinen Vizepräsidenten Mike Pence unter Druck setzte, das Ergebnis der Wahlmännerstimmen nicht zu bestätigen, forderte er Pence damit auf, das Richtige aus dem falschen Grund zu tun (denn das US-Wahlsystem ist manipuliert und korrumpiert, es ist ein einziger großer Schwindel, der durch den „Staat im Staat" organisiert und kontrolliert wird). Interessant ist dabei, was Trumps Forderung impliziert. Er argumentierte, dass Pence, anstatt einfach in seiner formellen, durch die Verfassung vorgegebenen Rolle zu agieren, die Bestätigung des Wahlmännerkollegiums verzögern oder behindern könnte.[2] Nach Auszählung der Stimmen hat der Vizepräsident eigentlich nur noch das Ergebnis zu verkünden, das längst feststeht – doch Trump wollte, dass Pence so handelt, als würde er tatsächlich eine Entscheidung treffen. Trump forderte keine Revolution, sondern er versuchte verzweifelt, seine Situation zu retten, indem er Pence unter Druck setzte, innerhalb der institutionellen Ordnung aktiv zu werden und den Gesetzestext wörtlicher zu nehmen, als er gemeint ist.

Als die Trump-Anhänger am 6. Januar in das Kapitol eindrangen, taten sie ebenfalls das Richtige aus dem falschen Grund. Sie hatten recht damit, gegen ein Wahlsystem zu protestieren, dessen komplizierte Mechanismen darauf ausgelegt sind, das Volk daran zu hindern, seiner Unzufriedenheit unmittelbar Ausdruck zu geben (die Gründerväter waren diesbezüglich eindeutig). Ihr Unternehmen war jedoch kein faschistischer Putsch. Ein Blick in die Geschichte verrät: Faschisten haben für gewöhnlich die Angewohnheit, sich mit dem Großkapital zu einigen, bevor sie die Macht übernehmen. Heute aber lesen wir solche Schlagzeilen: „Wirtschaftsführer sagen, Trump müsse zum Wohle der Demokratie aus dem Amt entfernt werden".[3] Hat Trump daher die Demonstranten gegen das Großkapital aufgehetzt? Eher nicht. Erinnern wir uns daran, dass Steve Bannon aus dem Weißen Haus geworfen wurde, weil er sich nicht nur gegen Trumps Steuerpläne stellte, sondern auch offen dafür eintrat, die Steuern für Reiche auf 40 Prozent anzuheben. Dazu argumentierte er, Banken mit öffentlichen Geldern zu retten, sei „Sozialismus für die Reichen". Trump setzt sich zwar für die Interessen der einfachen Leute ein, doch er tut das so wie Kane aus Welles' Filmklassiker, der von einem reichen Banker beschuldigt wird, für den armen Pöbel zu sprechen. Kane stimmt diesem zunächst einmal zu: Ja, seine Zeitung spreche für die armen, einfachen Leute, aber nur, um der eigentlichen Gefahr vorzubeugen, dass nämlich *die armen, einfachen Leute für sich selbst sprechen.*

Genau wie jeder andere Populismus misstraut auch der heutige dem System der politischen Repräsentation und gibt vor, unmittelbar für das Volk zu sprechen.[4] Er beklagt, wie ihm durch den „Staat im Staat" und die Finanzelite die Hände gebunden seien, und behauptet: „Wären uns nicht die Hände gebunden, könnten wir unsere Feinde endgültig loswerden." Doch im Gegensatz zum alten autoritären Populismus (wie dem Faschismus), der bereit war, die formal-repräsentative Demokratie abzuschaffen und tatsächlich eine neue Ordnung durchzusetzen, hat der heutige Populismus keine schlüssige Vorstellung davon, wie eine neue Ordnung beschaffen sein soll. Ideologisch wie politisch hat er nicht mehr zu bieten als ein unzusammenhängendes Sammelsurium von Maßnahmen, um „unsere eigenen" Armen zu bestechen, die Steuern für die Reichen zu senken, die Menschen gegen die Einwanderer aufzubringen und ihren Hass gegen die eigene korrupte Elite zu richten, welche Arbeitsplätze auslagert, und so weiter. Darum wollen die Populisten von heute sich auch nicht wirklich von der etablierten repräsentativen Demokratie befreien und die Macht vollständig übernehmen: „Gäbe es nicht die ‚Fesseln' der liberalen Ordnung, gegen die sie sich wehren kann, müsste die neue Rechte tatsächlich etwas unternehmen" – und dann würde offensichtlich werden, dass ihr Programm hauptsächlich aus Leere besteht.

Die Populisten von heute können mit ihrer Masche, das Erreichen ihres Ziels auf unbestimmte Zeit hinauszuschieben, nur landen, weil sie überhaupt nur dadurch funktionieren, dass sie sich als Gegner des liberalen Establishments und seines „Staats im Staate" in Stellung bringen. „Die Neue Rechte versucht zumindest in diesem Stadium nicht, einen obersten Wert wie die Nation oder den Führer zu begründen, welcher den Willen des Volkes vollständig zum Ausdruck bringen und damit die Abschaffung der Repräsentationsmechanismen erlauben und vielleicht sogar erfordern würde."

Demnach sind Trumps eigentliche Opfer seine einfachen Anhänger, die ihm das gegen liberale Unternehmenseliten und Großbanken gerichtete Gerede ernsthaft abnehmen. Seine liberalen Kritiker werfen ihm vor, er würde seine Anhänger, die bereit sind, für ihn zu kämpfen und dabei auch Gewalt einzusetzen, nur scheinbar unter Kontrolle halten, während er in Wahrheit auf ihrer Seite ist und sie zur Gewalt anstachelt. Aber er ist eben *nicht* wirklich auf ihrer Seite. Am Morgen des 6. Januar wandte er sich an die Demonstranten, die sich in *The Ellipse*, einem Park in der Nähe des Weißen Hauses, zur „Save America"-Kundgebung versammelt hatten: „Wir werden zum Kapitol rübergehen. Und wir werden unsere tapferen Senatoren und Kongressabgeordneten anfeuern. Einigen von ihnen werden wir wahrscheinlich nicht so sehr zujubeln, denn mit Schwäche werden wir unser Land nie zurückerobern. Man muss Stärke zeigen, und man muss stark sein."[5] Als der Mob sich dann tatsächlich in Bewegung setzte und auf das Kapitol zusteuerte, zog sich Trump jedoch ins Weiße Haus zurück und sah im Fernsehen zu, wie die Gewalt um sich griff.

Hatte es Trump wirklich auf einen Staatsstreich abgesehen? Ganz sicher *nicht*. Als der Mob ins Kapitol eindrang, gab er eine Erklärung ab: „Ich teile euren Schmerz; ich weiß, dass ihr leidet. Wir hatten eine Wahl, die uns gestohlen wurde. Es war ein Erdrutschsieg, und jeder weiß das, besonders die andere Seite. Aber ihr müsst jetzt nach Hause gehen. Wir müssen Frieden haben. Wir brauchen Recht und Ordnung."[6] Trump gab seinen Gegnern die Schuld an der Gewalt und lobte seine Unterstützer: „Wir dürfen diesen Leuten nicht in die Hände spielen. Es muss Frieden geben. Also geht nach Hause. Wir lieben euch, ihr seid etwas ganz Besonderes." Als der Mob sich aufzulösen begann, postete Trump einen Tweet, mit dem er die Aktionen seiner Unterstützer verteidigte, die das Kapitol gestürmt und mutwillig beschädigt hatten: „Das passiert, wenn ein heiliger Erdrutschsieg einfach kurzerhand und auf so bösartige Weise weggewischt wird."[7] Er schloss seinen Tweet mit den Worten: „Denkt immer an diesen Tag zurück!“ Ja, das sollten wir in der Tat, denn er zeigte uns, dass die US-Demokratie ein Schwindel ist, ebenso wie der populistische Protest gegen sie. Es gibt nur wenige Wahlen in der US-amerikanischen Geschichte, die wirklich von Bedeutung waren – unter anderem die kalifornischen Gouverneurswahlen von 1934, bei denen der demokratische Kandidat Upton Sinclair eine Niederlage erlitt, weil das gesamte Establishment eine beispiellose Kampagne von Lügen und Verleumdungen betrieben hatte (Hollywood ließ unter anderem verlauten, es würde mit seinen Studios nach Florida umziehen, sollte Sinclair gewinnen). Trumps Scheitern bei dem Versuch, wiedergewählt zu werden, ist das Gegenteil von Sinclairs Scheitern: Es ist das Scheitern von jemandem, der diesen Misserfolg vollkommen verdient hat.

Das Bild, das von den US-Wahlen 2020 bleiben wird, ist das einer wütenden, unzufriedenen Menge, die im Namen eines populären Präsidenten, der durch parlamentarische Manipulationen entmachtet wurde, das Parlament angreift … Klingt das bekannt? Ja, genau das hätte eigentlich in Brasilien oder in Bolivien geschehen sollen – dort hätte eine Menge, die den Präsidenten unterstützt, jedes Recht, das Parlament zu stürmen und ihn wieder in sein Amt einzusetzen. Was sich in den USA abspielte, war aber etwas völlig anderes. Hoffen wir also, dass durch die Washingtoner Ereignisse vom 6. Januar zumindest die Obszönität beendet wird, dass die USA Beobachter in andere Länder entsenden, um bei den dort stattfindenden Wahlen darüber zu wachen, dass alles fair abläuft – jetzt wären für die US-Wahlen selbst ausländische Beobachter vonnöten. Die USA sind ein Schurkenstaat, und das sind sie nicht erst, seit Trump Präsident ist. Die anhaltende Krise, die einem Bürgerkrieg nahekommt, macht eine Zerrissenheit sichtbar, welche schon immer bestand.

1 Michael Holden, „UK Judge Rejects Extraditing Assange to U.S. Over ‚Suicide Risk'", *Reuters*, 04.01.2021, www.reuters.com/article/uk-wikileaks-assange-idUKKBN299007, zuletzt abgerufen am 05.05.2022.

2 Kevin Liptak, „Pence Faces Pressure from Trump to Thwart Electoral College Vote", *CNN*, 05.01.2021, edition.cnn.com/2021/01/05/politics/mike-pence-donald-trump-electoral-college/index.html, zuletzt abgerufen am 05.05.2022.

3 Matt Egan, „Trump Should Be Removed From Office to Preserve Democracy, Business Leaders Say", *CNN*, 07.01.2021, edition.cnn.com/2021/01/06/business/capitol-hill-violence-business-leaders/index.html, zuletzt abgerufen am 05.05.2022.

4 Die folgenden Zitate stammen aus Yuval Kremnitzer, „The Emperor's New Nudity: The Media, the Masses, and the Unwritten Law" (Manuskript).

5 Justin Vallejo, „Trump ‚Save America Rally' Speech Transcript from 6 January", *The Independent*, 13.01.2021, www.independent.co.uk/news/world/americas/us-election-2020/trump-speech-6-january-transcript-impeachment-b1786924.html, zuletzt abgerufen am 05.05.2022.

6 „Trump Praises Supporters as ‚Very Special' after Mob Storms the Capitol", *The Guardian*, 06.01.2021, www.theguardian.com/us-news/live/2021/jan/06/georgia-election-latest-news-senate-ossoff-warnock-democrats-republicans-trump-biden, zuletzt abgerufen am 05.05.2022.

7 Erik Pedersen, „Donald Trump Tweets About ‚Sacred Landslide Victory'", *Deadline*, 06.01.2021, deadline.com/2021/01/donald-trump-speech-capitol-protest-go-home-election-was-stolen-1234666061, zuletzt abgerufen am 05.05.2022.

13
Auf dich, Julian Assange!

Es gibt einen alten Witz aus der Zeit des Ersten Weltkriegs über einen Depeschenwechsel zwischen dem deutschen und dem österreich-ungarischen Heereshauptquartier. Berlin schickt die Nachricht nach Wien: „In unserem Frontabschnitt ist die Lage ernst, aber nicht katastrophal"; darauf meldet Wien zurück: „Bei uns ist die Lage katastrophal, aber nicht ernst." Die Rückmeldung aus Wien wirkt wie ein Modell dafür, wie wir heute reagieren, wenn wir auf eine Krise zusteuern – sei es die Corona-Pandemie oder die Waldbrände im Westen der USA und anderswo: Wir wissen, dass eine Katastrophe bevorsteht, die Medien warnen uns die ganze Zeit, aber irgendwie sind wir nicht bereit, die Situation richtig ernst zu nehmen.

Ganz ähnlich verhält es sich mit dem Schicksal, das Julian Assange widerfährt. Sein Fall ist eine juristische und moralische Katastrophe, die sich seit Jahren hinzieht. Man denke nur an die Behandlung, die er im Gefängnis erfährt: Er darf weder seine Kinder noch deren Mutter sehen, kann nicht regelmäßig mit seinen Anwälten in Kontakt treten und erleidet eine seelische Folter, die lebensbedrohlich ist. „They are killing him softly", wie es in einem bekannten Song heißt. Dennoch scheint es nur sehr wenige Menschen zu geben, die den Ernst seiner Lage erfassen und sich im Klaren darüber sind, dass mit seinem Fall auch unser eigenes Schicksal auf dem Spiel steht. Die Kräfte, die seine Rechte missachten, sind die gleichen Kräfte, die eine wirksame Antwort auf die Pandemie oder auf die globale Erwärmung verhindern. Es sind jene Kräfte, die dafür sorgen, dass die Pandemie die

Reichen noch reicher macht und die Armen am härtesten trifft. Es sind jene Kräfte, die die Pandemie rücksichtslos ausnutzen, um unsere sozialen und digitalen Räume zu reglementieren und zu zensieren – jene Kräfte, die uns beschützen, unter anderem vor unserer eigenen Freiheit. Wenn es um die Einschränkungen menschlicher Grundfreiheiten geht, die etwa China gegen Hongkong verhängt, sind wir nur allzu gern bereit, unseren Protest zu erheben; wäre es aber nicht angebracht, wenn wir den Blick auch einmal wieder darauf richteten, was bei uns vor sich geht? Heute sollten wir uns einen Satz von Max Horkheimer aus den späten 1930er-Jahren in Erinnerung rufen: „Wer aber vom Kapitalismus nicht reden will, sollte auch vom Faschismus schweigen." Auf unsere Situation gemünzt, müsste er lauten: All jene, die nicht von dem Unrecht sprechen wollen, das Assange angetan wird, sollten auch von den Menschenrechtsverletzungen in Hongkong und Belarus schweigen.

Der sorgfältig geplante und durchgeführte Rufmord an Assange ist einer der Gründe dafür, dass aus der Verteidigung seiner Person nie eine größere Bewegung wie *Black Lives Matter* oder *Extinction Rebellion* wurde. Da aber nun sein Überleben auf dem Spiel steht, kann Assange (vielleicht) nur eine solche Bewegung retten. Denken wir an den (von Joan Baez zur Musik von Ennio Morricone geschriebenen) Text von „Here's to You", dem Titelsong des Films *Sacco und Vanzetti*: „Here's to you, Nicola and Bart / Rest forever here in our hearts / The last and final moment is yours / That agony is your triumph".[1] Überall auf der Welt haben sich Menschen in großer Zahl versammelt, um sich für Sacco und Vanzetti einzusetzen, und dasselbe ist jetzt, wenn auch in anderer Form, zur Verteidigung von Assange nötig. Assange kann nicht sterben – denn selbst wenn er sterben würde (oder wie ein lebender Toter in einer US-Gefängniszelle verschwände), wird dieser große Schmerz sein Triumph sein; er würde sterben, um in uns allen weiterzuleben. Das ist die Botschaft, die wir alle an diejenigen senden müssen, in deren Händen sein Schicksal liegt: Wenn ihr einen Menschen tötet, schafft ihr einen Mythos, der auch in Zukunft Tausende beflügeln wird.

1 Auf euch, Nicola und Bart, / Ruht für immer hier in unseren Herzen. / Der letzte Moment gehört euch, / dieser große Schmerz ist euer Triumph.

14

Biden über Putins (Mangel an) Seele

Normalerweise bin ich weit davon entfernt, Wladimir Putin oder Donald Trump Bewunderung entgegenzubringen. Doch was Joe Biden kürzlich in einem Interview mit *ABC News* sagte, ließ mich fast nostalgisch an gewisse Dinge zurückdenken, die zu Trumps Zeiten anders liefen. Als Biden gefragt wurde, ob er glaube, dass Putin ein Killer sei, antwortete er: „Ja, das glaube ich."[1] Er bestätigte auch Berichte, nach denen er 2011, in seiner Amtszeit als Vizepräsident, persönlich zu Putin gesagt habe, er, Putin, habe „keine Seele". „Das war nicht besonders schlau von mir", so Biden. „Immerhin war ich allein mit ihm in seinem Büro." (Was soll das heißen? Dass Putin ihn hätte töten können?) „Ich habe mich damit auf frühere Äußerung von Präsident [George W.] Bush bezogen, der einmal gesagt hatte, er habe Putin in die Augen geschaut und seine Seele gesehen. Ich sagte: ‚Ich schaue Ihnen in die Augen, und ich bin nicht der Meinung, dass Sie eine Seele haben.' Und er [Putin] schaute zurück und sagte: ‚Wir verstehen uns.'" (Was zum Teufel meinte Putin damit? Wollte er etwa zu verstehen geben, dass er keine Seele habe, während Biden eine besäße? Oder sollte es bedeuten, dass sie beide nur Verachtung füreinander übrig hätten?) Putins Reaktion darauf, dass der US-amerikanische Präsident ihn einen Killer nannte, kam prompt, und sie war gekonnt: Er wünschte Biden, er möge gesund bleiben, und lud ihn dann zu einer öffentlichen Debatte über die großen existenziellen und ethischen Fragen auf Zoom ein.

Bidens Äußerungen stehen in scharfem Kontrast zu denen von Donald Trump. Dieser hatte 2017, als *Fox-News*-Moderator

Bill O'Reilly Putin einen „Killer“ nannte, angedeutet, dass Amerikas Verhalten keinen Deut besser sei als das des russischen Präsidenten. „Es gibt eine Menge Killer; wir haben doch jede Menge Killer“, sagte Trump. „Glauben Sie etwa, unser Land ist so unschuldig?“[2] Trump zeigte hier ein gewisses Maß an ehrlichem Realismus. Bidens Behauptung, wonach Putin keine Seele habe, ist hingegen schlichtweg falsch. Monströse Killer besitzen durchaus eine „Seele“, ein reiches Innenleben. Das zeigt sich an den Fiktionen, an den Einbildungen, die sie produzieren, um ihre schrecklichen Taten irgendwie gerechtfertigt erscheinen zu lassen – hinter jedem großen politischen Verbrechen steht ein Dichter oder ein religiöser Mythos. Konkret ausgedrückt: Es gibt keine ethnische Säuberung ohne Dichtung. Und warum ist das so? Weil wir in einer Zeit leben, die sich selbst als postideologisch begreift. Da es keine großen und allgemeinen Anliegen mehr gibt, die stark genug wären, um die Massen zur Gewalt zu mobilisieren, wird eine größere, heilige Sache benötigt, die individuelle Vorbehalte gegen das Töten kleinlich erscheinen lässt. Religion oder ethnische Zugehörigkeit eignen sich perfekt dafür. Natürlich gibt es auch Fälle pathologisch veranlagter Atheisten, die aus reinem Vergnügen zu Massenmördern werden; das sind jedoch seltene Ausnahmen. Die Mehrheit muss abgestumpft sein und ihr Mitgefühl für das Leid anderer muss betäubt werden, und dafür braucht es eine heilige Sache. Religiöse Vertreter betonen zumeist, die Religion könne manchen schlechten Menschen dazu bringen, Gutes zu tun; in der heutigen Zeit sollte man sich jedoch eher an eine Äußerung des Physikers Steven Weinberg halten. Mit oder ohne Religion, so sagte er, würden gute Menschen Gutes tun und schlechte Menschen Schlechtes. Nur die Religion aber könne gute Menschen dazu bringen, Schlechtes zu tun.

Daher bin ich nicht gegen Wladimir Putin, weil er keine Seele hat, sondern aufgrund dessen, was in seiner Seele vorgeht. In einem Interview, das Putin 2019 der *Financial Times* gegeben hat, gibt es eine Passage, die beispielhaft vor Augen führt, dass er wirklich aus tiefstem Herzen spricht. Spionen gegenüber, die ihr Land verraten hätten, könne es keinerlei Toleranz geben, so teilt er dort feierlich mit: „Verrat ist das denkbar schwerste Verbrechen, und Verräter muss man bestrafen."[3] An diesem Ausbruch wird deutlich, dass Putin weder für Edward Snowden noch für Julian Assange irgendwelche Sympathien hegt; er hilft ihnen nur, um seine Feinde zu ärgern, und man kann sich ausmalen, wie es einem russischen Snowden oder Assange ergehen würde. Kein Wunder, dass Putin in einem anderen Interview sagte, Snowden sei zwar kein Verräter, er, Putin, könne aber nicht verstehen, wie Snowden seinem Land das antun konnte. Hier bekommen wir einen Einblick in Putins Seele und eine ziemlich gute Vorstellung davon, in welchen Kategorien er denkt.

Seinem politischen Gegner den Besitz einer Seele abzusprechen, ist ein echter Rückfall in die Anstößigkeit früherer Tage, in denen Biden mit ähnlichen verbalen Ausrutschern auffiel. 2007 etwa verkündete er zur Unterstützung Barack Obamas: „Ich will sagen, ihr bekommt den ersten massentauglichen Afroamerikaner, der redegewandt und klug und sauber ist, ein gut aussehender Typ. Ich meine, Leute, besser geht es doch gar nicht."[4] Diese Beispiele machen eines deutlich: Sollte Joe Biden sein Amt als Präsident besser ausfüllen als Donald Trump, wird nicht seine Seele ausschlaggebend dafür sein. Je weniger er sich auf sie verlässt, desto besser für uns alle.

1 Dan Mangan, „Biden Believes Putin Is a Killer, Vows Russian Leader ‚Will Pay a Price' for Trying to Help Trump Win the Election", *CNBC*, 17.03.2021, www.cnbc.com/2021/03/17/biden-says-putin-is-a-killer-will-pay-for-trying-to-help-trump-win-election.html, zuletzt abgerufen am 05.05.2022.
2 Martin Pengelly, „Donald Trump Repeats Respect for ‚Killer' Putin in Fox Super Bowl Interview", *The Guardian*, 06.02.2017, www.theguardian.com/us-news/2017/feb/05/donald-trump-repeats-his-respect-for-killer-vladimir-putin, zuletzt abgerufen am 05.05.2022.
3 Lionel Barber, Henry Foy und Alex Barker, „Vladimir Putin Says Liberalism Has Become Obsolete", *Financial Times*, 28.06.2019, www.ft.com/content/670039ec-98f3-11e9-9573-ee5cbb98ed36, zuletzt abgerufen am 06.05.2022.
4 „A Dubious Compliment – Top 10 Joe Biden Gaffes", *Time Magazine*, 31.01.2007, content.time.com/time/specials/packages/article/0,28804,1895156_1894977_1644536,00.html, zuletzt abgerufen am 06.05.2022.

15
Klassenkampf wider den Klassismus

Bei Joe Bidens Amtseinführung gab es eine einsame Gestalt, die allen Anwesenden die Show stahl, indem sie einfach nur dasaß und das Schauspiel allgemeiner Einigkeit auffällig störte: Bernie Sanders. Das lag weniger an den Fäustlingen, die er zu diesem Anlass trug. Viel mehr noch beeindruckte die Haltung, die er dort an den Tag legte, wie es Naomi Klein formulierte:

> [...] das Herumlümmeln, die verschränkten Arme, die physische Absonderung von der Menge – dies alles macht nicht den Eindruck von jemandem, der auf einer Party übergangen wird, sondern viel eher von jemandem, der kein Interesse hat, sich daran zu beteiligen. Bei einem Ereignis, das in erster Linie der Zurschaustellung parteiübergreifender Einigkeit galt, standen Bernies Fäustlinge stellvertretend für all jene, die noch nie in diesen Konsens unter den Eliten einbezogen wurden.[1]

Jeder, der sich mit Philosophie befasst, weiß, wie beeindruckt Hegel davon war, Napoleon durch Jena reiten zu sehen – es war, als erblickte er den Weltgeist (die vorherrschende geschichtliche Tendenz) auf einem Pferderücken. Die Tatsache, dass Bernie bei Bidens Inauguration allen die Show stahl und das Bild davon, wie er einfach nur dasaß, sofort zu einer Ikone wurde, lässt vermuten, dass der wahre Weltgeist unserer Zeit dort anwesend war und die Skepsis gegenüber dem Schauspiel, das da veranstaltet wurde, mit seiner einsamen Gestalt verkörperte. In dem Jubel über dieses Bild drückte sich die Hoffnung aus, die es für unsere Sache noch gibt; die Menschen sind sich der Notwendigkeit eines radikalen Wandels bewusst. Das liberale Establishment, das Biden verkörpert, und die demokratischen Sozialisten, die in Bernie Sanders und Alexandria Ocasio-Cortez ihre populärsten Vertreter haben, wirkten wie durch eine Linie deutlich voneinander getrennt.

In den vergangenen Wochen ist nun allerdings etwas geschehen, das dieses klare Bild zu stören scheint. Ocasio-Cortez trat in ihren Interviews und bei anderen öffentlichen Auftritten für Biden ein und gab sich alle Mühe, ihn gegen die Angriffe der Parteilinken in Schutz zu nehmen. In einem Interview, das am 19. März in *Democratic Left*, einer Zeitschrift der Democratic Socialists of America veröffentlicht wurde, „lobte sie die Demokratische Partei über den grünen Klee und teilte zwischendurch heftig gegen den Sozialismus aus“[2]. Der Journalist Eric London berichtete:

> [Sie] stellt die Demokraten dar, als hätten sie sich vollständig in eine Partei der Arbeiterklasse gewandelt. Die Regierung Biden und die amtierenden Demokraten würden „sich in einer weitaus fortschrittlicheren Richtung neu erfinden“. Der Druck von unten habe bei der Führung der Demokraten „ein fast schon radikales Umdenken“ bewirkt. […] Alles wäre im Grunde perfekt, wenn die Parteilinken nicht ständig querschießen würden. Diese Politikerin, die ihre ganze Karriere darauf aufgebaut hat, das „demokratische Establishment“ zu kritisieren und sich als außenstehend zu positionieren, hat sich mittlerweile zur strammsten Verteidigerin des Establishments und zur erbittertsten Gegnerin jeglicher Kritiker von außen gewandelt.

In diesem Sinne weist Ocasio-Cortez die linke Kritik an Biden konsequenterweise als „Kritik von Privilegierten“[3] zurück, und dabei bringt sie auch die alte und äußerst verdächtige Unterscheidung zwischen „wohlwollender Kritik“ und „böswilliger Kritik“ wieder auf. „Böswillige Kritik“, erklärt sie, „kann all das kaputtmachen, was wir uns so zügig aufgebaut haben. […] Wir haben nicht die Zeit und können es uns nicht erlauben, auf Leute in unserer Bewegung einzugehen, die keine guten Absichten haben." (Diese Unterscheidung kenne ich übrigens noch genau aus meiner Jugend, als die Kommunisten, die damals an der Macht waren, immer von „konstruktiver" Kritik sprachen und Kritik, die ihrer Meinung nach gegen den Sozialismus gerichtet war, als destruktiv hinstellten.) Wer aber sagt, wir hätten keine Zeit, „auf Leute in unserer Bewegung einzugehen, die keine guten Absichten haben", ruft der nicht (ziemlich offen sogar) zur Säuberung auf? Ocasio-Cortez geht indes noch weiter und wirft Bidens linken Kritikern vor, ihre Angriffe auf den Präsidenten würden im Grunde ihre Verachtung für die Armen und Unterdrückten zeigen.[4] Dazu flirtet sie mit der Identitätspolitik, die sich gegen den „Klassenessenzialismus", also das Denken in Klassen, richtet, und bedient sich dabei des alten linksliberalen Tricks, Kritikern aus den eigenen linken Reihen vorzuwerfen, ihr Verhalten nütze am Ende nur der Rechten: „Wenn ihr sagt, ‚nichts hat sich geändert', zeigt ihr damit, dass euch die Menschen, die jetzt vor der Abschiebung geschützt sind, nichts bedeuten. Und das können wir in unserer Bewegung nicht zulassen."[5] (Man muss sich wohl nicht wundern, dass der Konflikt zwischen Alexandra Ocasio-Cortez und den demokratischen Sozialisten inzwischen so weit geht, dass Twitter-Nutzer, die AOC, wie man sie in den USA nennt, in den sozialen Medien kritisieren, zu Hause von der Polizei aufgesucht werden.[6]) Einseitige Parteinahme aber kann man Ocasio-Cortez nicht vorwerfen, denn sie kritisiert zugleich die Biden-Regierung, die beim Green New Deal nicht weit genug gehe[7] und nicht genug in die Erneuerung der Infrastruktur investiere,[8] und prangert „barbarische" Zustände an der Grenze an, für welche sie die Administration verantwortlich macht.[9] So gesehen, verfolgt sie eine schlüssige Strategie: Sie will, dass die radikale Linke der Regierung das nötige Vertrauen entgegenbringt, dabei aber gleichzeitig „wohlwollende Kritik" übt und sich diesbezüglich auch keine Zurückhaltung auferlegt.

Ich sehe hier allerdings ein Problem: Bei solchen Einordnungsversuchen wird immer so getan, als sei es völlig unbestritten, dass die radikale Linke dem Klassendenken zu sehr nachgibt und darüber das vernachlässigt, was Bidens Regierung im Kampf gegen Rassismus und für Feminismus leistet und schon geleistet hat. Aber ist es denn wirklich so, dass die Demokratische Partei diese beiden Tätigkeitsfelder in ihrer Bedeutung und besonderen Wichtigkeit gegen die radikale Linke verteidigt? Unterstützen nicht auch manche radikale Feministinnen und Anhänger von *Black Lives Matter* das demokratische Establishment?[10] Ein Teil von BLM hat sich von der größeren Bewegung losgesagt, weil Letztere die Demokratische Partei unterstützt; und dieser Teil hat eine ganz klare Meinung: „Wenn wir uns mit der Demokratischen Partei verbünden, verbünden wir uns praktisch gegen uns selbst".[11] Die Spaltung zwischen demokratischem Establishment und radikaler Linken hat nichts mit der Klassenfrage zu tun.

Dabei gilt es zunächst einmal festzuhalten, dass der Konflikt zwischen Ocasio-Cortez und der demokratischen Linken – um Mao Tse-tungs alten Gegensatz aufzugreifen – kein „Widerspruch" zwischen dem Volk und seinen Feinden ist, sondern ein Widerspruch innerhalb des Volkes selbst, der im sachlichen Meinungsstreit gelöst werden muss. In unserem Fall heißt das, keine Seite sollte die andere als Agenten betrachten, der heimlich mit dem Feind im Bunde steht. Doch kommen wir auf die grundlegende Frage zu sprechen, wer in diesem Konflikt recht hat: Welche Seite ist die bessere oder zumindest die weniger böswillige? Darauf würde ich gern mit der alten Formel Stalins antworten: Sie sind beide schlechter. Aber wie hängt das genau zusammen?

In einem abstrakt-theoretischen Sinn ist die Haltung der radikalen Linken richtig: Biden ist keine langfristige Lösung, und der globale Kapitalismus ist selbst das eigentliche Problem. Diese Einsicht aber rechtfertigt keinen prinzipiellen Opportunismus, wie sich jene bequeme Position bezeichnen ließe, bei der man noch jede bescheidene Maßnahme zur Verbesserung der Situation als nicht ausreichend kritisiert und darauf wartet, dass sich eine richtige Bewegung formiert, wozu es natürlich niemals kommen wird. Alexandra Ocasio-Cortez hat also insofern recht, als sich Biden nicht einfach als ein „Trump mit menschlichem Antlitz" abtun lässt. (Diese Argumentationslinie habe ich auch vertreten.) Viele der Maßnahmen, welche die Regierung ergriffen oder vorgeschlagen hat, verdienen Unterstützung, einschließlich der Milliardenprogramme, die aufgelegt wurden, um die Pandemie zu bekämpfen, die Wirtschaft wieder anzukurbeln und unseren Verpflichtungen gegenüber der Umwelt nachzukommen. Eine weitere, durch die Regierung Biden ins Auge gefasste Maßnahme, die es ernst zu nehmen gilt, ist die Steuerreform, wie sie von Finanzministerin Janet Yellen befürwortet wird. Der Entwurf folgt den von Thomas Piketty vorgeschlagenen Schritten und sieht eine Erhöhung des Körperschaftssteuersatzes von 21 auf 28 Prozent vor; damit soll auch Druck auf die internationale Gemeinschaft ausgeübt werden, dem Beispiel zu folgen und die Steuern auf ein vergleichbares Niveau anzuheben. Das *ist* „Klassenessenzialismus" (ein Vorstoß in Richtung ökonomischer Gerechtigkeit), den man ernst nehmen muss. Dabei stimme mit Chris Cillizza überein, der meinte, die wichtigsten Worte aus Bidens Rede vor der gemeinsamen Sitzung des Kongresses am 28. April 2021 lauten: „Meine amerikanischen Mitbürger [...], die *Trickle-down*-Ökonomie hat noch nie funktioniert."[12]

Wenn jedoch jede der einander gegenüberstehenden Haltungen (Akzeptanz der Parteilinie oder hohler Linksradikalismus) für sich genommen falsch ist, läuft dann die Verbindung beider – die Forderung, Biden taktisch zu unterstützen, obwohl klar ist, dass seine Politik unmöglich funktionieren kann – nicht auf ein manipulatives Verhalten hinaus, das an Zynismus grenzt? Demnach würden wir offiziell innerhalb des Systems bleiben, in Wirklichkeit aber unsere eigenen, radikaleren und dunkleren Ziele verfolgen.

Die Wahrheit, die sich in einer solchen Haltung verbirgt, ist jedoch zumeist eine ganz andere: Wir glauben, wir würden ein verdecktes radikales Ziel verfolgen, in Wirklichkeit aber fügen wir uns vollkommen in das System ein oder, um Duane Rousselle zu zitieren: „Wir müssen genau diese Bestrebung infrage stellen, auch weiterhin eine wichtige Rolle zu spielen, einen Einflussbereich innerhalb der Demokratischen Partei zu behalten."[13] Ich denke nun allerdings nicht, dass die Strategie, Biden in einigen Maßnahmen zu unterstützen, zynisches Manipulationsverhalten befördert oder gar verlangt, und sie bedeutet auch nicht unbedingt, dass wir innerhalb des Systems gefangen bleiben. Wir können einige seiner Maßnahmen „aufrichtig" unterstützen und damit zugleich die Auffassung verbinden, dass sie nur einen ersten Schritt darstellen, dem weitere Schritte folgen müssen, weil das globale System in seiner bestehenden Form diese Maßnahmen *ohne zusätzliche, radikale Schritte nicht durchstehen kann*. Wenn etwa die Milliardenausgaben zur Bekämpfung der Pandemie zu einer Finanzkrise führen, dann werden viel radikalere finanzpolitische Kontrollmaßnahmen notwendig sein. Wir dürfen nur nicht den Fehler machen, klein beizugeben, sondern müssen im Gegenteil darauf bestehen, dass diese Maßnahmen auch tatsächlich vollständig umgesetzt werden.

Warum aber sind beide Seiten in dem Konflikt dann als schlechter zu bezeichnen? Der Kern des Ganzen liegt in dem Vorwurf des „Klassenessenzialismus", der meines Erachtens sein Ziel verfehlt. Natürlich sollten wir uns des alten marxistischen Klischees entledigen, nach dem der Arbeiterkampf der einzig „wahre" Kampf ist und alle anderen Kämpfe (ökologische, feministische, antirassistische, Dekolonisierungs- und nationale Befreiungskämpfe usw.) warten müssen, weil sie mehr oder weniger von selbst entschieden werden, sobald wir den großen Kampf gewonnen haben. Darüber hinaus aber plädiere ich dafür, den „Klassenessenzialismus" vollständig anzuerkennen – unter der Voraussetzung, dass wir den Ausdruck „Essenz" oder „Wesen" im strengen Hegel'schen Sinne verwenden.

Auch wenn Mao Hegels Dialektik nicht wirklich verstanden hat (was seine lächerliche Polemik gegen die Negation der Negation belegt), so ist sein wohl wichtigster Beitrag zur marxistischen Philosophie – seine Überlegungen zum Begriff des Widerspruchs – gleichwohl auf der Ebene von Hegels Wesensbegriff angesiedelt. Die Hauptthese von Maos großartigem Text „Über den Widerspruch“, in dem es um den „Hauptwiderspruch und die Nebenwidersprüche in einem Prozess bzw. um die hauptsächliche und die sekundäre Seite eines Widerspruchs“ geht, verdient eine genauere Betrachtung. Maos Vorwurf an die „dogmatischen Marxisten“ lautet: „Sie verstehen nicht, dass die Allgemeinheit des Widerspruchs gerade in dessen Besonderheit liegt.“

> So bilden zum Beispiel in der kapitalistischen Gesellschaft die beiden gegensätzlichen Kräfte, Proletariat und Bourgeoisie, den Hauptwiderspruch. Die anderen Widersprüche wie zum Beispiel der Widerspruch zwischen den Überresten der Feudalklasse und der Bourgeoisie, der Widerspruch zwischen den bäuerlichen Kleineigentümern und der Bourgeoisie, der Widerspruch zwischen dem Proletariat und den bäuerlichen Kleineigentümern, der Widerspruch zwischen der nichtmonopolistischen und der monopolistischen Bourgeoisie, der Widerspruch zwischen der bürgerlichen Demokratie und dem Faschismus der Bourgeoisie, die Widersprüche unter den kapitalistischen Ländern, die Widersprüche zwischen dem Imperialismus und den Kolonien sowie alle übrigen Widersprüche – sie alle werden vom Hauptwiderspruch bestimmt, stehen unter seinem Einfluss. [...] Im Falle eines Aggressionskriegs der Imperialisten gegen ein solches Land können sich seine verschiedenen Klassen – mit Ausnahme einer Handvoll Verräter an der Nation – zeitweilig zu einem nationalen Krieg gegen den Imperialismus zusammenschließen. Dann wird der Widerspruch zwischen dem Imperialismus und dem betreffenden Land zum Hauptwiderspruch, während alle Widersprüche zwischen den verschiedenen Klassen innerhalb dieses Landes (einschließlich des Hauptwiderspruchs unter ihnen, und den Volksmassen) vorübergehend auf

> den zweiten Platz verwiesen sind und eine untergeordnete Stellung einnehmen.[14]

Das ist für Mao hier der springende Punkt: Der (allgemeine) Hauptwiderspruch überschneidet sich nicht mit dem Widerspruch, der in einer besonderen Situation als dominant zu gelten hat; die allgemeine Dimension ist dem besonderen Widerspruch buchstäblich inbegriffen. In jeder konkreten Situation stellt ein anderer „besonderer" Widerspruch den dominanten und vorherrschenden Widerspruch dar; genau genommen ist damit Folgendes gemeint: Soll der Kampf um die Auflösung des Hauptwiderspruchs gewonnen werden, muss man einen besonderen Widerspruch als den vorherrschenden betrachten, dem alle anderen Widersprüche und damit Kämpfe unterzuordnen sind. Während der japanischen Besetzung Chinas musste die patriotische Einigkeit gegenüber den Besatzern an erste Stelle gesetzt werden, wenn die Kommunisten den Klassenkampf siegreich gestalten wollten. *Unter diesen Bedingungen hätte jede unmittelbare Konzentration auf den Klassenkampf dem Klassenkampf selbst geschadet.* (Hierin besteht vielleicht das Hauptmerkmal des „dogmatischen Opportunismus": Er beharrt im falschen Moment auf der zentralen Bedeutung des Hauptwiderspruchs.) Damit wird unmittelbar einsichtig, inwiefern diese Auffassung auf die Vielzahl unterschiedlicher Kämpfe in der Gegenwart zutrifft. Im Sinne eines wahren und zeitgemäßen „Klassenessenzialismus" gilt es, den Klassenkampf nicht als feststehendes Wesen, sondern als überdeterminierendes Prinzip aufzufassen, das die vielen unterschiedlichen Kämpfe in ihrem dynamischen Wechselspiel bestimmt. So kann man heute in den USA nicht von Klassenkampf reden, ohne zugleich auch die Unterdrückung und Ausbeutung der Schwarzen zur Sprache zu bringen; würde man sich unabhängig von ethnischen Fragen auf den „reinen" Klassenkampf konzentrieren, leistete man damit letztlich der Klassenunterdrückung Vorschub.

Der Soziologe und Philosoph Maurizio Lazzarato hat sich kürzlich gegen den „Klassenessenzialismus" ausgesprochen[15] und dabei auf das Motto der italienischen Feministin Carla Lonzi „Spucken wir auf Hegel" Bezug genommen. In *Sputiamo su Hegel* (1970),[16] einem bahnbrechenden Text des italienischen Feminismus, streicht Lonzi den patriarchalischen Charakter von Hegels Dialektik und seiner Anerkennungstheorie heraus und weitet diese sehr scharfe Kritik im Anschluss auf den Marxismus aus. Neben der Fokussierung auf Produktion, hierarchische Gesellschaftsorganisation und Macht – als Politik in Gestalt einer Partei, die ihre Basis vertritt – wendet sich Lonzi mit ihrer Kritik gegen die marxistische Auffassung der Geschichte als eine verschiedene Stufen durchlaufende dialektische Entwicklung, in der Schwarze und Frauen auf niederen „Stufen" „blockiert" werden und Frauen ein freies Selbstbewusstsein letztlich nur erlangen können, wenn sie sich die produktivistische Logik des Mannes zu eigen machen.[17] Lonzi weist diese Vorstellung insgesamt zurück, da sie mit einer authentischen Revolution gänzlich unvereinbar sei; „der revolutionäre Prozess ist ein Sprung, ein nicht dialektischer Bruch mit der Geschichtsordnung, welcher der Erfindung und Entdeckung von etwas Raum gibt, für das sich in der Geschichte kein Beispiel findet".[18]

Lazzarato geht es nicht etwa darum, die marxistische Sichtweise einfach nur zurückzuweisen; er möchte vielmehr die Erkenntnis vermitteln, dass Arbeiterkampf und feministischer Kampf jeweils einer anderen Logik folgen. Nach Lazzaratos Interpretation der feministischen Kritik an „der zentral gebündelten und vertikal organisierten Macht in der ‚Partei'" müssen Frauen, um selbstbestimmte politische Subjekte werden zu können, eine radikal verfasste Demokratie erfinden.[19] Neue, horizontale, nicht hierarchische Beziehungen können die Basis für ein den Frauen entsprechendes kollektives Bewusstsein bilden. „Es fehlt am Begriff und an der Praxis von ‚Repräsentation' und Vertretung, denn das Problem ist nicht das Ergreifen noch die Handhabung der Macht."[20]

Die Frauen müssen mit den „Versprechungen der Emanzipation *durch Arbeit* und *durch den Kampf um Macht* aufräumen, die als Werte der patriarchalischen Kultur (und der Arbeiterbewegung) gelten. Die feministische Bewegung fordert keine Teilhabe an der Macht, sondern ganz im Gegenteil eine Auseinandersetzung mit dem Begriff der Macht und der Machtergreifung."[21]

Lazzarato weiß um die Fallen eines feministischen oder antikolonialistischen Essenzialismus. Bei Letzterem „wird Europa an sich zum Feind; der Kapitalismus gerät unter dem Fokus auf die ethnischen Trennungen aus dem Blick. Diese Ambiguitäten werden sich im postkolonialen Denken unglücklicherweise wiederholen, denn die Revolution wird vollkommen bedeutungslos sein."[22] Der Klassenessenzialismus sollte daher nicht einfach durch einen feministischen Essenzialismus (in dem die Unterdrückung der Frauen die Grundform aller Unterdrückung darstellt) oder einen antikolonialistischen Essenzialismus (koloniale Herrschaft und Ausbeutung als Schlüssel zu allen anderen Herrschafts- und Ausbeutungsformen) ersetzt werden. Lazzarato macht demgegenüber die irreduzible Pluralität der Kämpfe um Emanzipation und die Resonanz zwischen ihnen geltend. An dieser Stelle sollte man die anonymen Autoren von *The Coming Insurrection* zitieren: „Revolutionäre Bewegungen verbreiten sich nicht durch Ansteckung, sondern durch Resonanz / Etwas, das sich hier aufbaut, tritt in Resonanz mit der Schockwelle, die von etwas ausgeht, das sich dort aufbaut."[23]

Wie gestaltet sich diese Resonanz zwischen feministischem Kampf und Arbeiterkampf? Ist der Arbeiterkampf unauflösbar im zentralistisch-produktivistischen Paradigma gefangen oder kann der Feminismus in seiner dezentralisierten Form in ihm Resonanz finden? Und kann sich der Feminismus der Gegenwart tatsächlich mit antikolonialistischem Respekt vor vormodernen Traditionen verbünden, um so eine gemeinsame Front gegen die moderne Organisation und Produktion zu bilden? Oder ist es nicht vielmehr so, dass der moderne Feminismus nicht nur nichts mit vormodernen Paradigmen zu tun hat, sondern diesen sogar immanent antagonistisch gegenübersteht? Die grundlegende Frage, um die es bei alldem geht, lautet jedoch: Ist der Klassenantagonismus wirklich nur ein Antagonismus unter anderen Antagonismen?

Es gibt einen ganz netten Witz aus Deutschland, in dem sich ein progressiv eingestellter Linker, der der Idee pluraler Identitäten anhängt, und ein Marxist austauschen. Der linke Pluralist sagt „Gender" und der Marxist erwidert: „Klasse". Der Pluralist sagt: „Gender, ethnische Zugehörigkeit" und der Marxist erwidert: „Klasse, Klasse". Der Pluralist sagt: „Geschlecht, ethnische Zugehörigkeit, soziale Schicht" und der Marxist erwidert: „Klasse, Klasse, Klasse". Obwohl der Witz die marxistische Position verspottet, hat der Marxist darin eigentlich recht; in seiner Tautologie steckt die Wahrheit, dass die Klasse (der Kampf) die sozialen und gesellschaftlichen Identitäten in ihrer Gesamtheit überdeterminiert.[24] Wenn ein linker Pluralist von „ethnischer Identität" spricht, geht ein Marxist in die Analyse und versucht zu ergründen, inwiefern diese Identität durch den Klassenkampf mitgeprägt wird – wie sie in die gesellschaftliche Totalität einbezogen und von ihr ausgeschlossen wird, welche Hindernisse oder Bevorzugungen sie erfährt, welche Berufe und Bildungsmöglichkeiten ihr offenstehen oder verschlossen sind und so weiter. In ähnlicher Weise untersucht eine marxistische Analyse der Unterdrückung von Frauen, inwiefern sich die kapitalistische Reproduktion in einem Land auf die unbezahlte Care-Arbeit von Frauen stützt, inwieweit ihre Freiheit und Selbstbestimmung davon abhängen, welche Position sie in der gesellschaftlichen und ökonomischen Reproduktion einnehmen, und ob der feministische Kampf in seinen von bürgerlichen Werten dominierten Teilen tatsächlich feministisch ist.

Diese dem Klassenkampf zukommende Sonderrolle geht verloren, wenn man die Arbeiterklasse auf eine Gruppe unter anderen sozialen Gruppen reduziert, deren Identität es zu schützen gilt.

In Deutschland und einigen anderen Ländern ist in jüngster Zeit ein vages Konzept des sogenannten „Klassismus“ aufgetaucht, bei dem es sich im Wesentlichen um eine Klassenversion der Identitätspolitik handelt. Den Arbeitern wird dabei vermittelt, wie sie ihre soziokulturellen Praktiken und ihre Selbstachtung bewahren und fördern können, indem sie sich und anderen noch stärker zu Bewusstsein bringen, dass sie entscheidenden Anteil an der gesellschaftlichen Reproduktion haben. Die Arbeiterbewegung wird so zu einem weiteren Element in der Kette von Identitäten wie eine bestimmte ethnische Zugehörigkeit oder sexuelle Orientierung. Eine solche „Lösung“ des „Arbeiterproblems“ aber kennzeichnet auch den Faschismus und den Populismus, die den Arbeitern Respekt entgegenbringen und ihre Ausbeutung anerkennen sowie (oft ehrlich) bestrebt sind, ihre Position innerhalb des bestehenden Koordinatensystems zu verbessern. Trump etwa hat sich ausdrücklich dafür eingesetzt, die US-amerikanische Arbeiterschaft gegenüber den Banken und vor der unlauteren chinesischen Konkurrenz zu schützen.

Das jüngste Beispiel für einen solchen „Klassismus“ im Kino ist der Film *Nomadland* (Chloe Zhao 2020), der unsere „nomadischen Proletarier“ – Arbeiter ohne feste Bleibe, die in Wohnwagen leben und auf der Suche nach einem Job von einem Ort zum nächsten ziehen – in ihrem Alltag darstellt. Zhao zeigt sie uns als anständige Leute, die immer wieder ihre Fähigkeit unter Beweis stellen, gut und untereinander solidarisch zu sein, Menschen, die ihre eigene Welt der kleinen Gewohnheiten und Rituale haben, in der sie aufgehen, und die sich an ihrem bescheidenen Glück erfreuen (sogar der Aushilfsjob in einem Verpackungszentrum von Amazon läuft offensichtlich ganz gut …). Und so gefällt es auch der hegemonialen Ideologie, so und nicht anders möchten unsere Eliten Arbeiter gerne sehen – kein Wunder, dass der Film der große Gewinner bei der letzten Oscarverleihung war. Auch wenn es ein ziemlich elendes Leben ist, das man uns da zeigt, sind es die charmanten und bestechenden Details dieser speziellen Art, als Arbeiter zu leben, die uns Gefallen an dem Film finden lassen. Seine unterschwellige Botschaft lautet: Genieße es, nomadischer Proletarier zu sein!

Die authentische Arbeiterbewegung bestimmt sich nun allerdings gerade durch die Weigerung, ein einzelnes Element in einer Kette der Identitäten zu sein. In Indien bin ich mit Vertretern der untersten Kaste der Unberührbaren zusammengetroffen: den Toilettenreinigern. Ich fragte sie, was sie wollen, was ihr wichtigstes Anliegen sei. „Wir wollen nicht wir sein", bekam ich umgehend zur Antwort, „nicht das, was wir sind." Nach den Begriffen von Hegel und Marx haben wir es hier mit einem exemplarischen Fall „gegensätzlicher Bestimmung" zu tun: Der allgemeine Klassenantagonismus, der das gesamte soziale Feld durchzieht, begegnet sich in der Klasse der Arbeiter, die, um Jacques Rancière zu zitieren, ein „Anteil der Anteilslosen" am Sozialkörper sind, da sie keinen richtigen Platz darin haben – als eine seiner Arten, als verkörperter Antagonismus selbst.

Was also bedeutet Klassenkampf in Indien im Mai 2021, da die Zahl der täglichen Neuinfektionen mit Covid-19 einen weiteren Höchststand erreicht? Arundhati Roy sagt zu Recht, in Indien „werden wir Zeugen eines Verbrechens gegen die Menschlichkeit".[25] Dabei lernen wir jedoch nicht einfach nur etwas über Humanität, da wir gefordert sind, die politischen Kämpfe zu vergessen und uns mit ganzer Kraft der gesundheitlichen Katastrophe entgegenzustellen. Hierfür gilt es, auch und gerade den Klassenkampf in zahlreichen seiner Aspekte zu berücksichtigen, seien es globale oder lokale. Erst jetzt, da es bereits zu spät ist, werden Forderungen an die Industrieländer laut, Indien zu helfen. Die internationale Solidarität erinnert häufig an das Sprichwort von dem Ehemann, der wartet, bis seine Frau die Küchenarbeit erledigt hat, und ihr dann, wenn er sicher sein kann, dass die Arbeit weitgehend getan ist, großzügig seine Hilfe anbietet. Indien, so hieß es allenthalben, sei die „Apotheke der Welt", da es den gesamten Globus mit Medikamenten versorge; doch kaum ist das Land auf Hilfe angewiesen, fährt der Westen einfach weiter seinen nationalistischen Kurs, anstatt eine totale und dringend geforderte „kommunistische" Mobilisierung zu starten, um die Pandemie dort einzudämmen. Genauso aber sind wir gefordert, die offensichtlichen inneren Ursachen für die katastrophale Lage zu erkennen. Indien „hat die Welt, ja die gesamte Menschheit vor einer großen Tragödie bewahrt", prahlte Premierminister Modi noch im Januar, „indem unsere Nation das Coronavirus wirksam eindämmte und kontrollierte".[26] Mit seiner nationalistischen Politik aber setzte sich der indische Premier nicht nur sträflich über die Warnungen vor einer neuen Infektionswelle hinweg, sondern er betrieb damit auch weiter seine antimuslimische Offensive (einschließlich großer öffentlicher Wahlveranstaltungen), und so verpasste Indien die einmalige Gelegenheit, Hindus und Moslems im Kampf gegen die Pandemie zusammenzubringen und entsprechende Solidarität zu zeigen.

Aber gilt das Gleiche nicht auch umgekehrt? Ist der Klassenantagonismus nicht auch von ethnischen und geschlechtlichen Spannungen durchzogen? Diesen Ansatz sollten wir zurückweisen, und zwar schlicht und einfach deshalb, weil zwischen dem Klassenantagonismus und anderen Antagonismen ein formaler Unterschied besteht. In Bezug auf die Antagonismen in den Geschlechterbeziehungen und geschlechtlichen Identitäten zielt der Kampf um Emanzipation nämlich nicht darauf ab, einige der Identitäten auszulöschen, sondern vielmehr die Bedingungen dafür zu schaffen, dass sie auf nicht antagonistische Weise zusammenleben können. Dasselbe gilt auch für die Spannungen zwischen ethnischen, kulturellen oder religiösen Identitäten – das Ziel besteht in ihrer friedlichen Koexistenz, im Respekt füreinander und in der gegenseitigen Anerkennung. Der Klassenkampf dagegen funktioniert anders. Er zielt lediglich in seinen faschistischen oder korporatistischen Versionen auf gegenseitige Anerkennung und den Respekt der Klassen. Beim Klassenkampf handelt es sich um einen „reinen“ Antagonismus: Das Ziel der Unterdrückten und Ausgebeuteten ist es, die Klassen als solche abzuschaffen, und nicht, sie zur Versöhnung zu bringen.[27] Darum „schwingt“ der Klassenkampf in anderen Kämpfen auf andere Weise „mit“, als diese anderen Kämpfe in ihm mitschwingen – der Klassenkampf führt in die anderen Kämpfe ein Element des unversöhnlichen Antagonismus ein.

Wir sehen also, warum in dem Konflikt zwischen Alexandra Ocasio-Cortez und den radikalen Sozialisten in den Reihen der Demokraten beide Seiten falsch liegen, auch wenn jede der anderen gegenüber recht hat. Beiden Seiten gemeinsam ist die Gefahr des Opportunismus: des pragmatischen Opportunismus auf der einen Seite (die Gefahr, sich im hegemonialen Raum zu verfangen, als dessen „radikale“ Ergänzung zu arbeiten), und des prinzipiellen Opportunismus auf der anderen Seite (die Gefahr, jedes Engagement als Kompromiss abzulehnen und auf diese Weise die Realität aus sicherer Entfernung heraus zu kritisieren). Vermissen lassen beide Seiten die richtige dialektische Einheit von Theorie und Praxis, in der die Theorie nicht einfach nur besondere Maßnahmen rechtfertigt, sondern uns vielmehr auch dazu legitimiert, in eine undurchsichtige Situation „blind“ einzugreifen, indem sie uns bewusst macht, dass sich die Situation durch unser Eingreifen auf unvorhersehbare Weise ändern kann. Wie Max Horkheimer vor Jahrzehnten konstatierte, sollte das Motto eines wahren radikalen Linken lauten: „Pessimismus in der Theorie, Optimismus in der Praxis“.

1 Naomi Klein, „The Meaning of the Mittens: Five Possibilities", *The Intercept*, 21.01.2021, theintercept.com/2021/01/21/inauguration-bernie-sanders-mittens, zuletzt abgerufen am 30.05.2022.

2 Eric London, „Alexandria Ocasio-Cortez Denounces Socialists and Praises Biden Administration, Democratic Party", *World Socialist Web Site*, 25.03.2021, www.wsws.org/en/articles/2021/03/26/aoc-m26.html, zuletzt abgerufen am 30.05.2022.

3 Ebd.

4 Ebd.

5 Ebd.

6 „Police Officers Show Up at Twitter User's Home for Criticising Congresswoman AOC on Social Media, Her Spokesperson Denies Involvement", *OpIndia*, 09.04.2021, www.opindia.com/2021/04/usa-police-visit-twitter-user-for-criticising-congresswoman-aoc, zuletzt abgerufen am 30.05.2022.

7 Danielle Kurtzleben, „Ocasio-Cortez Sees Green New Deal Progress in Biden Plan, but ‚It's Not Enough'", *NPR*, 02.04.2021, www.npr.org/2021/04/02/983398361/green-new-deal-leaders-see-biden-climate-plans-as-a-victory-kind-o, zuletzt abgerufen am 30.05.2022.

8 Ben Winck, „AOC Says Biden's Infrastructure Plan Is Way Too Small – She Wants a $10 Trillion Package", *Business Insider*, 01.04.2021, www.businessinsider.com/aoc-biden-infrastructure-spending-plan-trillions-housing-health-care-recovery-2021-4, zuletzt abgerufen am 30.05.2022.

9 Carl Campanile, „AOC Finally Slams Biden's ‚Barbaric' Border Conditions, Says Families Deserve Reparations", *New York Post*, 31.03.2021, nypost.com/2021/03/31/aoc-slams-barbaric-us-border-conditions-under-biden, zuletzt abgerufen am 30.05.2022.

10 Im Übrigen muss man sagen: Wenn die BLM Fälle, in denen weiße Polizisten schwarze Menschen erschießen, zum Grundmuster der Gewalt durch den Staat in der Gegenwart macht, ist das nicht so unschuldig, wie es vielleicht scheint. Die faszinierende Kraft, die von solchen Bildern unmittelbarer Gewalt ausgeht, dient dazu, die viel gefährlichere und weiter verbreitete rassistische Gewalt zu verschleiern, die größtenteils unsichtbar ist und tagtäglich gerade auch von Leuten, die dem liberalen Establishment angehören, ausgeübt wird. (Diese Erkenntnis verdanke ich Angie Sparks.)

11 „‚To Ally with the Democratic Party Is to Ally against Ourselves': BLM Inland Empire Breaks with BLM Global Network," *Left Voice*, 04.02.2021, www.leftvoice.org/blm-inland-empire-breaks-with-black-lives-matter-global-network, zuletzt abgerufen am 30.05.2022.

12 Chris Cillizza, „The Single Most Important Sentence in Joe Biden's Big Speech", *CNN Politics*, 29.04.2021, edition.cnn.com/2021/04/29/politics/biden-speech-congress-sotu/index.html, zuletzt abgerufen am 30.05.2022. Ich kann es mir nicht verkneifen, an dieser Stelle darauf hinzuweisen, dass diese progressiven Maßnahmen als Reaktion auf Trumps Politik und die Pandemie vorgeschlagen wurden – sie wären ohne diese nicht zustande gekommen. Ich hatte also Recht mit meiner früheren Behauptung, Trumps Herrschaft und die Pandemie würden den Weg zu einer progressiveren Politik eröffnen.

13 Douane Roussel im persönlichen Gespräch.

14 Mao Tse-tung, „Über den Widerspruch", zitiert nach: *Marxists' Internet Archive*, www.marxists.org/deutsch/referenz/mao/1937/wider/04-teil4.htm, zuletzt abgerufen am 30.05.2022.

15 Siehe Maurizio Lazzarato, *Capital Hates Everyone: Fascism Or Revolution, Semiotext(e)*, South Pasadena/CA 2021.

16 Zitiert nach: Carla Lonzi, „Let's Spit on Hegel", my-blackout.com/2020/11/18/carla-lonzi-lets-spit-on-hegel, zuletzt abgerufen am 02.06.2022.

17 Lazzarato, *Capital Hates Everyone*, S. 221.

18 Ebd., S. 222.

19 Ebd., S. 218.

20 Ebd.

21 Ebd., S. 222.

22 Ebd., S. 221.

23 The Invisible Committee, *The Coming Insurrection*, Semiotext(e), South Pasadena/CA 2009, S. 12.

24 Diesen Witz wie die gesamte damit zusammenhängende Überlegung verdanke ich einem Gespräch mit Arno Frank.

25 Arundhati Roy, „'We Are Witnessing a Crime Against Humanity': Arundhati Roy On India's Covid Catastrophe", *The Guardian*, 28.04.2021, www.theguardian.com/news/2021/apr/28/crime-against-humanity-arundhati-roy-india-covid-catastrophe, zuletzt abgerufen am 30.05.2022.

26 Julia Hollingsworth, „Prime Minister Narendra Modi Could Have Prevented India's Devastating Covid-19 Crisis, Critics Say. He Didn't," *CNN*, 01.05.2020, edition.cnn.com/2021/04/30/india/covid-second-wave-narendra-modi-intl-hnk-dst/index.html, zuletzt abgerufen am 30.05.2022.

27 Es gibt in diesem Zusammenhang noch zwei weitere Schwierigkeiten: den Geschlechterantagonismus und die Macht. Meiner Ansicht nach ist der Geschlechterantagonismus konstitutiv für Sexualität, das heißt, es gibt keine Möglichkeit, eine nicht antagonistische Geschlechterbeziehung herzustellen, und die Macht- und Herrschaftsverhältnisse gehen den Klassenunterschieden voraus und lassen sich nicht als Folge der wirtschaftlichen Ausbeutung erklären. Sowohl das Patriarchat als auch die soziale Vorherrschaft sind bereits früher entstanden, nämlich mit der Entstehung der neolithischen Gesellschaften – Marx hat die Bedeutung dieses Bruchs übersehen.

16
„Wir müssen leben, bis wir sterben“: Was uns Rammstein über das Leben in der Pandemie zu sagen hat

Glaubt man unseren Medien, so hat die Corona-Pandemie uns eine Lektion erteilt. Dank ihr wissen wir jetzt etwas über die Kontingenz unseres Lebens, über unsere Sterblichkeit und biologische Begrenztheit. Die Botschaft, die sich hinter dieser medial verbreiteten Erkenntnis verbirgt, lautet: Lasst uns von unserem Traum, die Natur zu beherrschen, Abstand nehmen und den bescheidenen Platz, den wir in ihr einnehmen, akzeptieren. Gibt es eine noch ernüchterndere Lektion als die Erfahrung, dass man von einem Virus, einem sich selbst reproduzierenden primitiven Mechanismus, den manche Biologen nicht einmal als eine Lebensform betrachten, gedemütigt und auf ein nahezu ohnmächtiges Wesen reduziert wird? Kein Wunder, dass nun Rufe laut werden, die eine neue Ethik der Bescheidenheit und weltweiten Solidarität fordern – aber ist das die eigentliche Lehre aus der Pandemie? Oder ist das Problem unseres Lebens im Schatten der Pandemie vielleicht das genaue Gegenteil: Dann ginge es nicht um den Tod, sondern um das Leben, ein seltsames Leben, das sich dahinschleppt und uns weder in Frieden leben noch schnell sterben lässt?

Welche Haltung sollten wir in einer solchen misslichen Lage dem Leben gegenüber einnehmen? Vielleicht gibt uns Rammsteins Song „Dalai Lama“ die richtige Antwort darauf. Der Text basiert vage auf Goethes Ballade vom Erlkönig. Die Geschichte ist bekannt: Ein Vater ist mit seinem Sohn auf einem Pferd unterwegs, als der Wind hypnotische Wahnvorstellungen in dem Kind auszulösen beginnt; am Ende stirbt es. In dem Song von Rammstein befindet sich das Kind mit seinem Vater auf einer Flugreise; genau wie in der Ballade werden die Reisenden von einem geheimnisvollen Geist bedroht, der das Kind „einlädt", sich zu ihm zu gesellen (wobei nur das Kind seine einladenden Worte hören kann). In der Ballade reitet der besorgte Vater schnell, um Hilfe zu finden, kann aber am Ziel angelangt nur noch feststellen, dass das Kind in seinen Armen bereits tot ist. Im Song von Rammstein ist es der Vater selbst, der den Tod des Kindes verursacht – aber was hat das alles mit dem Dalai Lama zu tun? Rammstein macht sich in dem Song nicht nur über die Flugangst des derzeitigen Dalai Lama lustig; der Text weist dazu auch eine enge Verbindung zum Kern der buddhistischen Lehre auf. Die Angst des Dalai Lama vor dem Fliegen findet ein seltsames Echo in der Gestalt des Herrn: „Der Mensch gehört nicht in die Luft, / So der Herr im Himmel ruft / Seine Söhne auf dem Wind", damit sie für heftige Turbulenzen sorgen, die das Kind töten werden. Aber wie geschieht das? Die Turbulenzen bringen nicht einfach nur das Flugzeug zum Absturz, sondern die Seele des Kindes wird vielmehr unmittelbar in Form innerer Unruhe heimgesucht: „Aus den Wolken tropft ein Chor, / Kriecht sich in das kleine Ohr. / Komm her, bleib hier, / Wir sind gut zu dir, / Komm her, bleib hier, / Wir sind Brüder dir." Wenn der Teufel spricht, dann schreit er nicht etwa, sondern säuselt in sanftem, liebevollem Ton.

Auf diese Uneindeutigkeit kommt es an: Die rohe Bedrohung von außen wird durch einen Chor verführerischer Stimmen, die nur das Kind hört, noch verstärkt. Das Kind ringt mit der Versuchung, sich diesen Stimmen hinzugeben, während der Vater es zu seinem Schutz fest umarmt hält. Dabei aber entgeht ihm, dass es durch seinen immer fester werdenden Griff zunehmend weniger Luft bekommt, und so passiert es: Der Vater „drückt die Seele aus dem Kind". (Man beachte das uneindeutige Ende des Songs:

Im Text heißt es an keiner Stelle, dass das Flugzeug wirklich abstürzt, vielmehr ist nur von starken Turbulenzen die Rede.) Der Vater (der offensichtlich für den Dalai Lama steht) will das Kind vor der äußeren Bedrohung durch die Realität (die Turbulenzen) schützen; in seinem völlig übersteigerten Schutzverhalten aber löscht er dessen Leben aus. Auf tieferer Ebene besteht dabei auch eine Identität zwischen dem Dalai Lama und dem „König aller Winde". Damit wird offensichtlich impliziert, dass der buddhistische Schutz vor Schmerz und Leid uns abstumpfen lässt und vom Leben ausschließt. Eine ironische Paraphrase der ersten Zeilen der Nationalhymne der DDR gibt wieder, was im Grunde die Botschaft von „Dalai Lama" ist: „Einverstanden mit Ruinen / Und in Zukunft abgebrannt".[1]

Diese pessimistische Standardeinsicht bekommt in dem Song allerdings noch einen zusätzlichen Dreh, denn die zentralen Zeilen des Refrains lauten: „Weiter, weiter ins Verderben, / Wir müssen leben, bis wir sterben." Dies ist der von Freud so bezeichnete „Todestrieb" in seiner reinsten Form: Der Schrecken besteht nicht im Tod selbst, sondern in der Tatsache, dass wir leben müssen, bis wir sterben, diesem endlosen Sich-Hinschleppen des Lebens, diesem endlosen Zwang zur Wiederholung. Der Refrain ist das, was man in Frankreich eine *lapalissade* nennt (eine leere, tautologische Erkenntnis, wie etwa: „Eine Minute, bevor er starb, war Monsieur la Palice noch am Leben."). Rammstein aber dreht die naheliegende Erkenntnis „Egal wie lange du lebst, am Ende wirst du sterben" um und ersetzt sie durch: „Bis du stirbst, musst du leben." Dass die Version von Rammstein zu keiner leeren Tautologie wird, liegt an der ethischen Dimension: Bevor wir sterben, sind wir nicht einfach nur (offensichtlich) am Leben, nein, wir *müssen* leben. Für uns Menschen ist das Leben eine Entscheidung, eine aktive Verpflichtung – wir können den Willen zum Leben verlieren.

„Wir müssen leben, bis wir sterben" – diese Haltung ist heute die richtige, denn die Pandemie ruft uns allen wieder in Erinnerung, dass wir endlich und sterblich sind; sie erinnert uns daran, dass unser Leben von einem undurchschaubaren Zusammenspiel kontingenter (oder uns so erscheinender) Ereignisse abhängt. Wie wir fast täglich erleben, besteht das eigentliche Problem nicht darin, dass wir sterben könnten, sondern dass sich das Leben in Ungewissheit dahinschleppt, begleitet von einem Gefühl ständiger Bedrückung, das uns zunehmend entmutigt und uns den Willen weiterzumachen verlieren lässt. Die Faszination für die totale Katastrophe und das Ende unserer Zivilisation macht uns zu Zuschauern, welche die Auflösung der Normalität auf morbide Weise genießen; diese Faszination wird oft durch ein falsches Schuldgefühl genährt (die Pandemie wird dann unter anderem als Strafe für unsere dekadente Lebensweise angesehen). Jetzt leben wir in einem Zustand des endlos aufgeschobenen Zusammenbruchs: Der Impfstoff steht unmittelbar in Aussicht, gleichzeitig ist mit der Ausbreitung immer neuer Virusvarianten zu rechnen. Man bedenke, wie sich allein der zeitliche Rahmen für den erwarteten Fortgang der Entwicklung verschoben hat: Im Frühjahr 2020 rechneten die Behörden zumeist noch in Zwei-Wochen-Schritten („In zwei Wochen sollte es besser werden"); im Herbst waren es dann zwei Monate; jetzt ist es meist ein halbes Jahr (im Sommer 2021 oder vielleicht auch noch später wird es langsam besser werden); hier und da melden sich bereits Leute zu Wort, die das Ende der Pandemie auf 2022 oder sogar 2024 verschieben.

Es vergeht kein Tag, ohne dass etwas Neues vermeldet wird: Die Impfstoffe wirken gegen neue Varianten oder vielleicht auch nicht; das russische Vakzin Sputnik V taugte anfangs nichts, scheint jetzt aber ziemlich gut zu wirken; es gibt große Verzögerungen bei der Lieferung von Impfstoffen, doch die meisten von uns werden trotzdem bis zum Sommer geimpft sein. Diese endlosen Schwankungen aber lassen ihrerseits natürlich auch ein spezielles Vergnügen aufkommen, das es uns leichter macht, das Elend, welches sich unseres Lebens bemächtigt hat, zu überstehen.

Uns geht es wie den Passagieren in „Dalai Lama", nur dass in unserem Fall Covid-19 der Name für jene Turbulenzen ist, die das Leben aus dem Gleichgewicht werfen. Was hat die Wut der Götter unserer Zeit ausgelöst? Sie haben sich durch unsere biogenetischen Manipulationen angegriffen und durch unseren zerstörerischen Umgang mit der Umwelt verletzt gefühlt. Wer aber ist in unserer Wirklichkeit der Dalai Lama? Für viele der Menschen, die gegen Lockdowns und Kontaktbeschränkungen protestieren, ist der Dalai Lama, der vorgibt, uns zu schützen, in Wahrheit aber unsere sozialen Freiheiten erstickt, ebenjenes Bündel an Schutzmaßnahmen, die zur Bekämpfung der Pandemie ergriffen werden. Unter dem Titel „Si è abolito l'amore" hat Giorgio Agamben jüngst ein kurzes Gedicht verfasst, das seine Haltung gegenüber diesen Maßnahmen verdeutlicht:[2]

> Wenn man die Liebe abschafft / im Namen der Gesundheit, / schafft man damit auch die Gesundheit ab.
> Wenn man die Freiheit abschafft / im Namen der Medizin, / schafft man damit auch die Medizin ab.
> Wenn man Gott abschafft / im Namen der Vernunft, / schafft man damit auch die Vernunft ab.
> Wenn man den Menschen abschafft / im Namen des Lebens, / schafft man damit auch das Leben ab.
> Wenn man die Wahrheit abschafft / im Namen der Information, / schafft man damit nicht die Information ab.
> Wenn man die Verfassung abschafft / im Namen des Notstands, / schafft man damit nicht den Notstand ab.

An diesen Variationen der gleichen Erkenntnis ist alles falsch. Zuerst einmal sind die letzten beiden Ausnahmen falsch. Wenn man die Wahrheit abschafft, schafft man damit auch die Information ab, weil Information nur vor dem Hintergrund einer Wahrheit funktioniert, eines Horizonts, der festlegt, wie Information verstanden wird. Und wenn man die Verfassung abschafft, schafft man damit auch den Notstand ab, weil der Notstand dann keiner mehr ist, sondern eine neue Normalität darstellt. Dann ist die Symmetrie der ersten vier Zeilen falsch. Die Liebe in ihrem radikalen Sinn *ist* ungesund, weil sich zu verlieben einen traumatischen Einschnitt darstellt, der unser tägliches Leben aus dem Gleichgewicht bringt – demnach schafft die Liebe selbst bereits die Gesundheit ab. Wenn man die Medizin im Namen der Freiheit abschafft, dann bleibt als einzige Freiheit die Freiheit, zu sterben. Was Gott und Vernunft betrifft, stellt sich zunächst die Frage: welche Vernunft? Es gibt einen Vernunftbegriff, der ohne Gott auskommt und doch weit von dem üblichen naturalistischen Determinismus entfernt ist – man denke nur an die Quantenphysik. Außerdem stellt sich die Frage: welcher Gott? Agamben schrieb an anderer Stelle: „Was wäre ein Gott, zu dem niemand betete und dem man nicht opferte?“ Als Lacanianer sollten wir die Frage umdrehen: Was wäre ein Opfer, das sich an keinen Gott richtete? Gibt es ein Opfer, das nicht irgendeine Gestalt des großen Anderen voraussetzt? Lacans Antwort lautet wiederum: Ja, es ist das Opfer, das man „symbolische Kastration“ nennt, ein Opfer, das selbst ein bejahender Akt ist, eine Geste, die den Raum für neue Fülle aufschließt. Und was zu guter Letzt Mensch und Leben betrifft: Liegt die Gefahr heute nicht eher darin, das Leben im Namen des Menschen abzuschaffen, im Namen einer bestimmten Vorstellung von menschlicher Würde und Freiheit (wie der Ethik des Krieges), die zur totalen Selbstzerstörung führen kann? Um mein Gegenargument analog zu Agamben aufzubauen: „Wenn man die Medizin im Namen der Freiheit abschafft, schafft man auch die Freiheit ab. Wenn man das Leben im Namen des Menschen abschafft, schafft man auch den Menschen ab.“

Rammsteins Zeile „Wir müssen leben, bis wir sterben“ skizziert einen Ausweg aus dieser Sackgasse: Wir sollten uns im Kampf gegen die Pandemie nicht aus dem Leben zurückziehen, sondern das Leben so intensiv wie möglich leben. Gibt es heute jemanden, der *lebendiger* ist als die Millionen von Beschäftigten im Gesundheitswesen, die tagtäglich im vollen Bewusstsein ihr Leben riskieren? Viele von ihnen sind gestorben, aber *bis sie starben, waren sie lebendig*. Dabei opfern sie sich nicht einfach nur für uns auf, und sie sind auch keine Überlebensmaschinen, die auf das nackte Leben reduziert sind: Sie sind diejenigen, die heute am lebendigsten sind.

1 Roberto de la Puente, „Einverstanden mit Ruinen", *paperblog*, ursprünglich veröffentlicht am 11.12.2012, de.paperblog.com einverstanden-mit-ruinen-472883, zuletzt abgerufen am 06.05.2022.

2 Giorgio Agamben, „Si è abolito l'amore", *Quodlibet*, 06.11.2020, www.quodlibet.it/giorgio-agamben-si-bolito-l-amore, zuletzt abgerufen am 06.05.2022.

17
Ein europäisches Manifest

Manche von uns kennen noch den berühmten Anfang des *Kommunistischen Manifests*: „Ein Gespenst geht um in Europa – das Gespenst des Kommunismus. Alle Mächte des alten Europa haben sich zu einer heiligen Hetzjagd gegen dies Gespenst verbündet, der Papst und der Zar, Metternich und Guizot, französische Radikale und deutsche Polizisten." Ließe sich mit denselben Worten nicht auch die Position charakterisieren, die „Europa" in der heutigen öffentlichen Wahrnehmung einnimmt? Ein Gespenst geht um in der Welt – das Gespenst des Eurozentrismus. Alle Mächte des alten Europa und der neuen Weltordnung haben sich zu einer heiligen Allianz gegen dieses Gespenst verbündet: Boris Johnson und Wladimir Putin, Matteo Salvini und Viktor Orbán, einwanderungsfreundliche Antirassisten und Beschützer traditioneller europäischer Werte, lateinamerikanische Progressive und arabische Konservative, Westbank-Zionisten und „patriotische" chinesische Kommunisten …

Jeder Gegner von Europa hat dabei sein eigenes Europabild. Boris Johnson setzte den Brexit durch, weil er die Brüsseler Bürokratie als einen Megastaat ansieht, der die britische Souveränität und den freien Fluss britischen Kapitals einschränkte, während Teile der Labour-Partei für den Brexit waren, weil sie in der Brüsseler Bürokratie ein Instrument des internationalen Kapitals sehen, welches wiederum die Gesetze und Vorschriften zum Schutz der Arbeitnehmerrechte einschränkt. Lateinamerikanische Linke identifizieren den Eurozentrismus mit dem weißen Kolonialismus, während Putin versucht, die Europäische Union zu demontieren, um den Einfluss Russlands auch außerhalb der Grenzen der ehemaligen Sowjetunion zu stärken. Radikale Zionisten haben eine Abneigung gegen Europa, weil es sich den Palästinensern gegenüber zu wohlwollend verhält, während manche Araber in der europäischen „Besessenheit" von den Gefahren des Antisemitismus ein Zugeständnis an den Zionismus erkennen. Salvini und Orbán sehen die Europäische Union als eine multikulturelle Gemeinschaft an, welche eine Bedrohung der überlieferten europäischen Werte darstellt und Einwanderern aus fremden Kulturen die Tore öffnet; die Einwanderer dagegen sehen Europa als eine Festung des weißen Rassismus an, die es ihnen unmöglich macht, sich vollständig zu integrieren. Und damit ist die Liste noch längst nicht vollständig.

Die Pandemie und der Umgang mit ihr gaben all dieser Kritik neuen Auftrieb. Die hohen Covid-19-Fallzahlen, die Europa zu verzeichnen hatte, wurden dem europäischen Individualismus angelastet und mit den deutlich niedrigeren Infektionsraten in den asiatischen Ländern verglichen, in denen ein stärker ausgeprägter Gemeinschaftssinn herrsche. Die EU wurde als ineffizient wahrgenommen, als unfähig, die Impfung für alle schnell zu organisieren, und dazu erliege Europa immer mehr dem Impfstoff-Nationalismus. Gleichzeitig warf man Europa vor, die eigene Bevölkerung zu bevorzugen und darüber die Hilfe für die armen Länder der Dritten Welt zu vernachlässigen. (In diesem Punkt sollte man immerhin anerkennen, dass die Verzögerung bei der Impfung der Preis war, den die EU für ihre grundsätzliche Haltung zahlte, den verfügbaren Impfstoff gleichberechtigt unter allen Mitgliedsstaaten zu verteilen.)

Bei all dem aber darf man nicht vergessen, dass die Verteidiger Europas in ähnlicher Weise gespalten sind wie seine Kritiker. Es gibt die „technokratische" Vorstellung von Europa als einem der wichtigen Akteure im globalen Kapitalismus; es gibt die liberale Vorstellung von Europa als einem Raum, in dem Menschenrechte und Freiheiten von herausragender Bedeutung sind, und es gibt die konservative Vorstellung von Europa als Union starker nationaler Identitäten. Wie soll und wie kann man sich in diesem Durcheinander orientieren? Sicher nicht so, dass man zwischen den verschiedenen Seiten Europas – den guten und den schlechten – unterscheidet, daraus eine entsprechende Haltung entwickelt und sagt, man lehne das Europa ab, das den modernen Kolonialismus, den Rassismus und die Sklaverei hervorgebracht hat, befürworte aber das Europa der Menschenrechte und der multikulturellen Offenheit. Das wäre allzu einfach. Eine solche Lösung erinnert an einen US-amerikanischen Politiker aus der Zeit der Prohibition, der auf die Frage, wie er es mit dem Weintrinken halte, erwiderte: „Wenn Sie mit Wein das Getränk meinen, das einen Abend mit Freunden zu etwas Wunderbarem macht, bin ich dafür; aber wenn Sie damit jene schreckliche Sache meinen, die zu Gewalt in Familien führt, die Menschen arbeitslos macht und abstumpfen lässt, bin ich absolut dagegen!" Ja, Europa ist eine komplexe Idee voller innerer Spannungen, aber wir müssen zu einer klaren und einfachen Entscheidung kommen: Kann „Europa" auch weiter als das fungieren, was Jacques Lacan einen Herren-Signifikanten nannte: als Begriff, der symbolisiert, was der Kampf um Emanzipation bedeutet?

Meine These ist, dass man sich gerade jetzt, da Europa sich im Niedergang befindet und sein Erbe den stärksten Angriffen ausgesetzt ist, für Europa entscheiden sollte. Diese Angriffe gelten nicht in erster Linie dem rassistischen oder konservativen Erbe Europas, sondern dem emanzipatorischen Potenzial, das es so einzigartig macht: der säkularen Moderne, der Aufklärung, Menschenrechten und Freiheiten, dem Solidaritätsprinzip und der sozialen Gerechtigkeit sowie dem Feminismus. Wir sollten nicht nur an Europa und seinem Namen festhalten, weil das Gute an ihm das Schlechte überwiegt; vielmehr bietet das europäische Erbe selbst die besten kritischen Instrumente, um zu analysieren, was in Europa schiefgelaufen ist. Sind jene, die den „Eurozentrismus" ablehnen, sich dessen bewusst, dass gerade die Begriffe, die sie für ihre Kritik heranziehen, zum europäischen Erbe gehören?

Die sichtbarste Bedrohung für das emanzipatorische Potenzial Europas kommt offensichtlich von innen, von dem neuen Rechtspopulismus, der es auf die Zerstörung dieses emanzipatorischen Erbes abgesehen hat. Das Europa der Rechten ist ein Europa der Nationalstaaten, die ihre Identität unter allen Umständen bewahren wollen. Als Steve Bannon vor ein paar Jahren Frankreich besuchte, hielt er eine Rede, die er mit den Worten beendete: „Gott segne Amerika und *vive la France*!"[1] *Vive la France*, *viva Italia*, lang lebe Deutschland … aber nicht Europa. Wir sollten sehr genau darauf achten, wie diese Vorstellung von Europa unserem politischen Raum eine völlig andere Funktion gibt.

Der große Konservative T. S. Eliot hielt in seinen *Beiträgen zum Begriff der Kultur* fest, dass es Momente gibt, in denen man nur die Wahl zwischen Sektierertum und Nichtglauben habe, in denen die einzige Möglichkeit, eine Religion am Leben zu erhalten, darin bestehe, eine sektiererische Abspaltung von ihrem leblosen Hauptteil vorzunehmen. Wir haben heute nur diese eine Wahl: Nur durch eine „sektiererische Abspaltung" vom europäischen Erbe in seiner üblichen liberal-demokratischen Gestalt, indem wir uns von dem verwesenden Leichnam des alten Europa abtrennen, können wir das europäische Erbe am Leben erhalten.

In einem über Europa hinausgreifenden, globalen Maßstab zu handeln ist die einzige Möglichkeit, wie man heute ein wahrer Europäer sein kann – zum Beispiel indem man Indien und andere Länder mit Impfstoffen unterstützt, international gegen die Erderwärmung vorgeht oder eine weltweite Gesundheitsversorgung organisiert.

1 David Reid, „Bannon Tells French Far-Right: ‚Let Them Call You Racist'", *CNBC*, 12.03.2018, www.cnbc.com/2018/03/12/steve-bannon-tells-france-right-wing-to-embrace-racist-tag.html, zuletzt abgerufen am 09.05.2022.

18
Licht am Ende des Tunnels?

Immer wieder liest man in den Medien, der „Anfang vom Ende“ der Pandemie sei eingeläutet. Auch wenn die Infektions- und Todeszahlen weiter ansteigen, sind bereits Millionen geimpft, und so sehen wir nun immerhin das sprichwörtliche Licht am Ende des Tunnels. Zwar sind längst nicht alle Sorgen beseitigt, und die nächsten Monate dürften schwierig bleiben, aber so langsam macht sich ein Gefühl der Erleichterung breit, und das haben wir uns auch verdient. Denn genau das hat die Pandemie ja so bedrückend gemacht, dass kein wirkliches Ende in Sicht war – das Gefühl, dass sich das Ende der Welt unendlich hinzieht. Jetzt sieht es so aus, als sei der Albtraum bald vorbei; wir werden versuchen, ihn aus unserem Gedächtnis zu löschen und so schnell wie möglich zum normalen Leben zurückzukehren. Manche Intellektuelle, die aus jeder Katastrophe unbedingt einen tieferen Sinn herauslesen wollen, bemühen gar Hölderlins berühmte Verse aus „Patmos“: „Wo aber Gefahr ist, wächst / Das Rettende auch“. Was genau macht diese Zeilen für uns bedeutsam? Heißt das einfach, dass uns die Wissenschaft durch die Entwicklung von Impfstoffen in Rekordzeit gerettet hat? Oder bedeutet es, dass uns die Pandemie an unsere Sterblichkeit und Verwundbarkeit erinnert (wir sind Teil der Natur, nicht ihre Herren) und damit von unserer Arroganz geheilt hat?

Viel richtiger wäre es, Hölderlins Verse umzudrehen: „Wo aber das, was uns rettet, wächst, da sind auch Gefahren.“ Diese Gefahren sind vielfältig – beginnen wir mit der Mahnung der WHO-Experten, dass „die Coronavirus-Pandemie, auch wenn sie sehr schwerwiegend war, ‚nicht unbedingt die große Pandemie‘ ist und dass die Welt lernen muss, mit Covid-19 zu leben"[1]. Die Corona-Pandemie ist noch lange nicht vorbei (die Infektionszahlen steigen in Wellen weiter an), und am Horizont zeichnen sich bereits neue Pandemien ab; die globale Erwärmung, Brände und Dürren richten unsere Umwelt zugrunde; die wirtschaftlichen Auswirkungen der Pandemie werden sich mit Verzögerung zeigen und den öffentlichen Protesten neuen Auftrieb geben; dazu wird unser Leben der digitalen Kontrolle unterworfen bleiben, während psychische Probleme stark zunehmen. Wir werden lernen müssen, nicht bloß mit Covid-19 zu leben, sondern mit diesem großen Ganzen miteinander zusammenhängender Phänomene. Aus diesem Grund erleben wir gerade den gefährlichsten Moment der gesamten Pandemie. Sich jetzt zu entspannen wäre so, als würde man hinter dem Lenkrad eines Autos wegnicken, mit dem man auf einer kurvenreichen Straße in hoher Geschwindigkeit unterwegs ist. Wir müssen eine Menge Entscheidungen treffen, die nicht alle wissenschaftlich fundiert sein können. Der gegenwärtige Augenblick ist der Moment radikaler politischer Entscheidungen.

Es stimmt: Die Wissenschaft kann uns retten; Greta Thunberg hat recht, wenn sie sagt, dass wir auf die Wissenschaft vertrauen sollten. Wenn wir jedoch wirklich in einem wissenschaftlichen Geist argumentieren wollen, dann sollten wir auch zwei Dinge einräumen, die von Jürgen Habermas kritisch angemerkt wurden: Mit der Pandemie haben wir nicht nur Neues gelernt, sondern auch erfahren, wie viel wir nicht wissen; außerdem sind wir gezwungen, in einer äußerst undurchsichtigen Situation zu handeln, ohne zu wissen, wie sich unsere Handlungen auswirken werden.[2] Wie oben erörtert, betrifft dieses Nichtwissen nicht bloß die Pandemie selbst, sondern mehr noch auch ihre wirtschaftlichen, sozialen und psychischen Folgen. Es ist nicht nur so, dass wir nicht wissen, was vor sich geht, wir *wissen* vielmehr auch, dass wir es nicht wissen, und dieses Nichtwissen ist selbst eine soziale Tatsache, die ihren Niederschlag darin findet, wie unsere Institutionen arbeiten.

Wir sollten hier sogar noch einen Schritt weiter gehen. Heute ist es nicht nur so, dass wir mehr und mehr wissen, was wir nicht wissen; manchmal scheint sich die Wirklichkeit selbst so zu verhalten, als hätte sie ihre eigenen Gesetze vergessen. Es gibt den bekannten Witz über das „Wissen im Realen“: Ein Stein weiß schon, welchen Gravitationsgesetzen er gehorchen muss, wenn er fällt. Die Quantenphysik hingegen besagt, dass die Natur selbst nicht all ihre Gesetze kennt, und das ist auch der Grund, aus dem Albert Einstein der Quantenphysik und ihrem Grundtheorem von der Unbestimmtheit der Natur mit solchem Unbehagen begegnete. Für Einstein war die Quantenphysik eine schlichtweg unvollständige Theorie, die einige unbekannte Variablen einfach ausblendet. Es entbehrt nicht einer gewissen höheren Ironie, dass der berühmteste Austausch der beiden Atheisten Albert Einstein und Niels Bohr von Gott handelt: Einsteins Bemerkung „Gott würfelt nicht“ konterte Bohr mit: „Sag Gott nicht, was er tun soll!“ Ihre Differenz betraf dabei nicht Gott, sondern das Universum in seiner Beschaffenheit: Einstein konnte nicht akzeptieren, dass die Natur selbst in gewisser Weise „unvollständig“ ist. Die Pandemie scheint Bohr recht zu geben.

Diese Unbestimmtheit, die bis auf die subatomare Ebene hinunterreicht, eröffnet den Raum für unsere Eingriffe. Das allerdings setzt voraus, dass wir die Unbestimmtheit voll und ganz annehmen, und dazu müssen wir den Determinismus in seinen beiden Hauptvarianten – dem Naturalismus und der göttlichen Vorsehung – zurückweisen. Ein slowenischer Theologe, der dafür plädiert, die Kirchen trotz Quarantänebestimmungen offen zu halten, erwiderte auf den Vorwurf, dies würde viele Menschen das Leben kosten, ganz direkt: „Die Mission der Kirche ist nicht die Gesundheit, sondern das Heil.“[3] Kurzum: Tod und Leid Tausender sind bedeutungslos im Hinblick auf ihr Heil in der Ewigkeit durch

Gott. Ähnliches lässt sich über Mutter Theresa und ihre Arbeit in Kalkutta sagen. Sie war von der Mission erfüllt, sich um „die Hungrigen, die Nackten, die Obdachlosen, die Verkrüppelten, die Blinden und die Leprakranken zu kümmern, um all jene, die sich ungewollt, ungeliebt, unversorgt fühlen, um die Menschen, die der Gesellschaft zur Last geworden sind und von allen gemieden werden“[4]. Wie allerdings Kritiker gezeigt haben, kümmerte sie sich weniger um die Gesundheit dieser Menschen als vielmehr um deren Seelenheil und somit darum, dass sie sich auf dem Sterbebett zum Katholizismus bekehrten.[5] Man kann sich also leicht vorstellen, um was sie sich jetzt, da die Pandemie sich über die Welt hermacht, kümmern würde: nicht um Impfungen, nicht einmal um Beatmungsgeräte, sondern allein um den geistlichen Trost in düsterer Umgebung in den letzten Stunden unseres Lebens. Und genauso kann man sich vorstellen, was in naher Zukunft passieren wird, sollte sich die Pandemie weiter ausbreiten (aufgrund neuer Virusmutationen etwa) und die Impfstoffe unwirksam machen. Es werden noch mehr Menschen sterben als einst bei der Spanischen Grippe; die Behörden, die nicht mehr wissen, wie sie die Pandemie eindämmen sollen, werden sich auf eine Notversorgung der Sterbenden beschränken und sie dabei auch mit Mitteln versorgen, die ihnen einen schmerzlosen Tod ermöglichen. Die Kirche wiederum wird Massenbekehrungen anbieten, um unsere Bedrückung zu lindern und den Gläubigen Erlösung zu verheißen.

Auf seine typische Weise beschreibt Woody Allen zu Beginn eines kleinen Textes aus dem Jahr 1979 die Entscheidung, vor der wir in unserer heutigen Situation vielleicht am ehesten stehen: „Die Menschheit“, heißt es, „steht heute mehr denn je am Scheideweg. Der eine Weg führt zu Verzweiflung und völliger Hoffnungslosigkeit, der andere zu unserer kompletten Vernichtung. Beten wir, dass wir die Klugheit besitzen, uns richtig zu entscheiden.“[6] Die richtige Entscheidung besteht darin, sich der Tatsache zu stellen, dass unsere Lage völlig hoffnungslos ist, und die Verzweiflung darüber anzunehmen – nur wenn wir diesen Nullpunkt durchschreiten, werden wir imstande sein, eine kommende neue Gesellschaft zu errichten. Die falsche Entscheidung würde uns vielleicht zu einer neuen geteilten Gesellschaft führen, in der die Privilegierten in abgeschotteten Blasen leben, während die Mehrheit in grausamen Verhältnissen dahinvegetiert. Der Egalitarismus ist heute mehr denn je nicht einfach nur ein vages Ideal, sondern eine dringende Notwendigkeit. Es braucht Impfstoffe für alle, eine weltumfassende Gesundheitsversorgung und einen global geführten Kampf gegen den Klimawandel. Dabei deutet sich an, dass selbst große Unternehmen dies mittlerweile akzeptieren. Uğur Şahin, türkischstämmiger Mitbegründer und Chef des in Deutschland ansässigen Pharmaunternehmens BioNTech, der an der Entwicklung des weltweit wichtigsten Impfstoffs maßgeblich beteiligt war, äußerte in einem Interview Ende 2020: „Momentan sieht es nicht rosig aus, es entsteht ein Loch, weil weitere zugelassene Impfstoffe fehlen und wir mit unserem Impfstoff diese Lücke füllen müssen."[7] Es ist ein seltener und wunderbarer Moment im Spätkapitalismus, wenn der Leiter eines Unternehmens möchte, dass seine Konkurrenten stärker werden, weil er weiß, dass der Kampf gegen eine globale Gesundheitskrise nur gemeinsam gewonnen werden kann.

Daher ist es vielleicht angebracht, zum Abschluss dieser Ausführungen die Mahnung zu wiederholen, die man der Rede vom Licht am Ende des Tunnels manchmal hinzugefügt: Wir sollten uns vergewissern, dass dieses Licht nicht das Licht eines anderen Zugs ist, der auf uns zurast.

1 Melissa Davey, „WHO Warns Covid-19 Pandemic Is ‚Not Necessarily the Big One'", *The Guardian*, 29.12.2020, www.theguardian.com/world/2020/dec/29/who-warns-covid-19-pandemic-is-not-necessarily-the-big-one, zuletzt abgerufen am 17.05.2022.

2 Siehe Markus Schwering, „Jürgen Habermas über Corona: ‚So viel Wissen über unser Nichtwissen gab es noch nie'", *Frankfurter Rundschau*, 10.04.2020, www.fr.de/kultur/gesellschaft/juergen-habermas-coronavirus-krise-covid19-interview-13642491.html, zuletzt abgerufen am 17.05.2022.

3 „Verniki večinsko ne podpirajo nadškofovega poziva vladi, naj odpravi prepoved izvajanja verskih obredov", *Domovina*, 16.12.2020, www.domovina.je/verniki-vecinsko-ne-podpirajo-nadskofovega-poziva-vladi-naj-odpravi-prepoved-izvajanja-verskih-obredov, zuletzt abgerufen am 17.05.2022.

4 Mutter Theresa, zitiert nach „Missionaries of Charity" [„Missionarinnen der Nächstenliebe"], Wikipedia, en.wikipedia.org/wiki/Missionaries_of_Charity, zuletzt abgerufen am 17.05.2022.

5 Siehe Christopher Hitchens, *The Missionary Position: Mother Theresa in Theory and Practice*, Verso Books, London 2013.

6 Woody Allen, „My Speech To the Graduates", *New York Times*, 10.08.1979, www.nytimes.com/1979/08/10/archives/my-speech-to-the-graduates.html, zuletzt abgerufen am 17.05.2022.

7 Uğur Şahin, in: Steffen Klusmann und Thomas Schulz, „Deutschland wird genug Impfstoff bekommen", *Der Spiegel*, 01.01.2021, www.spiegel.de/wirtschaft/unternehmen/biontech-gruender-oezlem-tuereci-und-ugur-sahin-deutschland-wird-genug-impfstoff-bekommen-a-00000000-0002-0001-0000-000174691195, zuletzt abgerufen am 17.05.2022.

19
Drei ethische Haltungen

Zu Beginn seiner *Enzyklopädie* spricht Hegel von den „drei Stellungen", also den drei grundlegenden Haltungen „des Gedankens zur Objektivität". Um sich mit den grundlegenden ethischen Dilemmas zu befassen, die unsere Gegenwart kennzeichnen, scheint es mir angebracht, die drei grundlegenden Haltungen zu beschreiben, welche die Intellektuellen der Gegenwart zu dem heillosen Durcheinander einnehmen, in dem wir uns befinden.

Die erste Haltung ist die eines Experten, der sich mit der Aufgabe befasst, die ihm von den Machthabenden vorgegeben wurde, und dabei den größeren gesellschaftlichen Zusammenhang, innerhalb dessen er seine Tätigkeit ausübt, bewusst ausblendet. Philip K. Dicks Science-Fiction-Roman *Zeit aus den Fugen* (1959 im englischen Original erschienen) liefert die Extremfassung solch einer Konstellation. Der Roman erzählt die Geschichte von Ragle Gumm, der (so glaubt er) Ende der 1950er-Jahre in einem beschaulichen US-amerikanischen Vorort lebt[1] und dabei einer ungewöhnlichen Profession nachgeht. Er nimmt nämlich regelmäßig an einem Wettbewerb der Lokalzeitung unter dem Titel „Wo wird das grüne Männchen als Nächstes auftauchen?" teil und sichert sich dabei ebenso regelmäßig das Preisgeld. Zu Beginn des Romans passieren Gumm seltsame Dinge. So verschwindet etwa ein Getränkestand und an seiner Stelle erscheint ein kleiner Zettel mit der Aufschrift „Getränkestand", und es geschehen noch andere Merkwürdigkeiten, die darauf hindeuten, dass Gumm in einer künstlich geschaffenen Welt lebt. Eine Frau aus der Nachbarschaft lädt ihn ein, an einem Kurs zum Thema Zivilschutz teilzunehmen. Bei einer der Kursveranstaltungen sieht er das Modell einer unterirdischen Militärfabrik, die wie aus der Zukunft gekommen wirkt und Gumm das untrügliche Gefühl vermittelt, er sei schon viele Male in dem Gebäude gewesen. Darüber gerät er bald immer mehr in Verwirrung, und die Scheinwelt, von der er umgeben ist (und die aufrechterhalten wird, um ihn zu schützen und auszunutzen), beginnt sich aufzulösen. Schließlich findet er heraus, dass es sich bei seiner idyllischen kleinen Stadt um ein Realitätskonstrukt handelt, das ihn vor der erschreckenden Erkenntnis bewahren soll, dass er in Wahrheit im Jahr 1998 lebt, zu einer Zeit, da sich die Erde im Krieg mit Mondkolonisten befindet, die für eine von der Erde politisch unabhängige ständige Mondbesiedlung kämpfen.

Gumm besitzt die einzigartige Fähigkeit, vorherzusagen, wohin die Kolonisten ihre atomar bestückten Raketen richten werden. Früher hatte er diese Fähigkeit dem Militär zur Verfügung gestellt, war dann aber zu den Kolonisten übergelaufen und hatte vor, heimlich auf den Mond auszuwandern. Doch bevor dies geschehen konnte, hatte er begonnen, sich in eine Fantasiewelt zurückzuziehen, die weitgehend auf dem recht beschaulichen Umfeld seiner Jugend basierte. Er konnte die Verantwortung als einsamer Beschützer der Erde, der den Planeten ganz allein vor nuklearen Einschlägen bewahrt, nicht länger tragen. Daraufhin wurde die künstliche Stadt in Gumms Kopf erschaffen, um seinem Rückzug in die Kindheit zu entsprechen und es zugleich so einzurichten, dass er über die Teilnahme an einem harmlosen Zeitungswettbewerb auch weiter Vorhersagen über nukleare Angriffe treffen konnte – ohne die damit verbundenen ethischen Skrupel, in einem Bürgerkrieg auf der „falschen Seite“ zu stehen. Als Gumm sich zu guter Letzt an seine wahre Geschichte erinnert, beschließt er, doch auf den Mond auszuwandern. Sein Gefühl sagt ihm, dass keine Regierung es den Menschen verwehren sollte, neue Welten zu erkunden und sich an einem anderen Ort niederzulassen.

Gumms Dilemma gibt die Rolle heutiger Wissenschaftler, die für geheimdienstliche und militärische Einrichtungen arbeiten, perfekt wieder. Die meisten von ihnen leben an einem ebenso beschaulichen wie artifiziellen Ort auf dem Gelände einer Universität oder in einer noblen Vorstadtgegend, wo sie vor dem Chaos, das um uns herum tobt, geschützt sind; von ihrer Warte aus erscheint die Arbeit, die sie verrichten, als ein spielerisches Bemühen um die Lösung mathematischer Rätsel, während sich das Establishment ihre Arbeit zunutze macht, um die Kontrolle über die Gesellschaft zu behaupten und ihre militärische Macht zu stärken.

Im Roman gelingt es Gumm, aus jener Welt, in die er sich zurückgezogen hatte, auszubrechen und sich eine kritische Haltung anzueignen, die es ihm ermöglicht, politisch aktiv zu werden. Es gibt jedoch solche und solche kritischen Haltungen, und eine „radikale" kritische Haltung (die zweite ethische Haltung, die ich hier zu betrachten vorschlage) hält ihre eigenen Fallstricke bereit. In ihrem Song „Nunca quedas mal con nadie" („Du machst nie einen schlechten Eindruck") liefert die chilenische Band *Los Prisonieros* die perfekte Darstellung eines falschen „radikalen" Linken. Hier sind ein paar Zeilen daraus:

> Glaubst du etwa, du protestierst? / Glaubst du etwa, du bist sowas wie ein Rebell? / Du beklagst die Umweltverschmutzung, / Du redest von der Automatisierung, / Du verteidigst die Menschheit, / Du weinst, weil die Welt so schlecht ist, / Du kritisierst die Gesellschaft, / Du sagst, alles soll sich ändern. / Auf der Bühne gibst du den Volksredner: / „Schluss mit der Stadt und ihrer Verschmutzung!" / Mit deinen süßen Melodien und deinem romantischen Mitgefühl / Machst du nie einen schlechten Eindruck. / Du sagst mir, du protestierst, / Aber ...! / Deine Position greift niemanden wirklich an. / Ist es dein Ziel, auf etwas loszugehen, oder willst du nur beklatscht werden? / Du beklagst die Bomben / Und sagst, sie werden die Welt auslöschen, / Aber du nennst nie jemanden beim Namen. / Du fürchtest, einen schlechten Eindruck zu machen. / Du glaubst, du bist revolu-

> tionär und streitbar, / Aber du machst nie einen schlechten Eindruck. / Du bist der Abklatsch eines Hippie-Gringos. / Hör zu, du dummer Bartträger! / Deine Position hat sich verkauft und die Betroffenheitsmenschen haben dazu geklatscht. / Du widersprichst deinem ganzen ach so tollen Protest / Mit deinen komplizierten und schönen Melodien. / Du tust so, als würdest du kämpfen ... / Aber du bist nur ein ziemliches Stück Scheiße!

Obwohl dieser Song an eine bestimmte Figur denken lässt, die in engem Zusammenhang mit Chile und der Situation dort steht, ist er doch auch von globaler Relevanz. Ich spreche oft davon, dass man auf dem heutigen Markt eine ganze Reihe von Produkten findet, denen ihre heimtückischen Eigenschaften entzogen wurden: Kaffee ohne Koffein, Sahne ohne Fett, Bier ohne Alkohol. Und die Liste lässt sich fortsetzen: vom virtuellen Sex als Sex ohne Sex über die Kunst der Verwaltung durch Fachleute als Politik ohne Politik bis hin zum tolerant-liberalen Multikulturalismus der Gegenwart als Erfahrung des Anderen, dem sein beunruhigendes Anderssein genommen wurde. *Los Prisonieros* fügen dieser Reihe eine weitere zentrale Figur aus unserem Kulturraum hinzu: *den entkoffeinierten Protestler*. Dabei handelt es sich um einen Protestierenden, der all die richtigen Dinge sagt (oder singt), ihnen aber irgendwie ihre kritische Schärfe entzieht. Er ist entsetzt über die globale Erwärmung, kämpft gegen Sexismus und Rassismus, fordert einen radikalen sozialen Wandel, und alle sind dazu eingeladen, sich mit dem großartigen Gefühl weltweiter Solidarität zu verbinden – all das bedeutet letztlich aber nur, dass diese Protestgestalt nicht gefordert ist, ihr Leben zu ändern (vielleicht nur hier und da für die gute Sache zu spenden). Sie macht weiter Karriere und kennt keine Rücksichten, steht aber auf der richtigen Seite.

Wenn Freiheit irgendetwas bedeute, so schrieb George Orwell in seinem Vorwort zu *Farm der Tiere*, dann „das Recht, den Leuten zu sagen, was sie nicht hören wollen“. Eben diese Zumutung erspart sich unser entkoffeinierter Protestmensch; er gibt seinem

Publikum, was es hören will. Und was ist das? Unter den akademischen „radikalen Linken" herrscht nach wie vor die Einstellung vor, die Orwell 1937 im Hinblick auf den Klassenunterschied zusammenfasste: „Wir alle ziehen gegen die Klassenunterschiede los, aber sehr wenige Leute wollen sie im Ernst abschaffen. Hier kommt man zu der wichtigen Tatsache, dass jede revolutionäre Ansicht einen Teil ihrer Kraft aus der geheimen Überzeugung gewinnt, dass nichts verändert werden kann."[2] Radikale, so argumentiert Orwell, halten auf eine Weise an der Notwendigkeit revolutionärer Veränderungen fest, die eher einem Aberglauben gleichkommt und letztlich das genaue Gegenteil bewirkt, nämlich *verhindert*, dass sich wirklich etwas grundlegend verändert. Das zeigt sich auch an den akademischen Linken von heute, die den kapitalistischen Kulturimperialismus kritisieren: In Wahrheit entsetzt sie die Vorstellung, dass der Gegenstand ihres Interesses sich auflösen könnte. Darum sind wir darauf angewiesen, dass Bands wie *Los Prisonieros* unserer Wahrheit mit aller gebotenen Härte, ja Brutalität entgegentreten. Wir müssen den Mut aufbringen und die Übel, die uns bedrängen, *beim Namen nennen.*

Betrachten wir ein aktuelles Beispiel aus einem anderen Teil der Welt von einer Person, die „dem ganzen ach so tollen Protest mit komplizierten und schönen Melodien widerspricht". Im Januar 2020 lud der Jerusalemer Bürgermeister Moshe Lion die Teilnehmer des World Holocaust Forum zu einer ganz besonderen Cocktailparty mit DJ in einer Höhle unter der Altstadt ein.[3] Eine solche Veranstaltung konnte bloß in unserer auf den Kopf gestellten Welt, in der Obszönitäten immer mehr zum öffentlichen Leben dazugehören, als angemessener Abschluss eines Gedenkens an den Holocaust angesehen werden. Darum verwundert es auch nicht, dass nur wenige Tage vergingen, bis mit Trumps „Friedensplan" für den Nahen Osten eine weitere Obszönität enthüllt wurde – ein Vorschlag, wie Frieden zwischen zwei Parteien gestiftet werden soll, von denen aber nur eine einbezogen wurde.

Carlo Ginzburg regte die Überlegung an, dass vielleicht nicht die Liebe zu seinem Land, sondern die Scham, die man ihm gegenüber empfindet, das wahre Zeichen von Zugehörigkeit ist.[4] Ein Paradebeispiel für eine solche Scham gab es 2014 zu erleben, als Hunderte von Überlebenden und Nachkommen von Überlebenden des Holocaust eine Anzeige in der *New York Times* schalteten, in der sie den israelischen Militäreinsatz im Gazastreifen als „Massaker an den Palästinensern" verurteilten und dazu die „anhaltende Besetzung und Kolonisierung des historischen Palästina" scharf anprangerten.[5] In der Erklärung hieß es: „Wir sind alarmiert von der extremen rassistischen Entmenschlichung der Palästinenser in der israelischen Gesellschaft, die einen schrecklichen Höhepunkt erreicht hat." Es bleibt zu hoffen, dass heute mehr Israelis den Mut aufbringen, sich angesichts der Politik, die von Führungsgestalten wie Netanjahu und Trump in ihrem Namen betrieben wird, zu schämen – natürlich nicht aufgrund dessen, dass sie Juden sind, sondern aufgrund dessen, was die Politik Israels im Westjordanland dem Judentum selbst in dem eigentlichen und wertvollsten Kern seines Vermächtnisses antut. Das ist es auch, was uns *Los Prisonieros* mit Songs wie „Nunca quedas mal con nadie" mitteilen: Manchmal muss man Scham für sein Land empfinden, um ganz zu ihm gehören und dafür kämpfen zu können.

Was wäre schließlich eine dritte Haltung gegenüber dem Wahnsinn unserer auf den Kopf gestellten Welt – eine Haltung, die es uns ermöglicht, die Fallstricke der kritischen Haltung zu vermeiden, ohne in die affirmative Behauptung der Realität, wie sie ist, zurückzufallen? Ethisch gefragt: Wie sollen wir weiterleben, nachdem wir uns von den Illusionen einer kritischen Haltung befreit haben? Für sein jüngstes Buch *La catastrophe ou la vie*[6] stellte Jean-Pierre Dupuy, *der* Theoretiker der Katastrophen (ökologische, wirtschaftliche usw.) eigene Überlegungen zur Corona-Pandemie zusammen. Gleich zu Beginn schildert er, welche Herausforderung die Pandemie für seine eigene Theorie über

Folgen und Auswirkungen von Katastrophen darstellt. In dieser Theorie zieht er als einen Ausgangspunkt Henri Bergson heran, der in *Die beiden Quellen der Moral und der Religion* die seltsamen Gefühle beschreibt, die er am 4. August 1914 empfand, als das Deutsche Reich Frankreich den Krieg erklärte. Das Entscheidende ist dabei die Art und Weise, wie sich der Bruch zwischen vorher und nachher vollzieht. Vor dem Ausbruch schien der Krieg „*zugleich wahrscheinlich und unmöglich*: eine komplexe und widersprüchliche Vorstellung, welche genau bis zu jenem schicksalsschweren Datum fortbestand".[7] Nach Ausbruch des Krieges wird er ganz plötzlich real *und* möglich, und das Paradox liegt in dem rückwirkenden Wahrscheinlichwerden:

> Ich habe nie so getan, als könne man die Wirklichkeit in die Vergangenheit einfügen und sich so rückwärts in der Zeit bewegen. Man kann allerdings zweifellos das Mögliche einfügen, oder besser, das Mögliche fügt sich zu jedem Zeitpunkt selbst darin ein. Insofern sich eine unvorhersehbare und neue Wirklichkeit selbst erschafft, spiegelt sich ihr Bild in der unbestimmten Vergangenheit, die vor ihr lag: diese neue Wirklichkeit erscheint als immer schon möglich gewesen; aber erst im Moment ihres tatsächlichen Eintretens *fängt sie eigentlich an, immer schon gewesen zu sein,* und deshalb sage ich, dass ihre Möglichkeit, die ihrer Wirklichkeit nicht vorausgeht, ihr vorausgegangen sein wird, sobald diese Wirklichkeit eintritt.[8]

Vor Kriegsausbruch wussten die Menschen durchaus, dass ein militärischer Konflikt drohte, glaubten aber nicht wirklich, dass er stattfinden könnte; sie hielten den Krieg für unmöglich. In unserer herkömmlichen Erkenntnistheorie wird dem Wissen ein höherer Wert (eine größere Kraft) beigemessen als dem Glauben: Man glaubt etwas, das man nicht vollständig weiß, und vollständiges Wissen sollte automatisch Glauben nach sich ziehen. Im Fall von Bergson handelt es sich jedoch um Wissen ohne

Glauben. Als der Krieg einmal ausgebrochen war, normalisierte sich die Haltung der Menschen schnell wie von selbst – der Krieg wurde als möglich akzeptiert. Das Paradoxe daran ist, dass die Wirklichkeit der Möglichkeit vorausgeht und sie begründet: Sobald eine Sache, die als unmöglich galt, tatsächlich eingetreten ist, wird sie möglich.

Bei der Pandemie verlief die Entwicklung jedoch (fast) umgekehrt. Bevor sie ausbrach, wurde ausgiebig erörtert, dass sie kommen kann, ja unvermeidlich kommen wird; jeder rechnete damit, und man kann sogar davon ausgehen, dass dieses Wissen keinen Mangel an Glauben implizierte. Während die virale Katastrophe also für möglich gehalten wurde, solange man sie nur vorhersagte, konnten wir uns innerlich nicht wirklich dazu bringen, an ihre Existenz zu glauben, als sie uns tatsächlich ereilte. Sie wurde nicht in die Normalität überführt, sondern als eine Unmöglichkeit empfunden (das wird sie noch immer von vielen) und auf verschiedene Arten und Weisen (völliges Bestreiten, Verschwörungstheorien usw.) geleugnet. Hierbei gilt es auch den Aspekt der Zeitlichkeit zu beachten: Wenn wir über große Katastrophen wie Epidemien und die globale Erwärmung sprechen, verlegen wir sie in der Regel in eine nicht allzu nahe Zukunft (etwa ein Jahrzehnt entfernt), was sich an der häufig gehörten Behauptung „Wenn wir jetzt nichts unternehmen, wird es bald zu spät sein“ erkennen lässt. Alternativ verlegen wir sie in eine weit entfernte Region (die Korallenriffe im Norden Australiens verschwinden, die Gletscher schmelzen ...). Die Pandemie hingegen ist einfach passiert – sie hat uns mit voller Wucht getroffen und unser gesellschaftliches Leben fast zum Erliegen gebracht.

Welche ethische Haltung sollten wir in einer solchen Lage also einnehmen? Was uns am meisten davon abhält, uns ethisch uneingeschränkt zu engagieren und das Problem entschlossen anzugehen, ist die Tatsache, dass wir der ganzen Sache schlicht müde und überdrüssig sind. Doch während es normalerweise heißt, dass das Einhalten der immer gleichen Gewohnheiten einem das Leben verleidet, so verursacht heute paradoxerweise das Fehlen solcher stabilen Gewohnheiten Überdruss und Erschöpfung. Wir sind es leid, in einem ständigen Ausnahmezustand zu leben und auf immer neue Regelungen zu warten, die uns vorschreiben, wie wir uns im Umgang miteinander zu verhalten haben, ohne dass wir die Möglichkeit hätten, uns in unserem täglichen Leben zu entspannen. Beispielhaft für viele ähnliche Wortmeldungen sei in diesem Zusammenhang auf einen Essay verwiesen, den der Soziologe Rainer Paris im Spätsommer 2020 veröffentlicht hat. Darin beklagt er die fortschreitende Aushöhlung und Auflösung des alltäglichen Lebens; die Pandemie bedrohe die Routinen, die eine Gesellschaft zusammenhalten, so Paris.[9] Doch erinnern wir uns an Samuel Goldwyn, den für seine Bonmots bekannten, lange verstorbenen US-amerikanischen Filmproduzenten. Nachdem ihm zu Ohren gekommen war, dass einige Kritiker darüber geklagt hatten, seine Filme enthielten zu viele alte Klischees, soll er seiner Drehbuchabteilung den Hinweis gegeben haben: „Wir brauchen mehr neue Klischees!" Genau das gilt in einem allgemeineren Sinne auch für uns und ist zugleich die schwierigste Aufgabe, vor der wir heute stehen: „neue Klischees" für das normale, tagtägliche Leben zu erschaffen.

Natürlich gibt es große kulturelle Unterschiede darin, wie sich dieses Gefühl der Müdigkeit äußert. Byung-Chul Han weist mit Recht darauf hin, dass die Corona-Müdigkeit in den entwickelten Gesellschaften des Westens viel ausgeprägter ist, weil die Bürger dort mehr als irgendwo sonst unter dem Druck leben, Leistung erbringen zu müssen:

> Der Zwang zur Leistung, dem wir uns unterwerfen, [...] lässt uns auch in der Freizeit nicht los, verfolgt uns sogar bis in den Schlaf und hat häufig zur Folge, dass wir nachts wach liegen. Es gibt keine Erholung vom Leistungsdruck. Es ist dieser innere Druck, der uns ermattet. [...] Dass

> Egoismus, Vereinzelung und Narzissmus in der Gesellschaft zunehmen, ist ein weltweites Phänomen. Die sozialen Medien machen uns alle zu Produzenten, zu Unternehmern, deren Geschäftsgrundlage das Ego ist. Sie verbreiten die Ego-Kultur über die ganze Welt, mit verheerenden Folgen für die Gemeinschaften und das soziale Leben. Wir produzieren uns selbst und stellen uns permanent zur Schau. Diese Selbstproduktion, dieses ständige „Zur-Schau-gestellt-Sein" des Egos lassen uns müde und depressiv werden. Grundmüdigkeit ist letztlich eine Art Ego-Müdigkeit. Die Arbeit im Homeoffice macht alles noch schlimmer, da wir uns dabei nur weiter in unser Selbst verstricken. Es ist niemand da, der uns von unserem Ego ablenken könnte. [...] Fehlende Rituale sind ein weiterer Grund für die Ermüdung, die das Homeoffice mit sich bringt. Im Namen der Flexibilität verlieren wir die festen zeitlichen Strukturen und das Grundgerüst, das dem Leben Stabilität und Festigkeit verleiht.[10]

Wenn aber depressive Müdigkeit dadurch verursacht wird, wie wir uns im Spätkapitalismus unausgesetzt „selbst produzieren", dann hätte man doch erwarten können, dass der pandemische Lockdown alles leichter und einfacher machen würde – da wir gesellschaftlich so stark isoliert sind, müssten wir doch eigentlich weniger unter dem Druck stehen, uns anderen gegenüber zu präsentieren. Leider ist fast das Gegenteil der Fall: Unsere Arbeits- und Sozialkontakte verlagern sich größtenteils auf Zoom und andere soziale Medien, wo wir eher noch mehr damit beschäftigt sind, uns zu produzieren und zur Schau zu stellen, und noch stärker auf unsere Wirkung achten. Soziale Kontakträume, in denen wir ungezwungen und entspannt miteinander umgehen können, gibt es so gut wie gar nicht mehr. Unser permanentes „Zur-Schau-gestellt-Sein" verstärkt sich demnach paradoxerweise mit dem Lockdown und der Arbeit unter den pandemischen Bedingungen des Homeoffice in gewissem Sinne noch: Während man auf Zoom vor Energie nur so strahlt, sitzt man die übrige Zeit ermattet und allein zu Hause.

Es zeigt sich also deutlich, dass selbst ein so elementares Gefühl wie Ermüdung letztlich ideologisch ist, da es aus dem Spiel der Selbstdarstellung resultiert, das zu unserer Alltagsideologie dazugehört. Mladen Dolar[11] bezeichnete die Situation, in der wir uns befinden, mit einem von Walter Benjamin entlehnten Ausdruck als „Dialektik im Stillstand". Diese Lage ist auch eine der ungewissen Spannung, in der man ängstlich erwartet, dass Bewegung in die Dinge kommt, dass das Neue hervorbricht. Allerdings ist das Gefühl des Stillstands – die Sprachlosigkeit und zunehmende Unempfänglichkeit, die immer mehr Menschen dazu bringt, sich von sämtlichen Nachrichten fernzuhalten und sogar aufzuhören, sich um die Zukunft zu sorgen – sehr trügerisch; es verdeckt die Tatsache, dass wir in einer Zeit des beispiellosen gesellschaftlichen Wandels leben. Die globale kapitalistische Ordnung hat sich seit Aufkommen der Pandemie enorm verändert – der große Bruch, den wir ängstlich erwarten, vollzieht sich bereits.

In der üblichen Reaktion auf diesen sich weiter fortsetzenden Bruch – der Art, wie wir für gewöhnlich über die Pandemie nachdenken – kommen verschiedene vorhersehbare Motive zusammen: Mit der Pandemie sind nicht nur unsere sozialen und wirtschaftlichen Spannungen aufgebrochen; wir wurden vielmehr auch daran erinnert, dass wir nicht der Mittelpunkt, sondern nur ein Teil der Natur sind und dass wir als Konsequenz daraus unsere Lebensweise ändern müssen – unseren Individualismus einschränken, eine neue Solidarität zeigen und uns mit unserem angestammten Platz auf Erden bescheiden. Judith Butler drückte das so aus:

> Eine für Menschen bewohnbare Welt setzt eine blühende Erde voraus, die sich nicht um den Menschen als Mittelpunkt dreht. Wir lehnen Umweltgifte nicht nur ab, damit wir Menschen leben und atmen können, ohne fürchten zu müssen, dass wir uns vergiften. Wir lehnen sie auch deshalb ab, weil das Wasser und die Luft ein Eigenleben führen müssen,

> bei dem nicht wir im Mittelpunkt stehen. Indem wir in diesen Zeiten der Vernetzung die starren Individualitätsformen aufbrechen, bekommen wir zugleich eine Vorstellung von der kleineren Rolle, welche die Welten des Menschen auf dieser Erde spielen müssen – der Erde, von deren Regeneration wir abhängig sind, und die selbst wiederum davon abhängig ist, dass wir eine kleinere und achtsamere Rolle spielen.[12]

In diesem Textauszug scheinen mir doch zumindest zwei Punkte problematisch zu sein. Erstens: Warum gilt die Stoßrichtung „*starren* Individualitätsformen"? Haben wir es heute nicht vielmehr mit dem gegenteiligen Problem zu tun, nämlich der weiten Verbreitung übermäßig flexibler Individualitätsformen, verkörpert durch Menschen, die bereit sind, sich immer neuen Situationen anzupassen, und unter dem ständigen Druck leben, sich wieder und wieder „neu zu erfinden", sowie jede feste Form als „erdrückend" erleben? Und wirkt die Pandemie nicht gerade deshalb so traumatisierend, weil sie uns feste und verlässliche tägliche Rituale vorenthält?

Zweitens: Ist es nicht zu einfach, darauf zu bestehen, dass „das Wasser und die Luft ein Eigenleben führen müssen, bei dem nicht wir im Mittelpunkt stehen", dass wir also eine bescheidenere Rolle auf der Erde einzunehmen haben? Die globale Erwärmung und andere ökologische Bedrohungen erfordern vielmehr kollektive Maßnahmen von uns, die unglaublich starke und direkte Eingriffe in das fragile Gleichgewicht aller Lebensformen darstellen. Wenn wir sagen, der Anstieg der durchschnittlichen Temperatur müsse unter 2 Grad Celsius gehalten werden, dann sprechen wir doch als Generalmanager des Lebens auf der Erde (und versuchen entsprechend zu handeln), nicht als eine einfache, bescheidene Spezies. Die Regeneration der Erde hängt offenkundig nicht von unserer „kleineren und achtsameren Rolle" ab – sie hängt von unserer riesigen Rolle ab, die all dem Gerede von unserer Endlichkeit und Sterblichkeit als Wahrheit zugrunde liegt. Hierbei haben wir es mit der extremen Form jener Kluft zu tun, die in der modernen Wissenschaft und Subjektivität bereits besteht. Die moderne Wissenschaft und die Subjektivität, die es auf die Beherrschung der Natur abgesehen haben, sind beide jeweils strikt von der Vorstellung abhängig, der Mensch sei lediglich eine Spezies unter anderen auf Erden. Wenn wir auch um das Leben von Wasser und Luft Sorge tragen müssen, dann heißt das eben, dass wir „universelle Wesen" sind, wie Marx es nannte: gleichsam fähig, aus uns selbst herauszutreten, auf unseren eigenen Schultern zu stehen und uns selbst als eine geringe Größe innerhalb der Totalität der Natur zu erkennen. In vormodernen Zeiten, als sich der Mensch als Krone der Schöpfung verstand, bedeutete das paradoxerweise eine viel bescheidenere Haltung.

Das ist das Paradoxon, das wir in diesen verrückten Zeiten auszuhalten haben: Wir müssen es akzeptieren, dass wir eine von vielen Arten auf Erden sind, und zugleich als universelle Wesen denken und handeln. Sich in die bequeme Bescheidenheit unserer Endlichkeit und Sterblichkeit zu flüchten ist keine Option – es ist ein Weg in die Katastrophe.

1 Die folgende Zusammenfassung der Handlung habe ich schamlos aus dem Wikipedia-Eintrag zum Film übernommen.

2 George Orwell, *Der Weg nach Wigan Piers*, Diogenes, Zürich 2003, S. 189.

3 Nir Hasson, „Jerusalem Mayor Invites Holocaust Forum Attendees to Cocktail Party", *Haaretz*, 20.01.2020, www.haaretz.com/israel-news/.premium-j-lem-mayor-invites-holocaust-forum-attendees-to-cocktail-party-complete-with-dj-1.8414774, zuletzt abgerufen am 31.05.2022.

4 Siehe Carlo Ginzburg, „The Bond of Shame", in: New Left Review 120 (November/Dezember 2019), S. 35–44.

5 Matthew Kassel, „NY Times Runs Ad From Holocaust Survivors Condemning Israel, Attacking Elie Wiesel", *The Observer*, 25.08.2014, observer.com/2014/08/ny-times-runs-ad-from-holocaust-survivors-condemning-israel-attacking-elie-wiesel, zuletzt abgerufen am 31.05.2022.

6 Jean-Pierre Dupuy, *La catastrophe ou la vie*, Editions du Seuil, Paris 2021.

7 Henri Bergson, *Oeuvres*, PUF, Paris 1991, S. 1110 f.; zitiert nach: Jean-Pierre Dupuy, „Aufgeklärte Unheilsprophezeiungen. Von der Ungewissheit zur Unbestimmbarkeit technischer Folgen, www.degruyter.com/document/doi/10.1515/9783839403518-006.pdf, zuletzt abgerufen am 31.05.2022.

8 Ebd., S. 1340, zitiert nach: Slavoj Žižek, *Die Puppe und der Zwerg*, Suhrkamp, Frankfurt am Main 2003, S. 175 f.

9 Siehe Rainer Paris, „Die Zerstörung des Alltags", *Die Welt*, 23.09.2020, www.welt.de/kultur/plus216264982/Corona-Die-Zerstoerung-des-Alltags.html, zuletzt abgerufen am 31.05.2022.

10 Byung-Chul Han, „The Tiredness Virus", *The Nation*, 12.04.2021, www.thenation.com/article/society/pandemic-burnout-society, zuletzt abgerufen am 31.05.2022.

11 Persönliches Gespräch.

12 Judith Butler, „Creating an Inhabitable World For Humans Means Dismantling Rigid Forms of Individuality", TIME, 21.04.2021, time.com/5953396/judith-butler-safe-world-individuality, zuletzt abgerufen am 31.05.2022.

20
Der Pariser Kommune zum 150.

Im Jahr 2021 begingen wir den 150. Jahrestag der Pariser Kommune, die genau zwei Monate und zehn Tage andauerte (vom 18. März bis zum 28. Mai 1871). Nach der schändlichen Niederlage, die Frankreich im Krieg mit Deutschland erlitten hatte, standen die deutschen Truppen vor den Toren von Paris; in dieser Situation riss das Pariser Volk das Ruder an sich und errichtete jenseits der bestehenden Strukturen staatlicher Macht zügig seine eigene Regierung. Nachdem die französischen Staatstruppen die Pariser Kommune zerschlagen und viele Kommunarden in der sogenannten „blutigen Woche" getötet hatten, leitete die Regierung eine Untersuchung über die Ursachen der Erhebung in die Wege:

> Die Untersuchung kam zu dem Resultat, dass der Aufstand seine hauptsächliche Ursache in fehlendem Gottesglauben gehabt habe und dass dieses Problem umgehend behoben werden müsse. Man fasste den Beschluss, dass eine moralische Erweckung notwendig sei, die im Kern darin bestand, 4.500 Kommunarden nach Neukaledonien zu entsenden. Damit sollten zwei Dinge erreicht werden: Einmal erhoffte sich die Regierung, dass die Kommunarden das einheimische Inselvolk der Kanaken der Zivilisation zuführen würden, zum anderen erwartete sie, dass die Kommunarden auf den „Pfad des Guten" zurückgeführt würden, wenn sie der Ordnung der Natur ausgesetzt waren.[1]

Der Widerspruch darin liegt auf der Hand: Die Entscheidung impliziert das Eingeständnis, Frankreich selbst sei verdorben, und also mussten die Kommunarden, um sie auf den Pfad des Guten zurückzuführen, abgesondert und mit (nicht christlichen) Wilden zusammengebracht werden, die der Natur näherstehen und die die Kommunarden selbst zugleich „zivilisieren“ sollten. Aber wie sollte das geschehen? Mit französischer Verdorbenheit? (Lässt sich eine ähnliche Widersprüchlichkeit nicht auch bei vielen mit unserer verdorbenen Zivilisation unzufriedenen Menschen ausmachen, die das Echte und Eigentliche bei den weniger entwickelten Völkern suchen, diesen aber in Wahrheit Gift bringen, indem sie ihre eigene Vorstellung von Authentizität auf sie projizieren?) Man kann nur hoffen, dass das Gegenteil von dem bewirkt wurde, was beabsichtigt war, und die exilierten Kommunarden Solidarität mit den kolonisierten Kanaken zeigten.

Es ist leicht, aus der gesicherten Position der Rückschau heraus zu behaupten, dass die Kommunarden praktisch jeden nur erdenklichen Fehler gemacht haben und zum Scheitern verurteilt waren. Dennoch markierten sie einen radikalen Neuanfang. Die Pariser Kommune war die erste Arbeiterregierung der Geschichte, der erste Fall einer Machtübernahme durch moderne Arbeiter, und das allein genügt, um auf sie anzuwenden, was Hegel über die Französische Revolution sagte:

> Solange die Sonne am Firmamente steht und die Planeten um sie herumkreisen, war das nicht gesehen worden, dass der Mensch sich auf den Kopf, das ist auf den Gedanken stellt und die Wirklichkeit nach diesem erbaut. Anaxagoras hatte zuerst gesagt, dass der Nous die Welt regiert; nun aber erst ist der Mensch dazu gekommen, zu erkennen, dass der Gedanke die geistige Wirklichkeit regieren solle. Es war dieses somit ein herrlicher Sonnenaufgang. Alle denkenden Wesen haben diese Epoche mitgefeiert. Eine erhabene Rührung hat in jener Zeit geherrscht, ein Enthusiasmus des Geistes hat die Welt durchschauert, als sei es zur wirklichen Versöhnung des Göttlichen mit der Welt nun erst gekommen.[2]

Der Kontrast zwischen den beiden Ereignissen fällt jedoch unmittelbar ins Auge: Die Französische Revolution weckte in der Öffentlichkeit in ganz Europa erhabene Gefühle (man denke an die bekannte Darstellung dieser Wirkung bei Kant), während auf die Pariser Kommune meist mit Entsetzen reagiert wurde. Nachdem die Kommune zerschlagen worden war, besuchten „aufgeklärte" Schriftsteller wie George Sand und Gustave Flaubert die Gerichtsverhandlungen gegen die Kommunarden, um sich die Fälle verkommener Menschlichkeit anzusehen, und Nietzsche tat die Kommune als letzten Sklavenaufstand ab – die ehrenvolle Ausnahme war der alte Victor Hugo, der sich für eine Amnestie der inhaftierten Kommunarden einsetzte. Die Kontinuität, die zwischen der Französischen Revolution und der Kommune besteht, liegt auf einer anderen Ebene. In der ersten Phase ist die Französische Revolution enthusiastisch aufgenommen worden, aber diese Begeisterung schlug in Entsetzen um, als die Jakobiner die Macht übernahmen: 1789 war gut, 1793 nicht. Auf der Ebene der politischen Dynamik stellte die Kommune das Wiedererscheinen von 1793 dar, obwohl es sich dabei um keine ganz genaue Entsprechung handelte. In den Tagen der Kommune nämlich geschah etwas, was 1793 nicht geschehen war.

Obwohl Marx die Kommune als „endlich entdeckte Form" zur Überwindung des Staates und zur Emanzipation des Proletariats rühmte und mithin als ersten Vorgeschmack darauf, wie die „Diktatur des Proletariats" aussehen würde, gilt es zu beachten, dass sie für ihn selbst eine Überraschung war. Man vergisst dabei gern, dass die Marxisten in der Kommune eine Minderheit darstellten. Mit seiner triumphalen Deutung der Kommune in *Der Bürgerkrieg in Frankreich*, die er während ihres Bestehens und unmittelbar danach verfasste, näherte sich Marx einem Ereignis neu an, bei dem seine eigenen Anhänger von der anarchistischen, proudhonistischen und bakuninistischen Mehrheit an den Rand gedrängt worden waren. Außerdem bestand die Basis der Kommune nicht nur aus Arbeitern, sondern auch aus Handwerkern und Eigentümern in geringem Umfang. Die Gestalt, die die Kommunarden selbst als ihren Anführer betrachteten, war Louis Auguste Blanqui, ein französischer revolutionärer Sozialist, dem es mehr um die Revolution selbst als um die zukünftige Gesellschaft ging, die aus ihr hervorgehen würde. Im Gegensatz zu Marx glaubte Blanqui weder an die überragende Rolle der Arbeiterklasse noch an Volksbewegungen; seiner Auffassung nach sollte die Revolution von einer kleinen Gruppe von Leuten durchgeführt werden, die unter Anwendung von Gewalt eine Diktatur auf Zeit errichten müsste. Diese Periode zeitlich befristeter Tyrannei würde es erlauben, die Basis für eine neue Ordnung zu schaffen, und danach sollte die Macht an das Volk übergeben werden. Kurzum, Blanqui war ein Leninist *avant la lettre*.

Die französische Regierung wusste um die Gefahr, die Blanqui darstellte. Und so ließ ihn Adolphe Thiers, der in der verworrenen Lage nach der im Krieg gegen Deutschland erlittenen Niederlage das Land regierte, am 17. März 1871 verhaften und ins Gefängnis werfen. Wenige Tage später brach der Aufstand aus, der zur Gründung der Pariser Kommune führte, und Blanqui wurde zum Präsidenten der aufständischen Kommune gewählt. Die Kommunarden boten an, alle ihre Gefangenen freizulassen, wenn die Regierung Thiers Blanqui freiließ, doch man lehnte ihre Offerte ab. Marx selbst war ungeachtet der Kritik, die er an Blanqui übte, davon überzeugt, dass dieser der Anführer gewesen wäre, welcher der Kommune fehlte. Blanqui war nicht an einem revolutionären Programm interessiert; ihm ging es vielmehr um die Frage, wie man eine Gruppe organisiert, die den Staat zerschlagen und die Macht übernehmen soll – kein Wunder, dass Lenin selbst in einem Hof des Kreml einen Tanz im Schnee aufführte, als die Macht der Bolschewiki diejenige der Kommune um einen Tag überdauert hatte. Aber war das Regime der Bolschewisten ein echtes Erbe der Kommune? Ja, denn sie legitimierten ihre Herrschaft zunächst mit der Parole „Alle Macht den Sowjets (den Arbeiter- und Soldatenräten)!“ – allerdings lösten sie diese dann schnell wieder auf.

Warum war Marx denn überhaupt von der Kommune überrascht? Was hat er aus ihr gelernt? Vor der Kommune hatte er sich die Revolution als eine Reihe von Maßnahmen vorgestellt, die von einer Zentralmacht ausgeführt werden (Verstaatlichung der Banken, kostenlose allgemeine Gesundheitsversorgung und Bildung sowie andere Maßnahmen, die alle am Schluss von *Das Kommunistische Manifest* aufgelistet sind). Die „Überraschung“ der Kommune lag in der lokalen Selbstorganisation des Volkes, dem Versuch, eine Demokratie zu errichten, die von unten erwächst, von lokalen Räten, unter aktiver Beteiligung der Menschen. (Die Jakobiner haben diesen Schritt, der in ihrem Fall die Auflösung der Nationalversammlung bedeutet hätte, nicht vollzogen, und darum haben sie die Macht durch eine einfache Abstimmung in der Versammlung verloren.)

Kann die Kommune für uns heute noch ein Vorbild sein? Kann, wenn die vorherrschende Form politischer Vertretung sich erschöpft, unserem politischen Engagement durch die unmittelbare Erweckung des Volkes neues Leben eingehaucht werden? Ja, aber die harte Lektion der Geschichte ist, dass die eigentlichen Schwierigkeiten erst danach kommen, wenn die Begeisterung des Volks in eine effektive politische Organisation mit einem präzisen Programm umgesetzt werden muss. Denken wir daran, wie „chaotisch“ führungslos und dezentral die *Gilet-jaunes*-Proteste in Frankreich abliefen. Man kann behaupten, genau das habe ihre Stärke ausgemacht und den Gelbwesten geholfen, die zwischen alltäglicher Erfahrung und politischer Vertretung bestehende Kluft aufzuzeigen. Statt mit einem klar definierten Akteur, der Forderungen an den Staat richtet und sich damit als Partner für einen Dialog anbietet, haben wir es mit einem vielgestaltigen Druck aus dem Volk zu tun. Was die Machthaber dabei in Panik versetzt, ist die Tatsache, dass dieser Druck sich nicht als klar definierter

Gegner ausmachen lässt, sondern eine Spielart davon bleibt, was Antonio Negri als „Multitude" bezeichnet. Falls sich ein solcher Druck in konkreten Forderungen äußert, geben diese nicht das wieder, worum es bei dem Protest wirklich geht. An irgendeinem Punkt aber müssen sich die hysterischen Forderungen selbst in ein politisches Programm umsetzen (sonst verlieren sie sich). Die Forderungen der Demonstranten sind Ausdruck einer tieferen Unzufriedenheit mit der liberal-demokratischen kapitalistischen Ordnung selbst, in der Forderungen nur durch das parlamentarische Verfahren politischer Vertretung erfüllt werden können. Mit anderen Worten, die Proteste beinhalten eine tiefer gehende Forderung nach einer anderen Logik der ökonomisch-politischen Organisation, und hier braucht es eine neue Führungsgestalt, welche diese Forderung aufgreifen und entsprechend geltend machen kann.

Es ist keine Lösung, wenn die selbst organisierte und mobilisierte Zivilgesellschaft direkt an die Stelle des Staates tritt. Die unmittelbare Herrschaft der „Multitude" ist eine Illusion; sie braucht in der Regel die Stützung durch einen starken Staatsapparat.

2017 sagte Trump in seiner Rede anlässlich seines Amtsantritts: „Die heutige Zeremonie hat eine ganz besondere Bedeutung. Denn heute übergeben wir die Macht nicht nur von einer Regierung an eine andere oder von einer Partei an eine andere, sondern wir nehmen die Macht von Washington D.C. und geben sie an euch, das Volk, zurück."[3] Bis dahin hätten die Eliten regiert, doch „all das ändert sich hier und heute. Denn dieser Augenblick ist euer Augenblick – er gehört euch. Er gehört allen, die heute hier versammelt sind, und allen, die in ganz Amerika zuschauen. Dies ist euer Tag." Wir sollten diese Worte nicht einfach nur als billige Demagogie auffassen; es gilt sie vielmehr auch als Hinweis darauf zu verstehen, was an der Idee der direkten Macht des Volkes selbst falsch ist. Auf blanquistische Weise hat das Volk tatsächlich versucht, die Macht zu übernehmen, indem es im Januar 2021 in das Kapitol eindrang. Natürlich handelte es sich bei dem „Volk“ in jenem Fall um die weiße Mittelschicht, deren Privilegien bedroht waren, doch ihr Handeln stellte die Reaktion auf eine tiefere Krise der politischen Vertretung dar.

Liegt die Lösung also in einer Art Rückkehr zur Kommune und ihrer Vorstellung von direkter Demokratie, wie sie sie praktizierte? Sollten wir die „falsche“ Volksmenge am und im Kapitol als Gegensatz zur „echten“ Menge der Gelbwesten ansehen? Was wir heute mit der „postfaktischen Politik“ erleben, ist möglicherweise das Ende der gesamten Idee eines wahren und authentischen Volkswillens, der für gewöhnlich manipulativ beeinflusst und nicht richtig vertreten wird, dessen angemessene Vertretung es jedoch anzustreben gilt. Man sollte den Trump'schen Populismus nicht dadurch zu besiegen versuchen, dass man behauptet, er stehe nicht wirklich für das Volk und es müsse dem wahren Volkswillen ermöglicht werden, sich außerhalb dieses Populismus auszudrücken. Allein die Tatsache, dass der Volkswille so gründlich „manipuliert“ werden kann, zeigt seinen fantasmatischen Charakter.

In Hegel'scher Manier sollte die Kritik politischer Vertretung in eine Kritik dessen, was die Vertretung vertreten soll, gewendet werden. Um dahin zu gelangen, sollten wir keine Parallele zwischen der Kommune und der Situation heute ziehen, sondern zwischen der heutigen Situation und der Französischen Revolution von 1848. Erinnern wir uns an Marx' zurecht berühmte Darstellung der politischen Lage der Bauern als Klasse, die sich in seinen Schriften zur Revolution von 1848 findet:

> Die Parzellenbauern bilden eine ungeheure Masse, deren Glieder in gleicher Situation leben, aber ohne in mannigfache Beziehung zueinander zu treten. Ihre Produktionsweise isoliert sie voneinander, statt sie in wechselseitigen Verkehr zu bringen. [...] So wird die große Masse der französischen Nation gebildet durch einfache Addition gleichnamiger

> Größen, wie etwa ein Sack von Kartoffeln einen Kartoffelsack bildet. [...] Sie können sich nicht vertreten, sie müssen vertreten werden. Ihr Vertreter muss zugleich als ihr Herr, als eine Autorität über ihnen erscheinen, als eine unumschränkte Regierungsgewalt, die sie vor den anderen Klassen beschützt und ihnen von oben Regen und Sonnenschein schickt. Der politische Einfluss der Parzellenbauern findet also darin seinen letzten Ausdruck, dass die Exekutivgewalt sich die Gesellschaft unterordnet.[4]

War es nicht genau so in Ägypten, als die Proteste des Arabischen Frühlings mit ihrer Forderung nach angemessener politischer Vertretung zum Sturz des Mubarak-Regimes und zur Einführung der Demokratie führten? Doch mit der Demokratie gingen auch diejenigen zur Wahl, die bisher politisch nicht vertreten waren, und sorgten dafür, dass die Muslimbruderschaft an die Macht kam, während die Teilnehmer der Volksproteste, allen voran die gebildete Jugend der Mittelschicht, mit ihrer Forderung nach Freiheit an den Rand gedrängt wurden. Heute bricht das Problem der politischen Vertretung auch in den entwickelten Ländern des Westens aus. Ganze Schichten vertreten sich nicht selbst – sie lehnen es sogar aktiv ab, sich vertreten zu lassen, da sie die Form politischer Vertretung selbst als künstlich und falsch empfinden –, und wenn sie sich mobilisieren, dann unter dem Banner eines populistischen Anführers. Vielleicht ist dies eine der treffendsten Definitionen des Populismus: Er ist die Bewegung derjenigen, die kein Vertrauen in die politische Vertretung haben. Was Marx über die französischen Bauernproteste von 1848 sagte, passt auch perfekt zum Angriff auf das Kapitol:

> Das Symbol, das ihren Eintritt in die revolutionäre Bewegung ausdrückte, unbeholfen-verschlagen, schurkisch-naiv, tölpelhaft-sublim, ein berechneter Aberglaube, eine pathetische Burleske, ein genial-alberner Anachronismus, eine weltgeschichtliche Eulenspiegelei, unentzifferbare

> Hieroglyphe für den Verstand der Zivilisierten – trug dies Symbol unverkennbar die Physiognomie der Klasse, welch innerhalb der Zivilisation die Barbarei vertritt.[5]

Die „revolutionären" Angreifer waren auf plumpe Weise verschlagen (indem sie glaubten, sie könnten durch ihre Reden alle Welt täuschen), auf schurkische Weise naiv (indem sie Trump als Verkörperung der Freiheit des Volkes folgten) und auf tölpelhafte Weise sublim (indem sie die große Tradition der Gründerväter beschworen, die von der US-Regierung verraten worden sei). Sie handelten aus berechnendem Aberglauben (da sie den Verschwörungstheorien, auf die sie setzten, nicht wirklich Glauben schenkten), führten eine pathetische Burleske aus (indem sie revolutionären Eifer markierten) und vertraten einen genial albernen Anachronismus (indem sie die alten US-amerikanischen Freiheitswerte verteidigten). In all dem waren sie wirklich eine „unentzifferbare Hieroglyphe": ein Ausbruch antiaufklärerischer Barbarei, der die verborgenen Antagonismen unserer Zivilisation zum Vorschein brachte.

Dieser antiaufklärerische Vorstoß, der für unsere Zeit kennzeichnend ist, wird häufig mit dem Ausdruck „postfaktisches Zeitalter" („post-truth era") verbunden. Ein aktueller Vorfall in der US-amerikanischen Rechtsprechung führt uns gleichsam mitten in dieses seltsame Phänomen hinein. Im März 2021 reichte der Wahlmaschinen-Hersteller *Dominion Voting Systems* eine Verleumdungsklage gegen die Anwältin Sidney Powell ein, eine rechtslastige Trump-Anhängerin. Grund für die Klage waren ihre Behauptungen, das Unternehmen, dessen elektronische Geräte bei den Wahlen 2020 in einigen Bezirken zum Einsatz gekommen waren, habe Stimmen zugunsten des amtierenden Präsidenten Trump in Stimmen zugunsten des designierten Präsidenten Biden abgeändert (dazu kam noch die Behauptung, das Unternehmen unterhalte Verbindungen zu dem Regime des verstorbenen Hugo Chávez in Venezuela). Der Ansatz, den Powell zu ihrer Verteidigung wählte, war ziemlich gruselig – in einer neuerlichen Stellungnahme behauptete sie gegenüber dem Gericht, vernünftige Menschen hätten ihre Betrugsvorwürfe nach den Präsidentschaftswahlen 2020 nie für bare Münze genommen:

> Sogar die Kläger selbst bezeichnen die strittigen Aussagen als „wilde Anschuldigungen" und „hanebüchene Behauptungen". Mehrfach heißt es, sie seien „in sich abwegig", ja „unmöglich". Solche Charakterisierungen der angeblich verleumderischen Aussagen stärken die Position der Beklagten, vernünftige Menschen würden derartige Äußerungen nicht für bare Münze nehmen, sondern lediglich als Behauptungen ansehen, die durch das Gericht im Zuge des Verfahrens erst noch zu prüfen seien.[6]

Nach der hier zugrunde liegenden Logik sind Äußerungen dann tatsächlich verleumderisch (sodass man dafür strafrechtlich belangt werden kann), wenn zumindest einige vernünftige Leute sie ernst nehmen könnten. Wenn also die problematischen Aussagen als „hanebüchen" und „abwegig" bezeichnet werden, das heißt, wenn kein vernünftiger Mensch sie ernst nehmen kann, dann handelt es sich dabei nicht um Verleumdung und man kann dafür nicht belangt werden …

Man kann sich beinahe vorstellen, wie Hitler auf die gleiche Weise und mit ähnlichen Worten hätte verteidigt werden können: Seine Idee einer jüdisch-bolschewistischen Verschwörung sei so hanebüchen und abwegig, dass kein vernünftiger Mensch sie ernst nehmen könne. Das Problem ist nur, dass aufgrund dieser hanebüchenen Vorstellung Millionen von Menschen starben … Ähnliches (wenn auch natürlich nicht von gleichem Gewicht) gilt auch für Powell: Äußerungen wie die von ihr haben Millionen von Menschen mobilisiert und die USA näher an den Rand eines Bürgerkriegs gebracht, und es sind Menschen gestorben.

Hier drängt sich allerdings noch eine Frage auf: Wenn Powell bei der Verbreitung ihrer Verleumdungen klar war, dass alle vernünftigen Menschen erkennen würden, wie lächerlich und falsch sie sind – *warum hat sie diese überhaupt geäußert*? Um die unvernünftige Masse durch Mobilisierung der niederen Instinkte zu manipulieren und zu verführen? Die Sache ist etwas komplizierter: Ja, Powell war sich bewusst, dass es für ihre Verleumdungen keinen rationalen Grund gab, und sie verbreitete wissentlich Unwahrheiten, doch es war, als sei sie in ihre eigene Falle getappt und habe sich mit dem, von dem sie wusste, dass es nicht der Wahrheit entsprach, identifiziert. Sie handelte nicht als Manipulatorin, die von der Wirkung ihrer eigenen Lügen ausgenommen war: *Sie befand sich in genau der gleichen Lage wie ihre „Opfer"*.

Ihre Verleumdungen haben den Status von Gerüchten, aber diese Gerüchte werden dann diskursfähig. Powell steht exemplarisch für das neue Zeitalter, in dem Gerüchte ihre Wirkung im öffentlichen Raum entfalten und dabei eine soziale Verbindung schaffen.[7] Was die öffentliche Würde der Person betrifft, so stellt Powells Art der fetischistischen Verleugnung das Gegenteil der traditionellen Verleugnung dar. Die Letztere sagt: „Ich weiß, dass unser Anführer im Privaten sündigt, doch um seine Würde zu wahren, tue ich so, als sei er von Sünden frei", während die Erstere äußert: „Obwohl ich nicht weiß, ob diese Gerüchte wahr sind, verbreite ich sie so, als wären sie wahr …"

Vor Jahrzehnten sah ich mich schon einmal mit einer ähnlichen Logik konfrontiert. Ich hatte eine heftige Auseinandersetzung mit einem Antisemiten, der für die Auffassung eintrat, die „Protokolle der Weisen von Zion" (die um 1900 von der Geheimpolizei des zaristischen Russlands fingierte Darstellung eines jüdischen Geheimplans zur Übernahme der Weltherrschaft) seien echt. Ich argumentierte, es sei hinreichend belegt, dass es sich dabei um eine Fälschung handelt – allein schon die zahlreichen faktischen Fehler ließen keinen Zweifel daran. Der Antisemit ließ sich von seiner Meinung nicht abbringen; er bestritt auch gar nicht, dass die „Protokolle" Fehler enthielten. Diese Fehler aber hätten die Juden *selbst* eingefügt, um es so aussehen zu lassen, als sei der Text gefälscht. So nämlich würden die Nichtjuden ihn nicht ernst nehmen, während die Eingeweihten ihn als unverdächtigen Leitfaden verwenden könnten.

Was der verrückte Antisemit sich ausgedacht hatte, versucht Sidney Powell uns als Tatsache zu verkaufen. Sie tut ihre eigenen Aussagen als abwegige und hanebüchene Äußerungen ab, die man nicht ernst nehmen könne, und *stellt damit sicher, dass ihre Worte weiterhin reale Auswirkungen haben.* So funktioniert Ideologie in unserem postfaktischen Zeitalter. Da wir heute in einem Prozess gefangen sind, in dem sich der gemeinsame öffentliche Raum allmählich auflöst, können wir nicht mehr auf das Vertrauen in das Volk setzen. Wir können nicht mehr darauf vertrauen, dass die Menschen zu ihrer substanziellen Wahrheit gelangen werden, wenn ihnen nur die Möglichkeit gegeben wird, den Bann ideologischer Manipulationen zu brechen. Hier sehen wir uns mit der fatalen Beschränktheit der viel gepriesenen „Führerlosigkeit" der Proteste in Frankreich konfrontiert: Wenn man den Menschen zuhört und ihren Interessen und Wünschen mit einem Programm entspricht, macht das allein noch keinen guten politischen Führer aus. Der alte Henry Ford hat recht daran getan, sein Serienauto zu entwickeln und nicht danach zu fragen, was die Menschen wollen. Denn hätte man sie gefragt, so hätten sie, wie Ford es einmal formulierte, wohl geantwortet: „Wir wollen ein besseres, stärkeres Pferd für unsere Kutsche!" Dasselbe gilt für die politische Führung, wie wir sie heute brauchen. Die Protestierenden der *Gilets jaunes* wollen ein besseres, billigeres Pferd – in diesem Fall ironischerweise günstigeren Kraftstoff für ihre Autos. Stattdessen sollte man ihnen die Vision einer Gesellschaft näherbringen, in welcher der Preis für Kraftstoff nicht mehr wichtig ist, so wie nach der Einführung des Autos der Preis für Pferdefutter unwichtig wurde.

Selbstverständlich ist dies nur ein Aspekt von vielen, die eine echte Führungspersönlichkeit ausmachen. Der Gegensatz dazu ist die Fähigkeit, harte Entscheidungen zu treffen, wenn es sich nicht vermeiden lässt: Welche Gruppe von Soldaten soll auf dem Schlachtfeld geopfert werden, welchen Patienten soll man sterben lassen, wenn nicht genügend Ressourcen vorhanden sind ...? Ein älterer Arzt in der Fernsehserie *New Amsterdam* drückte das so aus: „Führungskräfte treffen Entscheidungen, die sie nachts wach bleiben lassen. Sollten Sie gut schlafen, zählen Sie nicht dazu." Paradoxerweise kann sich das, was die auf Wahlen basierende politische Repräsentationsmechanik permanent verfehlt, auf angemessene Weise nur in einem Oberhaupt oder einem Führungsgremium äußern, das nicht durch den engen Zeitraum zwischen zwei Wahlen beschränkt ist, sondern in der Lage ist, ein langfristiges gesellschaftliches und wirtschaftliches Projekt durchzusetzen. Klingt das nach einer allgemeinen militärischen Mobilmachung? Ja, der künftige Kommunismus wird ein Kommunismus wie in Kriegszeiten sein, oder es wird keinen geben.[8]

Heute sollten wir über das Vermächtnis der Pariser Kommune im folgenden Sinne nachdenken: Statt uns in nostalgischen Erinnerungen zu verlieren, sollten wir uns darauf konzentrieren, wie man sich unter den heutigen Bedingungen einer uneinigen, von vielen widerstreitenden Interessen geprägten Arbeiterklasse eine Mobilisierung des Volkes und der Menschen vorstellen kann. Auch Hegel war sich dessen bewusst, dass ein politischer Führer (oder ein kollektives Führungsorgan) keinen substanziellen Inhalt widerspiegelt, der bereits vor ihm existierte, eben „den wahren Willen des Volkes". Ein wahrer politischer Führer bringt das Volk als geeinten politischen Akteur aus einem verwirrenden Durcheinander widersprüchlicher Tendenzen hervor und *erschafft* es so buchstäblich. Als im Sommer 1953 die Arbeiterproteste in Ost-Berlin ausgebrochen waren, schrieb Bertolt Brecht das kurze Gedicht „Die Lösung":

Nach dem Aufstand des 17. Juni
Ließ der Sekretär des Schriftstellerverbands
In der Stalinallee Flugblätter verteilen
Auf denen zu lesen war, daß das Volk
Das Vertrauen der Regierung verscherzt habe
Und es nur durch verdoppelte Arbeit
zurückerobern könne. Wäre es da
Nicht doch einfacher, die Regierung
Löste das Volk auf und
Wählte ein anderes?[9]

Dieses Gedicht wird in der Regel als sarkastische Anprangerung der Arroganz der Partei gelesen, aber was wäre, wenn wir es als realistische Darstellung dessen verstehen, was in jedem wirklich radikalen emanzipatorischen Prozess geschieht: Die Führung erschafft dabei das Volk buchstäblich neu, indem sie ein anderes Volk „wählt" und zur disziplinierten politischen Kraft bestimmt? Wir müssen den Traum bzw. die Hoffnung aufgeben, dass Feminismus und Antirassismus, der Kampf der LGBTQ+-Bewegung oder für den Schutz von Minderheiten, der Kampf der Arbeiter oder der für Meinungs- und Informationsfreiheit irgendwann zu einer großen Bewegung zusammenfinden werden, in der Trans-Feministinnen an der Seite muslimischer Frauen marschieren, in der Studenten, die sich in der Ausübung ihrer intellektuellen Freiheit eingeschränkt sehen, zusammen mit Arbeitern protestieren, die nicht genug zum Leben verdienen. In diesem Sinne beklagte Alain Badiou, dass die Teilnehmer der Proteste von *Occupy Wall Street* und jener in der Türkei und Ägypten im Jahr 2011 hauptsächlich aus der gebildeten Mittelschicht kamen und die schweigende Arbeiterklasse nicht mobilisiert wurde. Mit Blick auf *Occupy Wall Street* und die *Gilets jaunes* in Frankreich geht er noch einen Schritt weiter und behauptet, die Arbeiterklasse in der entwickelten westlichen Welt sei bereits Teil der von Lenin sogenannten „Arbeiteraristokratie", die anfällig für Rassismus ist, von der herrschenden Klasse korrumpiert wird und über keinerlei emanzipatorisches Potenzial mehr verfügt, sodass sie als Verbündeter ausfällt. Der Traum jener berühmten Szene von 1968, als sich Studenten in eine Fabrik von Renault begaben, um dort mit Arbeitern zusammenzutreffen, ist ausgeträumt; wir sollten vielmehr versuchen, eine Verbindung zwischen prekär beschäftigten Intellektuellen, unzufriedenen Studenten und Immigranten herzustellen. Letztlich aber sind diese Bemühungen Ausdruck der verzweifelten Suche nach dem wahren emanzipatorischen Akteur von heute, der an die Stelle der Marx'schen Arbeiterklasse tritt. Badious Kandidat dafür ist der „nomadische Proletarier".

Mit dem Verlust des maßgeblichen Bezugs auf das Volk sollte man sich endlich vom Mythos der reinen und unschuldigen Kommune verabschieden, der so tut, als hätte es sich bei den Kommunarden um Kommunisten vor dem Sündenfall (dem „totalitären" Terror des 20. Jahrhunderts) gehandelt, als wäre in der Kommune der Traum unmittelbarer Zusammenarbeit ohne zwischengeschaltete, entfremdete Strukturen verwirklicht worden, auch wenn sich die Menschen quasi von Ratten ernährten. Was wäre, wenn die eigentliche Aufgabe heute nicht in der unablässigen Beschäftigung mit der Frage bestünde, wie sich die Entfremdung staatlicher Institutionen überwinden und eine transparente Gesellschaft verwirklichen lässt, sondern in dem genauen Gegenteil – nämlich darin, eine „gute Entfremdung" zu schaffen, einen anderen Modus für die *Passivität* der Mehrheit zu erfinden? Die Formel für die Mobilisierung der Massen ist eine politische Version von Freuds „Wo Es war, soll Ich werden": Wo die chaotische Masse war, soll die Parteiorganisation werden – oder, wie Hegel es ausgedrückt hätte: Wo die chaotische Substanz des Volkes gärt, soll das gut organisierte Subjekt Ordnung stiften und die Richtung vorgeben. Heute sollten wir dieser Formel noch eine andere Wendung geben und vom Subjekt zurück zur Substanz gehen – zu einer anderen, vom Subjekt erschaffenen Substanz, zu einer neuen Gesellschaftsordnung, in der wir Vertrauen haben und unserem Leben zuversichtlich nachgehen können.

1 Wikipedia, „Paris Commune", en.wikipedia.org/wiki/Paris_Commune, zuletzt abgerufen am 01.06.2022.

2 G. W. F. Hegel, *Werke in 20 Bänden*, Band 12: Vorlesungen über die Philosophie der Geschichte, Suhrkamp, Frankfurt am Main 1970, S. 527–529.

3 „2017 Donald Trump Inauguration Speech Transcript", 20.01.2017, *Politico*, www.politico.com/story/2017/01/full-text-donald-trump-inauguration-speech-transcript-233907, zuletzt abgerufen am 01.06.2022.

4 Karl Marx, „Der achtzehnte Brumaire des Louis Bonaparte", in: Karl Marx, Friedrich Engels, *Werke*, Band 8: August 1851–März 1853, Dietz, Berlin 1968, S. 198.

5 Ders., „Die Klassenkämpfe in Frankreich 1848 bis 1850", in: ebd., S. 113.

6 Katelyn Polantz, „Sidney Powell Argues in New Court Filing that No Reasonable People Would Believe Her Election Fraud Claims", *CNN*, 23.03.2021, edition.cnn.com/2021/03/22/politics/sidney-powell-dominion-lawsuit-election-fraud/index.html, zuletzt abgerufen am 02.06.2022.

7 Siehe „Vier Betrachtungen über Macht, den äußeren Schein und Obszönität", in: Slavoj Žižek, *Pandemie II – Chronik einer verlorenen Zeit*, Passagen, Wien 2021.

8 Für eine einlässlichere Erörterung siehe Fredric Jameson (hg. von Slavoj Žižek), *An American Utopia: Dual Power and the Universal Army*, Verso Books, London 2016.

9 Bertolt Brecht, *Buckower Elegien*, Suhrkamp, Frankfurt am Main 1986, S. 113.

21
Mitgefühl reicht nicht aus

Jeder echte Linke sollte sich an die Wand über seinem Bett oder seinem Tisch den einleitenden Absatz aus Oscars Wildes „Der Sozialismus und die Seele des Menschen" hängen. Der irische Schriftsteller führt darin aus, dass „Mitgefühl und Liebe zu Leidenden bequemer ist als Liebe zum Denken".

> [Die Menschen] sehen sich von scheußlicher Armut, scheußlicher Hässlichkeit, scheußlichem Hungerleben umgeben. Es ist unvermeidlich, dass ihr Gefühl durch all das stark erregt wird. [...] Daher machen sie sich mit bewundernswertem, obschon falschgerichtetem Eifer sehr ernsthaft und sehr gefühlvoll an die Arbeit, die Übel, die sie sehen, zu kurieren. Aber ihre Mittel heilen diese Krankheit nicht: sie verlängern sie nur. Ihre Heilmittel sind geradezu ein Stück der Krankheit. [...] Das eigentliche Ziel ist der Versuch und Aufbau der Gesellschaft auf einer Grundlage, die die Armut unmöglich macht. Und die altruistischen Tugenden haben tatsächlich die Erreichung dieses Ziels verhindert. [...] Es ist unsittlich, das Privateigentum dazu zu benutzen, die schrecklichen Übel zu lindern, die die Institution des Privateigentums erzeugt hat.[1]

Der letzte Satz bringt präzise auf den Punkt, was etwa an der Stiftung von Bill und Melinda Gates nicht stimmt. Es reicht nicht aus, nur darauf zu verweisen, dass die Wohltätigkeit der beiden Gates' auf knallharten Geschäftspraktiken beruht. Man sollte hier schon einen Schritt weiter gehen: Es gilt vor allem auch die ideologische Grundlage dieser und ähnlicher Einrichtungen anzuprangern, die Bedeutungslosigkeit ihres Panhumanismus.

Der Titel eines Essaybandes von Sama Naamis trifft es genau: *Respektverweigerung. Warum wir fremde Kulturen nicht respektieren sollten. Und die eigene auch nicht.*[2] Das ist die einzige authentische Haltung gegenüber den drei anderen Varianten der gleichen Frage. Die Gates'sche Wohltätigkeit funktioniert nach dem Prinzip „Respektiere alle Kulturen, deine eigene und auch jede andere". Die nationalistische Rechte hingegen propagiert das Motto „Respektiere deine eigene Kultur und verachte die anderen, die ihr unterlegen sind". Im politisch korrekten Lager wiederum steht man auf dem Standpunkt, dass es andere Kulturen zu respektieren gilt, die eigene – rassistische und kolonialistische – aber zu verachten (darum hat die politisch korrekte Wokeness-Kultur immer schon ein Problem damit, sich zu Europa zu bekennen). Die korrekte linke Haltung allerdings ist eine andere und lässt sich wie folgt formulieren: Arbeite die versteckten Antagonismen deiner eigenen Kultur heraus, verknüpfe sie mit den Widersprüchen anderer Kulturen und engagiere dich dann im Kampf – in dem gemeinsamen Kampf derjenigen, die gegen Herrschaft und Unterdrückung in unserer Kultur streiten, und jenen, die dasselbe in anderen Kulturen tun.

Das Folgende mag vielleicht erschreckend klingen, dennoch gilt es darauf zu beharren: Man muss Einwanderer nicht besonders respektieren oder mögen – was man aber tun muss, ist, die Umstände so zu verändern, dass sie nicht mehr sein müssen, was sie sind. Der Bürger eines Industriestaats, der sich weniger Migration wünscht und etwas dafür tun will, dass die Menschen nicht an einen Ort kommen müssen, wo es ihnen oft genug nicht einmal gefällt, ist einem humanitären Menschenfreund, der Offenheit für Einwanderer predigt, aber stillschweigend an den wirtschaftlichen und politischen Verhältnissen teilhat, welche deren Länder in den Ruin treiben, ganz klar vorzuziehen.

Vor ein paar Jahren entdeckte ich in einem Laden in Los Angeles zufällig ein Abführmittel aus Schokolade. Auf der Verpackung der Tafel stand die paradoxe Aufschrift: „Leiden Sie unter Verstopfung? Essen Sie mehr von dieser Schokolade!", also genau von der Sache, die zu Verstopfung führt. Die Struktur des „Schoko-Abführmittels" – ein Produkt enthält den Wirkstoff zur Eindämmung seiner abträglichen Wirkung – lässt sich auch überall in der ideologischen Landschaft der Gegenwart ausmachen. So ist die liberale Haltung der Toleranz gegenüber anderen durch zwei Themen bestimmt: den Respekt und die Offenheit gegenüber dem anderen in seinem Anderssein sowie die *gleichzeitige* zwanghafte Angst vor Belästigung. Der andere ist in Ordnung, solange seine Anwesenheit nicht zudringlich ist, solange sie nicht stört, oder kurz: sofern er nicht wirklich anders ist.

In direkter Entsprechung zur paradoxen Struktur des Schoko-Abführmittels fällt diese Toleranz mit ihrem Gegenteil zusammen: Meine Pflicht, dem anderen gegenüber tolerant zu sein, bedeutet, dass ich ihm nicht zu nahe kommen, nicht in seine Sphäre eindringen soll. Kurz gesagt: Ich soll seine *Intoleranz* gegenüber meiner übermäßigen Nähe respektieren. Das ist es, was sich in der heutigen, spätkapitalistischen Gesellschaft mehr und mehr als zentrales „Menschenrecht" erweist: *das Recht, nicht „belästigt" zu werden*, in sicherem Abstand von den anderen zu bleiben. Eine ganz ähnliche Struktur prägt auch unser Verhältnis zum kapitalistischen Profitstreben: Es ist so lange in Ordnung, wie ihm durch wohltätige Maßnahmen gegengesteuert wird – erst scheffelt man Milliarden, dann gibt man sie (teilweise) an die Bedürftigen zurück. Das Gleiche gilt auch für die Logik des humanitären oder pazifistischen Militarismus: Krieg ist in Ordnung, solange er dazu dient, Frieden oder Demokratie durchzusetzen oder die Bedingungen für humanitäre Hilfe und Unterstützung zu schaffen. Und lässt sich dasselbe nicht sogar mehr und mehr auch in Bezug auf Demokratie und Menschenrechte feststellen? Menschenrechte sind in Ordnung, wenn man sie gedanklich so „umformen" kann, dass sie auch Folter ermöglichen und einen permanenten Ausnahmezustand zulassen; Demokratie ist in Ordnung, wenn sie ihrer populistischen „Exzesse" bereinigt und auf jene beschränkt wird, die „reif" genug für sie sind.

Dieselbe Struktur des Schoko-Abführmittels macht auch Figuren wie Bill Gates oder George Soros ethisch gesehen so problematisch: Stehen sie nicht für eine höchst rücksichtslose finanzspekulative Ausbeutung, die sich mit ihrem Gegenmittel, der humanitären Sorge wegen der katastrophalen sozialen Folgen einer ungezügelten Marktwirtschaft, verbindet? Der Tagesablauf von Soros ist selbst schon eine Gestalt gewordene Lüge: Die Hälfte seiner Arbeitszeit verwendet er auf Spekulationen an den Finanzmärkten, die andere Hälfte auf „humanitäre" Aktivitäten, mit denen er letztlich die Auswirkungen seiner eigenen Spekulationen bekämpft (er finanziert kulturelle und demokratische Aktivitäten in postkommunistischen Ländern und verfasst entsprechende Aufsätze und Bücher).

Die Krise, in der wir stecken, ist zu ernst, als dass wir sie mit schokosüßen Abführmitteln bekämpfen könnten – wir brauchen einfach bittere. Wir befinden uns zwar (noch) nicht im Krieg, dafür aber in einer Situation, die womöglich noch viel gefährlicher ist: Wir bekämpfen keinen Feind; der einzige Feind sind wir selbst, die (von uns) entfesselte kapitalistische Produktivität mit all ihren zerstörerischen Folgen. Erinnern wir uns daran, dass Kuba nach dem Zusammenbruch der Sowjetunion eine „Sonderperiode in Friedenszeiten" („Período especial en tiempos de paz") proklamierte: Es galten Bedingungen wie im Krieg in einer Zeit des Friedens. Vielleicht ist das der Begriff, den wir für unsere aktuelle Zwangslage verwenden sollten: Wir treten in eine ganz besondere Periode in Friedenszeiten ein.

1 Oscar Wilde, *Drei Essays*, Diogenes, Zürich 1970, S. 7 f.

2 Sama Naamis, *Respektverweigerung. Warum wir fremde Kulturen nicht respektieren sollten. Und die eigene auch nicht*, Drava, Klagenfurt 2015.

22
Ist der Kommunismus ein autoritärer Kapitalismus?

Am 1. Juli 1921 fand in Schanghai der Gründungskongress der Kommunistischen Partei Chinas statt. Dazu kamen in einer Villa in der Französischen Konzession, dem damals (wie heute) reichsten Teil der Stadt, zwölf Männer zusammen. Heute zählt die Partei über 90 Millionen Mitglieder – inzwischen hat sie nicht nur die Geschichte Chinas, sondern die der ganzen Welt verändert. Die wichtigsten Etappen ihrer Entwicklung sind bekannt: Ende 1920 übernahm Mao Tse-tung das Ruder und richtete die Partei neu aus, weg von den Arbeitern in den Städten hin zu den armen Landbauern; Mitte der 1930er-Jahre schuf der Lange Marsch, der eigentlich ein Rückzug war, eine Verbindung zwischen der Partei und dem Volk in ganz China. 1949 dann siegte die Revolution. Von 1958 bis 1975 sollten der „Große Sprung nach vorn" und die Kulturrevolution einen schnellen wirtschaftlichen und gesellschaftlichen Wandel herbeiführen. Millionen von Menschen bezahlten diesen letztlich gescheiterten Versuch mit ihrem Leben. Ab 1978, nach Maos Tod, leitete Deng Xiaoping die Öffnung zum Kapitalismus hin ein, wobei die Partei auch weiter die politische Kontrolle behielt. Als in den späten 1980er-Jahren aufgrund dieser wirtschaftlichen Liberalisierung politische Forderungen nach einer Demokratisierung laut wurden, nahm die Partei die Zügel der Macht wieder in die Hand, indem sie den *Tiananmen*-Aufstand niederschlagen ließ.

China konnte in den letzten Jahrzehnten wohl einen der größten wirtschaftlichen Erfolge der Menschheitsgeschichte für sich verbuchen – Hunderten Millionen von Menschen, die vormals in Armut lebten, wurde eine bürgerliche Existenz ermöglicht. Wie hat China das geschafft? Die Linke des 20. Jahrhunderts definierte sich durch ihren Widerstand gegen zwei Grundtendenzen der Moderne: die Herrschaft des Kapitals mit ihrem aggressiven Individualismus und ihrer Entfremdungsdynamik sowie die autoritär-bürokratische Staatsmacht. Im China der Gegenwart sehen wir gerade die Verbindung dieser beiden Merkmale in ihrer extremsten Form: ein starker autoritärer Staat, eine wilde kapitalistische Dynamik – und das soll nun heute die effizienteste Form des Sozialismus sein. Es stimmt, die chinesischen Behörden lassen die marxistischen Klassiker von Marx bis Mao auch weiter zu Hunderttausenden drucken. Wenn man diese Texte aber ernst nimmt und nach ihnen handelt, wie es einige junge Studenten taten, welche versuchten, die Arbeiter gegen den Missbrauch der Staatsmacht zu organisieren, dann wird man verhaftet. Im heutigen China besteht eine der Hauptaufgaben der Kommunistischen Partei darin, die Arbeiter daran zu hindern, ihren Widerstand gegen das Kapital zu organisieren – eine herrlich schizophrene Situation.

Hierin liegt eine gewisse Ironie: Nach Marx kommt es zur Entstehung des Kommunismus, sobald die kapitalistischen Produktionsverhältnisse zu einem Hindernis für die Weiterentwicklung der Produktionsmittel geworden sind, sodass diese Entwicklung nur durch ein (plötzliches oder allmähliches) Fortschreiten von der kapitalistischen Marktwirtschaft zur vergesellschafteten Wirtschaft gesichert werden kann. Deng Xiaopings „Reformen" dagegen stellen Marx auf den Kopf – an einem bestimmten Punkt muss man zum Kapitalismus zurückkehren, um dem Sozialismus die wirtschaftliche Entwicklung zu ermöglichen.

Vor Jahren erzählte mir ein chinesischer Gesellschaftstheoretiker, der mit Deng Xiaopings Tochter in Verbindung stand, eine interessante Anekdote. Als Deng im Sterben lag, sei er von

Gefolgsmännern, die ihn besuchten, gefragt worden, was er für seine größte Tat halte. Sie gingen davon aus, dass er wie immer die wirtschaftliche Öffnung nennen würde, die China eine solche starke Entwicklung beschert hatte. Zu ihrer Überraschung aber antwortete Deng: „Als die Führung beschloss, die Wirtschaft zu öffnen, habe ich der Versuchung widerstanden, den Weg zu Ende zu gehen und auch das politische Leben für ein System zu öffnen, dass mehrere Parteien zulässt." (Manchen Quellen zufolge war diese Neigung, den Weg zu Ende zu gehen, in einigen Parteikreisen ziemlich stark ausgeprägt, und die Entscheidung, die Kontrolle durch die Partei beizubehalten, stand keinesfalls von vornherein fest.)

Man sollte hier der liberalen Versuchung widerstehen und sich nicht der Vorstellung hingeben, dass der wirtschaftliche Fortschritt noch schneller verlaufen wäre, wenn sich China auch für die politische Demokratie geöffnet hätte: Was, wenn die politische Demokratie neue Instabilitäten und Spannungen erzeugt hätte, die dem wirtschaftlichen Fortschritt hinderlich gewesen wären? Und was wäre, wenn dieser (kapitalistische) Fortschritt nur in einer Gesellschaft erreichbar war, die von einer starken autoritären Macht beherrscht wird? Denken wir an die klassische marxistische These über das frühneuzeitliche England: Es war im eigenen Interesse der Bourgeoisie, die *politische* Macht der Aristokratie zu überlassen und die *wirtschaftliche* Macht für sich zu behalten. Vielleicht geschieht im heutigen China etwas ganz Ähnliches: Es war im Interesse der neuen Kapitalisten, die politische Macht der Kommunistischen Partei zu überlassen. Die Kommunistische Partei ist die beste Schutzherrin der ureigensten Interessen des Kapitalismus und weiß sie am wirkungsvollsten gegen partikulare Belange zu wahren.

Es mag den Anschein haben, dass China beim Übergang von der Kulturrevolution zu Dengs Reformen von einem Extrem zum anderen überging. Es besteht jedoch eine tiefgreifende strukturelle Übereinstimmung zwischen der beständigen maoistischen

Selbstrevolutionierung, dem anhaltenden Kampf gegen die Verknöcherung staatlicher Strukturen und der inhärenten Dynamik des Kapitalismus. Man ist versucht, hier einmal mehr Bertolt Brechts Frage „Was ist der Einbruch in eine Bank gegen die Gründung einer Bank?“ abzuwandeln: Was sind die gewalttätigen und zerstörerischen Ausbrüche eines Rotgardisten, der in der Kulturrevolution gefangen ist, gegen die wahre Kulturrevolution, die dauerhafte Auflösung aller Lebensformen, welche die kapitalistische Reproduktion benötigt? Die Tragödie des „Großen Sprungs nach vorn“ wiederholt sich heute als Komödie des turbokapitalistischen großen Sprungs nach vorn in die Modernisierung, und die alte Parole „Eine Eisengießerei in jedes Dorf“ taucht als „Ein Wolkenkratzer in jede Straße“ wieder auf oder, um es brutal-ironisch auszudrücken: An die Stelle der Liquidationen der Feinde bei den maoistischen Säuberungen tritt die *liquidation totale* des Schlussverkaufs („Alles muss raus!“).

Manche naive Linke behaupten, das Erbe der Kulturrevolution und des Maoismus im Allgemeinen wirke als Gegenkraft zum ungezügelten Kapitalismus, verhindere seine schlimmsten Auswüchse und erhalte ein Mindestmaß an gesellschaftlicher Solidarität aufrecht. Doch was, wenn das genaue Gegenteil zutrifft? Was wäre, wenn die Kulturrevolution, diese brutale Auslöschung vergangener Traditionen, ein „Schock“ war – ein Schock, der in einer Art unbeabsichtigter und daher umso grausamerer ironischer List der Vernunft die Bedingungen dafür geschaffen hat, dass es im Anschluss zu einer kapitalistischen Explosion kommen konnte? Gehört auch China möglicherweise auf Naomi Kleins Liste von Staaten, in denen eine natürliche, militärische oder soziale Katastrophe den Boden für eine neue, kapitalistische Explosion bereitet hat?

Es ist schon eine besondere Ironie der Geschichte, dass Mao selbst die ideologischen Voraussetzungen für eine rasante kapitalistische Entwicklung geschaffen hat, indem er das traditionelle

Gesellschaftsgefüge zerstörte. Sein Aufruf insbesondere an die jungen Menschen in der Kulturrevolution lautete: Wartet nicht, bis euch jemand anderes sagt, was ihr tun sollt; ihr habt das Recht, euch aufzulehnen! Also denkt und handelt selbstständig, zerstört die kulturellen Relikte, denunziert und attackiert nicht nur die Älteren, sondern auch Funktionäre der Regierung und der Partei! Hebelt die staatlichen Unterdrückungsmechanismen aus und organisiert euch in Kommunen! Und Maos Aufruf wurde erhört – es folgte ein Ausbruch des ungezügelten leidenschaftlichen Verlangens, den Autoritäten jegliche Legitimität zu entziehen, sodass Mao am Ende die Armee einsetzen musste, um die Ordnung einigermaßen wiederherzustellen. Das Paradox besteht also darin, dass die entscheidende Schlacht der Kulturrevolution nicht zwischen dem kommunistischen Parteiapparat und den als traditionalistisch denunzierten Feinden stattfand, sondern zwischen der Armee und der Kommunistischen Partei auf der einen Seite sowie den Kräften, die Mao selbst ins Leben gerufen hatte, auf der anderen Seite.

Der kanadische Soziologe Duane Rousselle hat mir in einem privaten Gespräch einmal scharfsinnig auseinandergesetzt, inwiefern die verzweifelte Suche nach Alternativen zum Kapitalismus durch eine fundamentale Unklarheit gekennzeichnet ist: „Die radikalen Philosophen, darunter auch Marx und Bakunin, waren schnell dabei zu fragen, wie es um die Alternativen bestellt sei, weil sie mitunter nicht erkannten, dass der Kapitalismus die Position der ‚Alternative' eingenommen hat. Der Kapitalismus ist die Alternative (zu Autoritarismus, Dogmatismus, Sozialismus usw.)." Dass der Kapitalismus sich nur durch beständige Selbstrevolutionierung entwickeln kann, wie Marx betonte, ist dabei bloß das eine; das andere, mindestens ebenso Wichtige aber ist die Tatsache, dass er sich immer wieder als einzige Alternative entpuppt, als einzige Möglichkeit voranzukommen, als dynamische Kraft, die sich durchsetzt, wenn das gesellschaftliche Leben in irgendeiner festen Form stecken bleibt. Der Kapitalismus ist heute viel revolutionärer als die traditionelle Linke, die davon besessen ist, die überkommenen Errungenschaften des Sozialstaats zu schützen – man braucht bloß daran zu denken, wie stark der Kapitalismus in den letzten Jahrzehnten in unsere Gesellschaften hineingewirkt und sie verändert hat.

Lenins „Neue Ökonomische Politik" aus den frühen 1920er-Jahren, während der die Sowjetmacht noch bis zu einem gewissen Grad Privateigentum und Marktwirtschaft zuließ, war offensichtlich das ursprüngliche Modell für Deng Xiaopings Reformen, die den Weg für den kapitalistischen freien Markt (unter der Kontrolle der regierenden Kommunistischen Partei) ebneten – statt eines halben Jahrzehnts der Marktliberalisierung gibt es in China bereits ein halbes Jahrhundert lang den euphemistisch so bezeichneten „Sozialismus chinesischer Prägung". Verfolgt China also seit über einem halben Jahrhundert eine „Neue Ökonomische Politik" riesigen Ausmaßes? Wir sollten uns nicht über diese Maßnahmen lustig machen oder sie einfach als Niederlage des Sozialismus, als Schritt zum (autoritären) Kapitalismus hin anprangern, sondern vielmehr riskieren, ihre Logik auf die Spitze zu treiben. Nach dem Zerfall des osteuropäischen Sozialismus im Jahr 1990 kursierte ein Witz, in dem es hieß, der Sozialismus sei ein Wandel vom Kapitalismus zurück zum Kapitalismus.

Wie wäre es aber, wenn wir umgekehrt vorgehen und den *Kapitalismus selbst* als sozialistische „Neue Ökonomische Politik" definieren, als *Übergang vom Feudalismus (oder von vormodernen Herrschaftsgesellschaften im Allgemeinen) zum Sozialismus*? Aufgrund der Abschaffung vormoderner Verhältnisse unmittelbarer persönlicher Knecht- und Herrschaftsbeziehungen, aufgrund der Durchsetzung von Prinzipien persönlicher Freiheit und von Menschenrechten ist die kapitalistische Moderne an sich bereits sozialistisch – kein Wunder, dass sie immer wieder Revolten gegen die Herrschaft hervorgebracht hat, die bereits auf ökonomische

Gleichheit hinzielten (beispielsweise die großen Bauernaufstände in Deutschland Anfang des 16. Jahrhunderts oder die Revolution der Jakobiner). Der Kapitalismus ist ein Übergang von der Vormoderne zum Sozialismus im Sinne einer Kompromissbildung: Er akzeptiert das Ende unmittelbarer Herrschaftsbeziehungen und damit das Prinzip persönlicher Freiheit und Gleichheit, aber – wie Marx es formulierte – er überträgt die Herrschaft von den Beziehungen zwischen Menschen auf die Beziehungen zwischen Dingen (Waren): Als Individuen sind wir alle frei, aber die Machtverhältnisse bleiben in den Beziehungen zwischen den Waren, die wir auf dem Markt austauschen, bestehen.

Die große Frage, die uns seit dem 20. Jahrhundert verfolgt, lautet natürlich: Kann man die Freiheit des Marktes abschaffen, ohne mit ihr auch die politische Freiheit abzuschaffen? Man kann durchaus die politische Freiheit abschaffen, ohne die Freiheit des Marktes abzuschaffen – China hat den Beweis dafür erbracht. In dem Erfolg der chinesischen Partei ist ein weiteres Mal die List der Vernunft wirksam. Ihre Herrschaft aber scheint im Endeffekt darin zu bestehen, eine neue Form des autoritären Kapitalismus zur Verfügung zu stellen, die den liberalen Kapitalismus ablösen wird. Stellt also China heute die größte Bedrohung für eine echte demokratische Emanzipation dar?

23
Les Non-Dupes errent

In der aktuellen Impfdebatte im Zuge der Corona-Pandemie zeigt sich deutlich der Zusammenhang zwischen individueller Freiheit und sozialem Zusammenhalt: Sich impfen zu lassen bedeutet innerhalb einer Gemeinschaft, dass man eine viel geringere Bedrohung für andere darstellt (und andere eine viel geringere Bedrohung für einen selbst), sodass man seine soziale Freiheit, sich auf die übliche Weise unter Menschen zu begeben, in viel größerem Maße ausüben kann. Natürlich können wir uns darum bemühen, die Regeln des gemeinsamen Lebens zu ändern – es gibt Situationen, in denen diese Regeln gelockert werden können, aber auch solche, in denen sie verschärft werden müssen (wie unter den Bedingungen einer Pandemie); Regeln aber sind unverzichtbar, weil sie den eigentlichen Bereich unserer Freiheiten bilden. Darin besteht die Hegel'sche Unterscheidung zwischen abstrakter und konkreter Freiheit: In einer konkreten Lebenswelt verkehrt sich die abstrakte Freiheit in ihr Gegenteil, da sie uns in der tatsächlichen Ausübung der Freiheit beschränkt.

Der Verfall des öffentlichen Raums, der in den USA die schlimmsten Formen annimmt, lässt sich anhand eines Details der allgemeinen Kultur gut veranschaulichen. In Europa wird das Erdgeschoss eines Gebäudes nicht bzw. als Null gezählt; das Geschoss darüber gilt entsprechend als erster Stock. In den USA dagegen liegt das erste Stockwerk zu ebener Erde. Kurz gesagt, beginnen die Amerikaner mit eins zu zählen, während die Europäer wissen, dass eins bereits für null steht. Historisch betrachtet, kann man sagen, die Europäer sind sich bewusst, dass es vor dem Beginn einer Zählung einen „Grund" der Tradition geben muss, einen Grund, der immer schon gegeben ist und als solcher nicht gezählt werden kann, während die USA, ein Land ohne eigentliche Vormoderne, einen solchen Grund nicht kennen. Dort beginnt alles unmittelbar mit der selbst gesetzten Freiheit: Die Vergangenheit wurde ausgelöscht oder auf Europa übertragen.[1] Vielleicht sollten wir also damit beginnen, die Lektion Europas wieder anzunehmen, und lernen, von null an zu zählen … Sollten wir das wirklich? Der Haken an der Sache ist natürlich, dass die Null niemals neutral ist, sondern der gemeinsame Raum der ideologischen Hegemonie, der von inhärenten Antagonismen und Widersprüchen durchdrungen ist. Selbst der „postfaktische" Raum der Gerüchte ist immer noch eine Form des großen Anderen – er ist nur einfach anders als der große Andere des würdevollen öffentlichen Raums. Daher müssen wir unsere Behauptung noch genauer und spezifischer fassen: Das Ignorieren des Erdgeschosses verschleiert eine sogar noch stärkere Form des großen Anderen.

Manche Lacanianer (darunter Jacques-Alain Miller) stehen auf dem Standpunkt, dass es heute, im Zeitalter der Fake News, eigentlich keinen großen Anderen mehr gibt – aber stimmt das? Was wäre, wenn es ihn mehr denn je gibt, allerdings in einer neuen Form? Unser großer Anderer ist nicht mehr der öffentliche, von den Unanständigkeiten des privaten Austauschs klar abgegrenzte Raum, sondern eben der *öffentliche* Bereich, in dem sich Fake News verbreiten, in dem Gerüchte und Verschwörungstheorien ausgetauscht werden. Dabei sollte man im Blick behalten, was an diesem Aufkommen der schamlosen Obszönität der *Alt-Right* so überraschend ist, wie Angela Nagle festgestellt und treffend analysiert hat.[2] Traditionell (oder zumindest in unserer rückblickenden Sicht auf die Tradition) wirkten schamlose Obszönitäten, die öffentlich zur Schau gestellt wurden, subversiv, indem sie die traditionelle Herrschaft untergruben und dem Herrn seine falsche Würde entzogen. Was wir heute mit der explodierenden

Zunahme öffentlich präsentierter Anstandslosigkeiten erleben, ist nicht das Verschwinden der Herrschaft, der Herrengestalten, sondern ihr neuerliches Auftreten in nicht minder kraftvoller Form.[3]

In diesem genauer abgegrenzten Sinne sind die USA heute *das* Land des neuen, obszönen großen Anderen: Die Null, die ihnen mehr und mehr fehlt, ist die Null der öffentlichen Würde, der gemeinsamen Verpflichtung. Darüber hinaus wird dieser obszöne große Andere (wenn auch oft auf konfliktreiche Weise) durch den großen Anderen der neutralen Expertise in seinen verschiedenen Formen (Staatsapparate, Rechtsordnung, Wissenschaft) ergänzt, und hier taucht die eigentlich problematische Frage auf: Können wir diesem großen Anderen vertrauen – wenn auch nur in seiner wissenschaftlichen Form? Ist die Wissenschaft nicht tief mit den technologischen Verfahren der Überlegenheit und Ausbeutung sowie mit kapitalistischen Interessen verstrickt? Hat die Wissenschaft nicht schon vor langer Zeit ihre Neutralität eingebüßt, ja, war diese Neutralität nicht von Anfang an eine Maske der gesellschaftlichen und sozialen Überlegenheit? Zwingt uns diese Einsicht, wenn man sie auf die Pandemie überträgt, nicht dazu, die wissenschaftlich-medizinische Rechtfertigung von Lockdownmaßnahmen und anderen Reaktionen auf die Bedrohung als Problem zu behandeln? Der konsequenteste Vertreter marxistischer Corona-Skepsis ist Fabio Vighi, der behauptet: Wenn man die einzelnen Punkte, die sich aus der genauen Analyse des finanziellen Hintergrunds der Pandemie ergeben, miteinander verbindet, „sieht man vielleicht klarer, dass die ‚offizielle' Geschichte nicht stimmen kann:

> Lockdowns und die globale Aussetzung des wirtschaftlichen Austauschs sollten 1) es der Fed ermöglichen, die maroden Finanzmärkte mit frisch gedrucktem Geld zu fluten und dabei die Hyperinflation hinauszuschieben, und 2) Programme zur Massenimpfung und Gesundheitspässe als Stützen eines neofeudalen Regimes kapitalistischer Akkumulation

> einzuführen. [...] Daher gilt es, die übliche Darstellung umzukehren: Der Aktienmarkt brach (im März 2020) nicht deshalb zusammen, weil man einen Lockdown verhängen musste – der musste vielmehr verhängt werden, weil die Finanzmärkte zusammenbrachen. [...] SARS-CoV-2 ist der Name einer speziellen Waffe der psychologischen Kriegsführung, die im Moment größter Not eingesetzt wurde. [...] Ziel des ganzen Gelddruckens war es, äußerst prekäre Liquiditätslücken zu schließen. Der größte Teil dieses wie von Zauberhand geschaffenen Geldes ist noch eingefroren im System der Schattenbanken, an den Börsen und in verschiedenen virtuellen Währungssystemen, die *nicht* dazu gedacht sind, für Ausgaben und Investitionen verwendet zu werden. Ihre Funktion besteht ausschließlich in der Vergabe billiger Kredite für Finanzspekulationen. Marx bezeichnete das als „fiktives Kapital", das sich auf einer eigenen und von den Wirtschaftszyklen am Boden nunmehr vollkommen entkoppelten Umlaufbahn weiter ausbreitet. Das heißt aber auch, man kann es nicht zulassen, dass all dieses Geld die Realwirtschaft überschwemmt, weil diese dann überhitzen und eine Hyperinflation auslösen würde.[4]

Kurz gesagt: Es ist nicht die Pandemie, die die kapitalistische Ordnung in den Ausnahmezustand versetzt hat – der globale Kapitalismus brauchte vielmehr selbst einen Ausnahmezustand, um eine lähmende Krise zu vermeiden, die viel stärker wäre als die Kernschmelze von 2008, und die Pandemie wurde als willkommener Vorwand herbeigezaubert. Im Gegensatz zu Giorgio Agamben, der sein Augenmerk auf die Frage richtete, inwiefern die Pandemie dazu benutzt wurde, den permanenten Ausnahmezustand zu rechtfertigen und zugleich die Biopolitik auf unerhörte Weise zu stärken, stellt Vighi die Reproduktion des Kapitals in den Vordergrund. Der Übergang vom neoliberal-globalen Kapitalismus zum neofeudal-korporativen Kapitalismus ist der grundlegende Prozess, bei dem historische Kontingenzen als Vorwand benutzt werden, und Vighi scheut sich nicht, jenen Vorwänden die ökologischen Begründungen für weitere

Lockdowns hinzuzufügen: Ökologische Krisen konfrontieren den Kapitalismus längst nicht nur mit seinen verhängnisvollen Begrenzungen, sie werden vielmehr auch als wissenschaftlich begründete Möglichkeit benutzt, um die Bevölkerung zu disziplinieren und zu kontrollieren – der „grüne Kapitalismus" ist nicht einfach nur eine humanitäre Maske der globalen Ordnung, sondern vielmehr auch eine Möglichkeit für das korporative Großkapital, das Kleinkapital zu kontrollieren.

Vighi trägt der Komplexität der Situation durchaus Rechnung: Dazu gehören unter anderem die Interessen der Pharmakonzerne oder auch die Frage, inwiefern die „wissenschaftlichen" Expertisen, mit denen die Maßnahmen zur Pandemiebekämpfung begründet werden, neue Formen sozialer Kontrolle und Regulierung rechtfertigen, welche die Bevölkerung in ihrem Verhalten disziplinieren. Seine Argumentation enthält viele scharfsinnige Einsichten, und die seiner ökonomischen Analyse zugrunde liegende Annahme ist vollkommen zutreffend. Yanis Varoufakis erwähnte eine seltsame Tatsache, die sich im Frühjahr 2020 ereignete, als wichtiges Indiz dafür, dass der Kapitalismus in eine neue Phase eingetreten ist: Am selben Tag, an dem die staatlichen Statistiken in den USA und in Großbritannien einen atemberaubenden Rückgang des Bruttoinlandprodukts registrierten – vergleichbar mit jenem zur Zeit der Weltfinanzkrise –, verzeichneten die Aktienmärkte einen gigantischen Anstieg.

Kurz gesagt: Obwohl die „Realwirtschaft" stagniert oder sogar schrumpft, steigen die Aktienmärkte – ein Zeichen dafür, dass das fiktive Finanzkapital in seinem eigenen Kreislauf gefangen und von der „Realwirtschaft" abgekoppelt ist. An dieser Stelle kommen die durch die Pandemie gerechtfertigten Finanzmaßnahmen ins Spiel: Sie kehren das traditionelle keynesianische Verfahren gewissermaßen um, das heißt, sie zielen nicht darauf ab, der „Realwirtschaft" zu helfen, sondern darauf, enorme Geldsummen in den Finanzsektor zu pumpen (um einen Zusammenbruch wie

2008 zu verhindern) und gleichzeitig dafür zu sorgen, dass der Großteil dieses Geldes nicht in die „Realwirtschaft“ fließt (dies könnte eine Hyperinflation zur Folge haben).

Die Momente, in denen die Wirtschaft im Zuge der Pandemie ein Wachstum verzeichnete, sind auch ein Beispiel für das von linken Ökonomen so bezeichnete „Lauderdale-Paradox“: Demnach kann der Reichtum Einzelner nur auf Kosten des Wohlstands der Gemeinschaft gesteigert werden. Der größte Reichtum einer Gesellschaft besteht aus Dingen, die frei verfügbar sind, wie Wasser oder Luft – diese Dinge aber zählen nicht als Werte, die einen reich machen. Wenn Wasser leicht verfügbar ist, wird dadurch niemand reich; wenn aber die Versorgung mit Wasser von Privatunternehmen kontrolliert wird, werden diejenigen, die diese Unternehmen besitzen, reich; versteht man daher Reichtum in einem technischen Sinne als etwas, das sich in Wert- oder Vermögensgegenständen verkörpert, dann gibt es mehr Reichtum in einer Gesellschaft, in der man für Wasser bezahlt, da das frei verfügbare Wasser nicht als Reichtum zählt. Dieses Beispiel gewinnt noch zusätzlich an Aktualität, da die Privatisierung von Wasser auf der neoliberalen Agenda steht: Die Eigentümer der Wasserversorgungsunternehmen werden reicher, während die Masse derer, die Wasser brauchen, ärmer wird. Das Gleiche gilt für die Luft: Wenn wir aufgrund der zunehmenden Luftverschmutzung Sauerstoff brauchen werden, um normal atmen zu können, wird unsere Gesellschaft in einem formalen Sinne viel wohlhabender werden; es wird eine neue profitable Industrie entstehen. Das Gleiche gilt für die Pandemie: Die Pharmaindustrie verzeichnete einen enormen Produktionsanstieg – nicht nur im Bereich der Impfstoffe, sondern auch bei medizinischen Masken, Instrumenten usw. –, der formal zum Wirtschaftswachstum zählt, obwohl er die Menschen tatsächlich ärmer macht. Wir können sicher sein, dass die globale Erwärmung noch mehr von diesem „Wirtschaftswachstum“ erzeugen wird.

So sehr ich Vighis Arbeit schätze, so problematisch finde ich die Umkehrung der Kausalität, die er vornimmt: Wie sich den angeführten Passagen entnehmen lässt, macht Vighi anstelle der „offiziellen" Geschichte, nach der die Lockdown- und die anderen Gesundheitsmaßnahmen durch die Pandemie bedingt sind, das Kapital mit seinen Bedürfnissen zum bestimmenden Akteur, der die Pandemie nutzt (oder, wie er an manchen Stellen formuliert, sogar unmittelbar erzeugt), um die Lockdownmaßnahmen zu rechtfertigen. Meiner Meinung nach aber geht er dabei zu schnell vor – vor allem dann, wenn er den Elementen, die einen Lockdown rechtfertigen, auch noch ökologische Krisen hinzufügt. Die Pandemie ist keine heimliche Erfindung und auch nicht die Verbreitung einer Variante der Grippe, deren Gefahr übertrieben wird; die Gefahr ist real und darum müssen Maßnahmen gegen sie ergriffen werden. Die Wissenschaft, die diese Gefahr untersucht, ist keine Wissenschaft in Anführungszeichen, sondern die eigentliche Wissenschaft. Natürlich stimmt es, dass die Wissenschaft und die von den Gesundheitsbehörden vorgeschlagenen Maßnahmen von den großen Unternehmen mit ihren Interessen und den an sozialer Kontrolle und Beherrschung interessierten Kräften verdreht werden, aber genau darin liegt ja das Problem: Die einzigen Instanzen, die wir haben, um eine reale Bedrohung zu bekämpfen, werden vom Establishment gekapert und verdreht, und das macht die Situation so tragisch. Wir werden also in Wahrheit erpresst: Die in Kraft gesetzten Maßnahmen sind zwar verdreht, aber sie sind das Einzige, was wir haben; wir können sie nicht ignorieren. Wir können genau den Schritt nicht gehen, den Vighi implizit befürwortet: Wir können nicht aus dem Bann der offiziellen Erzählung, welche die Notmaßnahmen rechtfertigt, ausbrechen und zu unserer alltäglichen Normalität zurückkehren.

Ein so katastrophales Nebenprodukt des Kapitalismus wie die Pandemie als Teil eines überlebensgroßen Plans aufzufassen, hat einen leicht paranoiden Einschlag. Es setzt voraus, dass China trotz aller geopolitischen und wirtschaftlichen Konflikte mit dem Westen irgendwie Teil desselben kapitalistischen Megaplans ist. Es setzt voraus, dass die Wissenschaft in vielen verschiedenen Ländern so leicht vom Establishment zu manipulieren ist. Natürlich aber ist Vighis Kritik an der vorherrschenden Auffassung der Pandemie entschieden *nicht* als paranoid zurückzuweisen: Er argumentiert durchgängig rational – er streift die Paranoia nur gefährlich.

Worin also besteht der Unterschied zwischen Verschwörungstheorien und kritischem Denken? Obwohl beide vom Misstrauen gegenüber der offiziellen Ideologie ausgehen, gehen Verschwörungstheorien noch einen verhängnisvollen Schritt weiter, und zwar nicht (nur) im Sinne der Manipulation von Fakten, sondern auf der formalen Ebene selbst. Ich beziehe mich oft auf Lacans Behauptung, die Eifersucht eines Ehemanns sei auch dann pathologisch, wenn all seine Verdächtigungen zuträfen (und seine Frau wirklich mit anderen Männern schliefe): Das pathologische Element ist das Bedürfnis des Ehemanns nach Eifersucht, weil sie ihm mehr oder weniger bewusst als die einzige Möglichkeit erscheint, seine Würde, ja sogar seine Identität zu bewahren. Im gleichen Sinne könnte man sagen, dass der Antisemitismus der Nazis auch dann pathologisch ist (und war), wenn das meiste von dem, was sie über Juden behaupten (dass sie Deutsche ausnutzen und deutsche Mädchen verführen), zuträfe (was natürlich nicht stimmt) – weil dabei verdrängt bleibt, *warum* die Nazis den Antisemitismus *brauch(t)en*, um ihre ideologische Position aufrechtzuerhalten. In der Vorstellung der Nazis ist die Gesellschaft ein organisches Ganzes harmonischen Miteinanders, und darum braucht es einen äußeren Eindringling, um sich Spaltungen und Antagonismen erklären zu können. Das Gleiche gilt für den heutigen Umgang der einwanderungsfeindlichen Populisten mit dem „Problem" der Flüchtlinge: Sie nähern sich ihm in einer Atmosphäre der Angst, des bevorstehenden Kampfs gegen die Islamisierung Europas, und dabei verstricken sie sich in eine

Reihe offensichtlicher Absurditäten. Alenka Zupančič wendet diesen Zusammenhang treffend und klar auf Verschwörungstheorien an: „Auch wenn es einige Verschwörungen wirklich gibt, so gehört doch etwas Pathologisches zu Verschwörungstheorien, ein Investitionsüberschuss, der sich nicht auf diese oder jene Fakten reduzieren lässt."[5] Zupančič macht drei miteinander verbundene Merkmale dieser Pathologie aus. Erstens sind Verschwörungstheorien „grundsätzlich mit Genießen verbunden – mit dem, was Lacan *jouis-sens* (ein Wortspiel mit *jouissance* [Genießen; *enjoyment*]), ‚enjoy-meant' oder das Genießen der Bedeutung nannte":[6] Corona-Skeptiker behaupten gerne, ihnen käme es lediglich auf eine freie Debatte an, auf die Bereitschaft, sich alle Seiten anzuhören und sich eine eigene Meinung zu bilden, im Gegensatz zum Dogmatismus der Experten und der Wissenschaft, die im Dienste des Establishments stehe. Sie beginnen mit Skepsis und zweifeln an allen offiziellen Theorien, dann aber heben sie diesen Zweifel (fast wie von Zauberhand) wieder auf, indem sie mit einer einheitlichen Gesamterklärung aufwarten – und diese Überwindung des Zweifels durch eine Gesamterklärung, einem Sinn des Ganzen, sorgt für einen immensen Mehr-Genuss.

Damit kommen wir zum zweiten Merkmal: Die verbreitete Auffassung, Verschwörungstheorien seien Teil unseres relativistischen Zeitalters der Postfaktizität, in dem jede Gruppe ihre eigene subjektive Wahrheit propagiert, ist schlichtweg falsch; Verschwörungstheoretiker glauben fanatisch an die Wahrheit, „sie nehmen die Kategorie der Wahrheit sehr ernst. Sie glauben, dass es die Wahrheit gibt; sie sind nur davon überzeugt, dass diese Wahrheit eine andere ist bzw. sich von der offiziellen unterscheidet".[7] Das dritte Merkmal (das im Übrigen Verschwörungstheorien in völligem Widerspruch zum Marxismus stehen lässt) ist die Vorstellung, dass die Wahrheit nicht einfach nur aus einem objektiven gesellschaftlichen Prozess besteht, sondern aus einer Verschwörung, einem Komplott eines aktiven, allmächtigen Akteurs, dessen Hauptziel darin besteht, uns zu täuschen, eines „Subjekts, das (uns) täuschen soll", das hinter dem scheinbaren Chaos steht (um Lacans Begriff des „Subjekts, das wissen soll", noch eine weitere Variante hinzuzufügen). Wie Zupančič feststellt, ist dabei eine Art Theologie eines bösen Gottes am Werk:

> Im Grunde handelt es sich dabei um den verzweifelten Versuch, die Handlungsfähigkeit des großen Anderen in Zeiten seiner Auflösung in einen verallgemeinerten Relativismus zu bewahren, einen Versuch, der nur um den Preis gelingen kann, dass der große Andere in den Bereich der Bösartigkeit und des Bösen verschoben wird. Die Beständigkeit des großen Anderen (als einer, der nicht „gebarrt" ist) kann sich in nichts anderem mehr manifestieren als in dem Anderen, der uns erfolgreich täuscht. Ein beständiger großer Anderer kann nur ein großer Täuscher (ein großer Schwindler oder Betrüger) sein, ein böser Anderer. Ein beständiger Gott kann nur ein böser Gott sein; nichts anderes ergibt einen Sinn. Aber besser ein böser Gott als gar kein Gott.[8]

Auf diese Weise verhält sich der Marxismus nur in seiner extremen stalinistischen Version: Die stalinistischen Säuberungen beruhten auf der Annahme, es gäbe ein großes reaktionäres Komplott, das alle vereinte, die sich der stalinistischen Parteilinie widersetzten. Natürlich tauchen in diesem Gedankengebäude unmittelbar auch Risse auf: Die abgeschaffte Ungewissheit kehrt wieder zurück, denn die „dogmatischen" Verschwörungstheorien sind in der Regel inkonsistent und folgen der Logik des von Freud zitierten Witzes über einen geliehenen Kessel: 1. Ich habe mir nie einen Teekessel von dir geliehen; 2. ich habe ihn dir unversehrt zurückgegeben; 3. der Kessel war schon kaputt, als ich ihn von dir bekam. Eine solche Aufzählung widersprüchlicher Argumente bestätigt natürlich durch Negation, was sie zu leugnen sucht – dass der anfangs intakte Kessel kaputt zurückgegeben wurde. Auch die Corona-Skeptiker verbinden mühelos eine Reihe widersprüchlicher Behauptungen miteinander: Es gibt kein Coronavirus; dieses Virus wurde absichtlich geschaffen (um die Bevölkerung zu dezimieren, die Menschen fester unter Kontrolle zu bringen, die kapitalistische Wirtschaft anzukurbeln usw.); es handelt sich um eine natürliche Krankheit, die viel milder verläuft, als in den Medien behauptet; die Impfstoffe sind gefährlicher als das Virus selbst usw.

In dieser seltsamen paranoiden Welt sagt Donald Trump die Wahrheit, während Greta Thunberg als eine Agentin des Großkapitals gilt. Ich persönlich kenne Menschen, die an Covid-19 gestorben sind; ich kenne Forscher, die das Virus aus verschiedenen Blickwinkeln (medizinisch, statistisch usw.) analysieren; ich kenne ihre Zweifel und Begrenztheiten, die sie offen zugeben und die zum wissenschaftlichen Arbeiten dazugehören. Für sie ist das Vertrauen in die Wissenschaft genau das Gegenteil dogmatischer Strenggläubigkeit: Es ist das Vertrauen in das Erforschen und Erkunden der Dinge, welches ständiger Entwicklung unterliegt.

Aus all diesen Gründen halte ich die Vorstellung eines riesigen Komplotts im Dienste des Kapitals für ungleich weniger glaubwürdig als die Vorstellung, dass die Pandemie brutale Realität ist: die brutale Realität eines kontingenten Ereignisses, das vom Establishment auf geschickte, aber in sich widersprüchliche Weise ausgenutzt wird. Die Pandemie, die offenkundig eine stärkere Zusammenarbeit und gesellschaftliche Abstimmung erfordert, löst zugleich eine Abwehrreaktion des Kapitals aus, eine sekundäre Reaktion, die sich um Schadensbegrenzung bemüht. Besonders problematisch finde ich allerdings die Vorstellung, dass die ökologische Bedrohung einen ähnlichen „Status" haben soll, dass auch sie angeblich erfunden (oder zumindest übertrieben) wurde, um den entstehenden neofeudalen Kapitalismus zu stärken. Die globale Erwärmung ist eine traumatische Realität, welche es ganz offensichtlich erfordert, die Wirtschaft einer Vergesellschaftung zu unterziehen; das kapitalistische Establishment tendiert weitgehend dazu, die Bedrohung herunterzuspielen, aber die Tatsache, dass die Gefahr (in einem sehr begrenzten Umfang) von der globalen Ordnung geschickt genutzt wird, ist von begrenzter, nachrangiger Bedeutung.

Ein weiterer Aspekt, der unsere Aufmerksamkeit bekommen sollte, ist der Umstand, dass Covid-19 Anfang 2020 plötzlich zum alles bestimmenden Thema in unseren Medien wurde und sämtliche anderen gesundheitlichen Problematiken und sogar politische Nachrichten vollkommen in den Hintergrund rücken ließ (obwohl andere Krankheiten und Unglücke auf der Welt viel mehr Leid verursacht und viel mehr Menschen das Leben gekostet haben). Mittlerweile sieht es anders aus. Obwohl die an Covid-19 Erkrankten weiterhin unter teils starken Symptomen leiden, werden viel weniger Lockdown- und andere Abwehrmaßnahmen ergriffen – das Modell dabei ist Großbritannien, das sämtliche Regelungen für das öffentliche Leben aufgegeben und die Verantwortung auf die Einzelnen selbst verlagert hat. (Auf diese Weise hat uns die Regierung unsere Freiheit zurückgegeben, aber das hat seinen Preis: Wir sind jetzt selbst schuld, wenn wir uns infizieren.) Die Medien sagen, so würden wir „lernen, mit dem Virus zu leben". Wie lässt sich dieser Wandel (der offensichtlich nicht im Einklang mit der Realität der Pandemie steht) erklären? Ist das Establishment zu dem Schluss gelangt, wir könnten wieder zu einer eingeschränkten Normalität zurückkehren, da die Lockdowns ihre wirtschaftliche und soziale Funktion erfüllt haben und die gesellschaftliche Kontrolle gut verankert ist? Viel besser ließe sich die merkwürdige Normalität, in die wir jetzt eintreten, mit der Psychologie der Massen erklären: In traumatischen Situationen folgt die Reaktion der Realität nicht unmittelbar; der permanente Ausnahmezustand erschöpft die Menschen, eine müde Gleichgültigkeit gewinnt langsam die Oberhand.

Es gilt hier jedoch noch einen Schritt weiter zu gehen. Panik wie auch ihr Gegenteil, Erschöpfung und Gleichgültigkeit, sind nicht nur Kategorien des psychischen Lebens; es kann sie (in der Form, die sie heute annehmen) nur als Momente im gesellschaftlichen Prozess der Statusveränderung des großen Anderen geben. Vor anderthalb Jahren hatten wir Panik wegen der Zerfallserscheinungen, die der große Andere, den wir teilen und dem wir vertrauen können, offenbarte: Es gab keine Instanz, die in der Lage gewesen wäre, eine glaubwürdige Gesamteinschätzung der Lage zu geben. Die Bedeutung dieser Dimension – der Verschiebungen in der symbolischen Produktionsweise – kam schon bei Marx zu kurz: Um Pandemien und globale Erwärmung zu bekämpfen, braucht es einen neuen großen Anderen – einen neuen Raum der Solidarität, der auf Wissenschaft und Emanzipation beruht.

In den laufenden Kämpfen und Konflikten ist es von besonders großer Bedeutung, die richtige Wahl zu treffen. Um eine Epoche zu charakterisieren, muss man nicht danach fragen, was sie eint; man muss vielmehr danach fragen, welche Spaltung sie definiert, welcher „Unterschied wirklich relevant ist". Die Befürworter der Vorstellung, der Klassenkampf sei *out*, behaupten oft, bei der großen Spaltung von heute handele es sich um eine neue Spaltung – etwa die zwischen dem liberalen Establishment und dem populistischen Widerstand. Für Jean-Claude Milner ist an die Stelle des Klassenkampfs die Spaltung zwischen Zionismus und Antisemitismus getreten, und es scheint, als verlaufe die Spaltung, auf die es zumindest in den Industrieländern in diesen Tagen ankommt, zwischen den Befürwortern von Maßnahmen zur Pandemiebekämpfung und denen, die sich ihnen widersetzen. Genau an diesem Punkt aber sollten wir auf dem Primat des Klassenkampfs bestehen, da er der entscheidende Faktor ist, der das Ganze „in letzter Instanz" bestimmt. Beim Antisemitismus ist dieser Zusammenhang klar: Antisemitismus ist ein deformierter Antikapitalismus; er „naturalisiert" die kapitalistische Profitmacherei und Ausbeutung in der Figur „des Juden", eines äußeren Eindringlings, der den Antagonismus in den Sozialkörper hineinbringt. Gilt

Ähnliches vielleicht auch für Corona-Leugner und -Skeptiker? Ähneln Verschwörungstheorien, die das Coronavirus leugnen, nicht irgendwie antisemitischen Theorien, zumindest den rechtspopulistischen, in denen der Antikapitalismus auf das Misstrauen gegenüber der Wissenschaft verlagert wird, von der es heißt, sie stehe im Dienst des Establishments aus Finanz-, Unternehmens- und Medizineliten? In beiden Fällen ist es von entscheidender Bedeutung, den Grundantagonismus nicht aus dem Blick zu verlieren und von seiner ideologischen Verschiebung zu trennen.

Der Konflikt zwischen Corona-Skeptikern und den Befürwortern der Maßnahmen zur Pandemiebekämpfung lässt sich also nicht unmittelbar auf unseren grundlegenden politischen Kampf übertragen; darum muss selbst ein radikaler Linker eine Wahl treffen. Am 9. September 2021 kündigte der US-amerikanische Präsident Joe Biden „Regelungen an, die eine Impfung gegen Covid-19 für die meisten staatlichen Mitarbeiter verpflichtend machen und die großen Arbeitgeber dazu anhalten, ihre Angestellten wöchentlich impfen oder testen zu lassen. Diese neuen Maßnahmen werden für etwa zwei Drittel aller Beschäftigten in den USA gelten. ‚Wir waren geduldig', sagte Biden in Richtung der Millionen von Amerikanern, die sich nicht gegen das Coronavirus impfen lassen wollten. ‚Aber jetzt geht uns langsam die Geduld aus, und Ihre Weigerung ist uns alle teuer zu stehen gekommen.'"[9] Ist das nun ein Schritt, der den Einzelnen der staatlichen Kontrolle ausliefern soll und ganz auf die Interessen des Großkapitals ausgerichtet ist? Nein: Ich nehme „naiv" an, dass Millionen davon profitieren werden.

Vighi stellte sich in diesem Zusammenhang auf die Seite von Agamben, der in einem Interview, das der Sammlung seiner Texte zur Pandemie angehängt ist,[10] auf die kritische Bemerkung, seine Ablehnung von Lockdownmaßnahmen rücke ihn in die Nähe von Trump und Bolsonaro, mit der Behauptung entgegnete, eine Wahrheit sei eine Wahrheit, egal, ob sie von rechts oder links vorgebracht werde. Agamben ließ dabei jedoch die Spannung zwischen Wahrheit und Wissen außer Acht: Ja, Wissen (eine Wahrheit im Sinne der adäquaten Darstellung eines bestimmten Sachverhalts) ist Wissen, aber der jeweilige Bedeutungshorizont kann diesem Wissen eine ganz andere Richtung geben. In der Tatsache, dass es in Deutschland um 1930 unter den Kunstkritikern viele Juden gab, kann eine unterschiedliche „Wahrheit" mitschwingen – je nachdem, ob sie als Bestätigung dafür gesehen wird, dass Juden eine große Sensibilität für Kunst besitzen, oder dafür, dass sie die künstlerische Produktion kontrollieren und in Richtung „Entartung" treiben. Obwohl Vighi sich gerade darum bemüht, hinter dem medizinischen Wissen, das die Maßnahmen zur Eindämmung der Pandemie rechtfertigt, eine gesellschaftliche Wahrheit zu erkennen, lässt er doch den komplexen gesellschaftlichen und materiellen Hintergrund der Pandemie unberücksichtigt. Die Kreisbewegung kapitalistischer Selbstreproduktion findet auf drei Ebenen statt, die miteinander verbunden sind. Einmal ist da der spekulative Tanz des Kapitals selbst; dann gibt es die sozialen Auswirkungen dieses Tanzes (die Verteilung von Reichtum und Armut, Ausbeutung, die Auflösung sozialer Bindungen); und die dritte Ebene umfasst den materiellen Prozess der Produktion und der Ausbeutung unserer Umwelt, der unsere gesamte Lebenswelt betrifft und im „Kapitalozän" als einem neuen geologischen Erdzeitalter gipfelt. Die Kehrseite des verrückten Tanzes des fiktiven Kapitals, das die Realität ignoriert, ist das Reale der riesigen Plastikberge, der Waldbrände und der globalen Erwärmung sowie der Belastung Hunderter Millionen Menschen durch Umweltverschmutzungen aller Art.

In dem Moment, da wir auch diese dritte Ebene vollständig berücksichtigen, können wir sehen, wie Pandemie und globale Erwärmung als materielles Produkt der kapitalistischen Weltwirtschaft entstehen. Ja, der Kapitalismus hat die Pandemie und die ökologische Bedrohung hervorgebracht – aber nicht als Teil einer brutalen Taktik, um seine eigene Krise zu überleben, sondern als

Ergebnis seiner immanenten Widersprüche. Die beste Formel zur Charakterisierung der Corona-Skeptiker ist daher Lacans *les non-dupes errent* („diejenigen, die sich nicht reinlegen lassen, irren am meisten"): Jene Skeptiker, die der öffentlichen Erzählung von einer Katastrophe (einer Pandemie, der globalen Erwärmung …) nicht trauen und darin ein größeres Komplott sehen, täuschen sich am meisten und übersehen dabei den eigentlichen Prozess, der die Katastrophe hervorgebracht hat. Vighi ist demnach allzu optimistisch: Pandemien und Wetterkatastrophen braucht man nicht zu erfinden; das System produziert sie von selbst.

1 Damit habe ich mich ausführlicher in meinem Teil des gemeinsam mit John Milbank verfassten Buchs *The Monstrosity of Christ* (MIT Press, Cambridge [MA] 2009), befasst.

2 Siehe Angela Nagle, *Kill All Normies*, Zero Books, New York 2017.

3 Mit dieser neuen Figur des großen Anderen habe ich mich in meinem Buch *Pandemie! II: Chronik einer verlorenen Zeit* (Passagen, Wien 2021) ausführlicher befasst.

4 Fabio Vighi, „A Self-Fulfilling Prophecy: Systemic Collapse and Pandemic Simulation", *The Philosophical Salon*, August 2021, thephilosophicalsalon.com/a-self-fulfilling-prophecy-systemic-collapse-and-pandemic-simulation, zuletzt abgerufen am 24.06.2022.

5 Alenka Zupančič, „A Short Essay on Conspiracy Theories", in: Dies. u. a., *Objective Fictions*, University Press, Edinburgh 2021, S. 233.

6 Ebd., S. 247.

7 Ebd., S. 235.

8 Ebd., S. 240.

9 Jeff Mason, „Attacking Anti-Vaccine Movement, Biden Mandates Widespread Covid-Shots, Tests", *Reuters*, 09.09.2021, www.reuters.com/world/us/biden-deliver-six-step-plan-covid-19-pandemic-2021-09-09, zuletzt abgerufen am 24.06.2022.

10 Giorgio Agamben, *An welchem Punkt stehen wir? Die Epidemie als Politik*, Turia+Kant, Wien 2021.

24
Letzter Ausstieg: Kommunismus

Die jüngsten Daten verdeutlichen es: Auch nach den (sehr ungleichmäßig verteilten) weltweiten Impfungen können wir es uns nicht erlauben, uns zurückzulehnen und zur alten Normalität zurückzukehren. Die Pandemie ist noch immer nicht vorbei (die Infektionszahlen steigen wieder, es stehen neue Lockdowns bevor), und am Horizont kündigen sich schon die nächsten Katastrophen an. Ende Juni 2021 sorgte eine „Hitzekuppel" über dem Nordwesten der USA und dem Südwesten Kanadas für Temperaturen von fast 50 Grad Celsius. Dabei handelt es sich um ein Wetterphänomen, bei dem ein Hochdruckrücken warme Luft einschließt und komprimiert, was die Temperaturen stark ansteigen lässt und die Region entsprechend aufheizt. In Vancouver war es damit heißer als im Nahen Osten. Diese anormale Wettererscheinung ist jedoch lediglich der Höhepunkt eines Geschehens, das eine viel größere Dimension hat: In den letzten Jahren wurden in Nordskandinavien und Sibirien regelmäßig Temperaturen von über 30 Grad Celsius gemessen. Die Weltorganisation für Meteorologie bemüht sich aktuell um den Nachweis der höchsten Temperatur, die nördlich des Polarkreises je gemessen wurde, nachdem eine Wetterstation im sibirischen Werchojansk am 20. Juni 38 Grad verzeichnet hatte. In der russischen Stadt Oimjakon, die als der kälteste bewohnte Ort der Erde gilt, kletterte das Thermometer im selben Monat auf rekordverdächtige 31,6 Grad. „Der Klimawandel", so lautete eine Schlagzeile, „brät die nördliche Hemisphäre."[1]

Die Hitzekuppel war zwar ein lokales Phänomen, resultierte aber aus einer globalen Störung klimatischer Abläufe, die eindeutig auf die Menschen und ihre Eingriffe in die natürlichen Kreisläufe zurückzuführen ist. Die katastrophalen Folgen dieser Hitzewelle für das Leben im Meer machen sich schon jetzt bemerkbar: „Experten zufolge hat die Hitzekuppel vermutlich eine Milliarde Meerestiere getötet", heißt es in *The Guardian*. „Ein Wissenschaftler aus British Columbia stellt fest, die Hitze habe die Muscheln praktisch gekocht: ‚Normalerweise knirscht es nicht unter den Füßen, wenn man am Ufer entlangläuft.'"[2] Während es insgesamt immer heißer wird, führt dieser Prozess auf lokaler Ebene zu extremen Wetterereignissen. Diese lokalen Extreme werden sich früher oder später verbinden und zu einer Reihe globaler Kipppunkte zusammenballen.

Die verheerenden Überschwemmungen in Deutschland und Belgien im Juli 2021 sind nur das jüngste Zeichen dafür, dass das Klimasystem dabei ist zu kippen – wer weiß, was uns als Nächstes erwartet. So viel aber ist sicher: Die Katastrophe kommt nicht erst noch; sie ist schon längst da. Und sie ereignet sich nicht einfach nur in irgendeinem fernen afrikanischen oder asiatischen Land, sondern genauso auch bei uns, im Herzen des „entwickelten Westens".

Um es klar zu sagen: Wir werden uns daran gewöhnen müssen, mit mehreren Krisen gleichzeitig zu leben.

Hitzewellen sind zumindest teilweise auf die rücksichtslose industrielle Ausbeutung der Natur zurückzuführen, ihre Auswirkungen hängen aber nicht zuletzt auch von der gesellschaftlichen Organisation ab. Anfang Juli 2021 stiegen die Temperaturen im Süden des Irak auf über 50 Grad. Gleichzeitig brach die Stromversorgung völlig zusammen (nichts funktionierte mehr: weder Klimaanlage noch Kühlschrank noch Licht). Die Gegend verwandelte sich in eine Hölle auf Erden. Die verheerenden Folgen waren dabei zweifellos auch der enormen Korruption im Irak geschuldet, die dafür sorgt, dass Milliarden aus dem staatlichen Ölgeschäft in privaten Taschen verschwinden.

Nüchtern betrachtet, legen diese (und viele weitere) Fakten einen einfachen Schluss nahe. Alles Lebende, sei es als Kollektiv oder als Individuum, hat eine letzte Ausstiegsmöglichkeit – den Tod. (Daher hat Derek Humphry sein 1992 erschienenes Buch über Sterbehilfe und Selbsttötung mit Recht *Final Exit* genannt.) Die ökologischen Krisen, die in jüngster Zeit über uns hereinbrechen, geben einen ziemlich realistischen Ausblick auf den letzten Ausstieg der Menschheit selbst – den kollektiven Selbstmord. Gibt es noch eine letzte Möglichkeit, wie wir den Weg, der uns ins Verderben führt, verlassen können, oder ist es dafür schon zu spät? Sind wir bereits an dem Punkt angelangt, an dem uns nichts anderes mehr bleibt, als darüber nachzudenken, wie wir uns auf diesem Weg unnötige Schmerzen ersparen können?

Was sollen wir in dieser Lage also tun? Vor allem sollten wir uns dem verweigern, was gern als der Weisheit letzter Schluss vorgetragen wird. Sich in die bequeme Bescheidenheit unserer Endlichkeit und Sterblichkeit zu flüchten ist keine Option; es ist ein trügerischer Ausweg, der genauso nur in die Katastrophe führt. Als „universelle Wesen" im Sinne von Karl Marx sollten wir lernen, unsere Umwelt in ihrer komplexen Zusammensetzung anzunehmen, und dazu gehört auch das, was wir als Müll oder Verschmutzung wahrnehmen, sowie das, was wir nicht unmittelbar wahrnehmen können, weil es zu groß oder zu winzig ist (Timothy Mortons „Hyperobjekte"). Wie der Essayist und Kritiker Morgan Meis ausführte, bedeutet für Morton ökologisch zu sein nicht, „Zeit in einem unberührten Naturschutzgebiet zu verbringen, sondern das Unkraut, das sich seinen Weg durch einen Riss im Beton bahnt, in seinem Eigenwert zu schätzen, und dann den Beton entsprechend zu würdigen."

Auch dieser ist ein Teil der Welt und genauso ein Teil von uns. Die Wirklichkeit, schreibt Morton, ist bevölkert von „seltsamen Fremden" – Dingen, die „erkennbar und doch unheimlich" sind. Diese seltsame Fremdheit ist

> ein irreduzibler Teil eines jeden Felsens oder Baumes, jedes Terrariums oder jeder Freiheitsstatue aus Plastik, jedes Quasars oder Schwarzen Lochs und jedes Seidenäffchens, das einem vielleicht irgendwo über den Weg läuft; indem wir diese Fremdheit annehmen, suchen wir die Objekte nicht länger zu beherrschen, sondern lernen, sie in ihrer Ungreifbarkeit zu achten. Während die Dichter der Romantik von der Schönheit und Erhabenheit der Natur schwärmten, reagiert Morton auf ihre allgegenwärtige Seltsamkeit; zur Kategorie des Natürlichen gehört alles, was beängstigend und hässlich, was künstlich, schädlich oder störend ist.[3]

Ist das Schicksal, das die Ratten im Zuge der Pandemie in Manhattan erlitten, nicht ein perfektes Beispiel für das komplexe Zusammenspiel der Dinge? Manhattan ist ein lebendiger Organismus aus Menschen, Kakerlaken – und Millionen von Ratten. Als während des Lockdowns sämtliche Restaurants geschlossen waren, fehlte den Ratten, die sich von deren Essensabfällen ernähren, ihre Nahrungsquelle. Es kam zu einer Hungersnot, der eine große Zahl von Ratten zum Opfer fiel; man entdeckte viele Tiere, die ihre eigenen Nachkommen fraßen. Die Schließung von Restaurants, die zwar die Essgewohnheiten der Menschen veränderte, aber keinerlei echte Bedrohung für sie darstellte, war eine Katastrophe für die Ratten, unsere alten Kameraden. Ein weiteres, vergleichbares Unglück aus der jüngeren Geschichte ließe sich als „Alter Kamerad Spatz" betiteln. Im Jahr 1958, zu Beginn des „Großen Sprungs nach vorn", verkündete die chinesische Regierung: „Vögel sind öffentliche Tiere des Kapitalismus". Gleichzeitig setzte sie eine groß angelegte Kampagne zur Eliminierung der Spatzen in Gang – die Vögel hatten ihren Argwohn auf sich gezogen, da man schätzte, dass ein Spatz jährlich etwa zwei Kilo Getreide verzehrte. Spatzennester wurden zerstört, Eier zerbrochen und Küken getötet; Millionen von Menschen rotteten sich zusammen und schlugen lautstark auf Töpfe und Pfannen, um die Spatzen daran zu hindern, sich in ihren Nestern auszuruhen; die Tiere sollten vor

Erschöpfung sterben. Diese massenhaften Angriffe dezimierten den Spatzenbestand beträchtlich und hätten beinahe für das Aussterben der Vögel gesorgt. Im April 1960 aber musste sich die chinesische Führung zu der Erkenntnis durchringen, dass Spatzen auch große Mengen von Insekten fressen, die sich auf den Feldern tummeln. So hatten sich die Reiserträge nach der Kampagne nicht etwa erhöht, sondern waren sogar erheblich gesunken: Die nahezu erfolgte Ausrottung der Spatzen hatte das ökologische Gleichgewicht gestört, und die Insekten vernichteten die Ernten, da sie keine natürlichen Fressfeinde mehr hatten. Als sich diese Einsicht durchsetzte, war es allerdings bereits zu spät: Da es kaum noch Spatzen gab, schnellte die Heuschreckenpopulation in die Höhe; die Schwärme überzogen das Land und verschlimmerten die ökologischen Probleme, die durch den „Großen Sprung nach vorn" verursacht worden waren, einschließlich der ausgedehnten Abholzung und des Missbrauchs von Giften und Pestiziden. Das dadurch verursachte ökologische Ungleichgewicht wird für die Verschärfung der Großen Chinesischen Hungersnot, bei der 15 bis 45 Millionen Menschen an Unterernährung starben, mit verantwortlich gemacht. Die chinesische Regierung sah sich schließlich gezwungen, 250.000 Spatzen aus der Sowjetunion einzuführen, um die heimische Population wieder aufzustocken.[4]

Also nochmal: Was können und was müssen wir in dieser unerträglichen Situation tun? (Unerträglich ist sie, weil wir akzeptieren müssen, dass wir nur eine unter vielen Spezies auf der Erde sind, und doch gleichzeitig die unmögliche Aufgabe schultern müssen, uns als universelle Verantwortungsträger für das Leben auf der Erde zu betätigen.) Da wir es versäumt haben, andere, vielleicht einfachere Ausstiegsmöglichkeiten aus dieser Lage zu nutzen (die Temperaturen steigen weltweit an, die Meere werden immer weiter verschmutzt), scheint der letzte Ausstieg auf unserem Weg in den Untergang mehr und mehr eine Version dessen zu sein, was man einmal „Kriegskommunismus" nannte. Mir schwebt dabei nicht irgendeine Art von Rehabilitierung oder Fortführung des „real existierenden Sozialismus" des 20. Jahrhunderts vor und noch weniger die weltweite Übernahme des chinesischen Modells. Ich denke vielmehr an eine Reihe von Maßnahmen, die sich aus der Situation selbst zwingend ergeben. Wenn wir alle (nicht nur die Bewohner von einem oder zwei Ländern) einer Gefahr ausgesetzt sind, die uns existenziell in unserem Überleben bedroht, dann treten wir in einen kriegsähnlichen Ausnahmezustand ein, der mindestens einige Jahrzehnte andauern wird. Angesichts nie da gewesener Herausforderungen – wie der Verdrängung von möglicherweise Hunderten Millionen von Menschen aufgrund der globalen Erwärmung – werden wir all unserer Ressourcen mobilisieren müssen, um nur die Mindestvoraussetzungen unseres Fortbestehens sichern zu können.

Die Antwort auf verheerende Lokalereignisse wie die „Hitzekuppel", die Nordamerika 2021 in einen Glutofen verwandelte, darf sich nicht auf Hilfe für die betroffenen Gebiete beschränken. Mindestens ebenso wichtig ist es, die globalen Ursachen solcher Geschehnisse zu bekämpfen. Und wie die unverändert katastrophale Lage im Südirak vor Augen führt, wird dafür ein Staatsapparat nötig sein, der in der Lage ist, auch unter katastrophalen Bedingungen ein Mindestmaß an Unterstützung für die Bevölkerung zu gewährleisten, um den Ausbruch sozialer Konflikte zu verhindern.

Das alles lässt sich unter anderem nur durch eine starke und verpflichtende internationale Zusammenarbeit, die gesellschaftliche Kontrolle und Regulierung von Landwirtschaft und Industrie, die Änderung unserer grundlegenden Essgewohnheiten (weniger Rindfleisch), eine globale Gesundheitsversorgung erreichen – so zumindest die Hoffnung. Die repräsentative politische Demokratie allein wird diese Aufgabe jedenfalls nicht bewältigen können. Dazu braucht es die Verbindung einer viel stärkere Exekutive, die in der Lage ist, langfristige Verpflichtungen durchzusetzen, mit lokaler Selbstorganisation sowie einem starken internationalen Gremium, das sich darüber hinwegsetzen kann, was unkooperative Nationalstaaten wollen.

Ich spreche hier nicht von einer neuen Weltregierung – ein solches Gebilde brächte nur die Gefahr enormer Korruption mit sich. Und ich spreche auch nicht vom Kommunismus im Sinne der Abschaffung von Märkten – den Wettbewerb auf dem Markt sollte es weiterhin geben, nur eben unter regulativer Aufsicht des Staates und gesellschaftlich kontrolliert. Warum verwende ich dennoch den Begriff „Kommunismus"? Das, was wir jetzt und künftig zu tun haben, umfasst vier Aspekte, die für jedes wirklich radikale Regime kennzeichnend sind. Erstens benötigt es eine Willensanstrengung: Nur weil Veränderungen zwingend nötig sind, treten sie nicht notwendigerweise auch ein; sie müssen vielmehr gegen die spontane Tendenz der Geschichte durchgesetzt werden – wie Walter Benjamin es ausdrückte, müssen wir in dem rollenden Zug der Geschichte nach der Notbremse greifen. Der zweite Aspekt ist die gerechte Gleichbehandlung: Dazu gehören weltweite Solidarität, globale Gesundheitsversorgung und ein menschenwürdiges Leben für alle Menschen auf diesem Planeten. Drittens umfasst das von uns geforderte Tun auch Elemente dessen, was eingefleischten Liberalen nur als „Terror" erscheinen kann. Mit den Maßnahmen zur Eindämmung der anhaltenden Pandemie haben wir bereits eine Vorstellung davon bekommen, in welche Richtung es gehen muss: Eine ganze Reihe persönlicher Freiheiten müssen beschränkt werden, dazu kommen neue Formen der Kontrolle und Regulierung. Der vierte Aspekt schließlich ist das Vertrauen in die Menschen: Ohne die aktive Beteiligung der einfachen Leute kann es nichts werden.

Das alles ist keine morbide dystopische Vision, sondern das Ergebnis einer ebenso einfachen wie realistischen Einschätzung der Lage, in der wir uns befinden. Schlagen wir diesen Weg nicht ein, wird das Geschehen verrückte Formen annehmen. In den

USA und in Russland zeichnen sich diese Entwicklungen schon heute in Umrissen ab: Dort bereitet sich die herrschende Elite auf den Ernstfall vor, indem sie gigantische unterirdische Bunker errichtet, in denen Tausende Menschen monatelang überleben können. Begründet wird das damit, dass die Regierung auch unter schwierigsten Umständen in der Lage sein müsse, ihre Arbeit fortzuführen – also auch dann, so muss man das wohl übersetzen, wenn es keine Menschen mehr auf der Erde gibt, über die sie ihre politische Macht ausüben könnte.

Unsere politischen und wirtschaftlichen Eliten stellen sich bereits auf dieses Szenario ein – offensichtlich wissen sie, was die Stunde geschlagen hat. Auch wenn realistischerweise nicht davon auszugehen ist, dass die Superreichen irgendwo anders im Weltraum leben werden, so kann man doch zu dem Schluss kommen, dass die Bemühungen von Personen wie Musk, Bezos oder Branson, private Flüge ins All zu organisieren, gleichwohl Ausdruck einer solchen Fantasie sind. Offensichtlich glauben diese Leute, sie könnten der Katastrophe, die uns in unserem Fortbestehen auf der Erde bedroht, entfliehen. Was aber erwartet uns, die wir nirgendwohin entkommen können?

1 Siehe: „Climate change is frying the Northern Hemisphere with unprecedented heat. Hundreds dead and a town destroyed." – *CNN* auf *Twitter*.

2 „'Heat Dome' Probably Killed 1bn Marine Animals on Canada Coast, Experts Say", *The Guardian*, www.theguardian.com/environment/2021/jul/08/heat-dome-canada-pacific-northwest-animal-deaths, zuletzt abgerufen am 20.05.2022.

3 „Timothy Morton's Hyper-Pandemic", *The New Yorker*, 08.06.2021, www.newyorker.com/culture/persons-of-interest/timothy-mortons-hyper-pandemic, zuletzt abgerufen am 01.06.2022.

4 Siehe Wikipedia: „Four Pests Campain", en.wikipedia.org/wiki/Four_Pests_campaign, zuletzt abgerufen am 23.05.2022.

25
Die Taliban und das unvollendete Projekt der Moderne

Mit fanatischem Eifer bekämpfen amerikanische und europäische Rechtspopulisten den muslimischen Fundamentalismus, in dem sie die größte Gefahr für die christlich-abendländische Zivilisation sehen – Europa stehe kurz davor, sich in ein „Europastan" zu verwandeln, so sagen sie gerne; den Rückzug der US-amerikanischen Truppen aus Afghanistan betrachten sie als die größtmögliche Demütigung der USA. Seit Kurzem aber passieren erstaunliche Dinge. Nach jüngsten Analysen der *SITE Intelligence Group*, einer amerikanischen NGO, die Online-Aktivitäten suprematistischer und dschihadistischer Organisationen verfolgt, „wird die Machtergreifung der Taliban unter Suprematisten ‚als vorbildliches Beispiel für die Liebe zur Heimat, zur Freiheit und zur Religion' gewürdigt."

> US-amerikanische Neonazis und gewaltbereite Akzelerationisten, die hoffen, einen aus ihrer Sicht unvermeidlichen „Rassenkrieg" anzetteln zu können, an dessen Ende ein Staat nur für Weiße stehen würde, loben die Taliban für ihren Antisemitismus, ihre Homophobie und die starke Einschränkung der Frauenrechte. So heißt es in einem von den *Proud Boys* auf Telegram veröffentlichten Post: „Diese Männer, allesamt Bauern und kaum ausgebildet, haben dafür gekämpft, sich ihr Land von den *Globohomo* zurückzuholen. Sie haben die Regierung wieder übernommen, ihre Religion zum Gesetz gemacht und Abweichler hingerichtet. [...] Hätten die weißen Männer im Westen so großen Mut wie die Taliban,

> würden wir heute nicht von den Juden beherrscht." „Globohomo" ist dabei ein Schmähwort für „Globalisten", mit dem Verschwörungsgläubige ihre Feinde bezeichnen (die böse globale Elite, welche die Medien, den Finanzsektor, das politische System usw. kontrolliert)."[1]

Die Sympathie, die US-amerikanische Rechte für die Taliban zeigen, sagt mehr aus, als sie glauben. Denn was wir in Afghanistan sehen, wünschen sich rechte Populisten auch in unseren Ländern, wenngleich nicht in dieser extremen Form. Es ist offensichtlich, dass die beiden Seiten eine Stoßrichtung teilen: Es geht gegen *Globohomo*, gegen die neue globale Elite, die Gender-Ideen und den Multikulturalismus verbreitet und so die altgewohnte Lebensweise lokaler Gemeinschaften untergräbt. Damit aber relativiert sich der Gegensatz zwischen rechtem Populismus und islamischem Fundamentalismus. Rechtsgerichtete Populisten haben kein grundsätzliches Problem mit anderen Lebensweisen. Sie können sich eine Koexistenz nicht nur mit Muslimen, sondern auch mit Juden ohne Weiteres vorstellen, sofern alle auf angemessener Distanz bleiben. Darum ist die neue Rechte antisemitisch und prozionistisch zugleich. Sie lehnt Juden ab, die in einem ihrer Länder bleiben und sich dort assimilieren wollen, hat aber nichts gegen Juden, die in ihr eigenes Land zurückgehen, oder, wie es Reinhardt Heydrich, der maßgebliche Organisator des Holocaust, 1935 formulierte: „Die in Deutschland lebenden Juden gliedern sich in zwei Gruppen, die Zionisten und Assimilanten [...]. Die Zionisten vertreten [...] einen starken Rassestandpunkt und streben mit der Auswanderung nach Palästina die Schaffung eines eigenen jüdischen Staates an [...]. Unsere Wünsche, verbunden mit staatlichem Wohlwollen, begleiten sie."[2]

Eher als diese Entwicklungen am rechten Rand verwundert es vielleicht (obgleich es nicht wirklich überrascht), dass auch manche Linke auf diesen Zug aufspringen: Zwar bedauern sie, wie es den Frauen unter den Taliban ergeht, dennoch betrachten sie den

Rückzug der Amerikaner als große Niederlage des global-kapitalistischen Neokolonialismus und sehen ein Scheitern der westlichen Versuche, anderen Ländern die eigenen Vorstellungen von Freiheit und Demokratie aufzuzwingen. Diese gedankliche Nähe beschränkt sich nicht allein auf die Haltung gegenüber den Taliban; man findet sie auch unter den Impf- und Maßnahmenverweigerern im Zusammenhang mit der Pandemie.

Die jüngsten Enthüllungen bezüglich der Überwachungssoftware Pegasus sind nur eine weitere Bestätigung des allgemeinen Misstrauens den sozialen Kontrollpraktiken gegenüber. Sie können aber auch zu erklären helfen, warum viele von uns der Impfung mit solcher Skepsis begegnen: Wenn alles überwacht wird, wenn sämtliche Datenflüsse und all unsere sozialen Aktivitäten der Kontrolle unterliegen, dann erscheint das Innere des Körpers als letzte Insel, die dieser Aufsicht noch entgeht. Mit der Impfung aber wäre scheinbar auch diese letzte Insel uneingeschränkter Intimität dem Zugriff durch Staatsapparate und Pharmakonzerne ausgeliefert. Man könnte also sagen, die Impfskepsis ist der „falsch adressierte" Preis, den wir dafür zahlen, dass wir Pegasus in all seinen Versionen ausgesetzt sind. Und weil die Maßnahmen zur Bekämpfung der Pandemie weitgehend wissenschaftlich begründet werden, während der Impfstoff ebenfalls eine wissenschaftliche Errungenschaft ist, speist sich der skeptische Widerstand gegen die Impfung auch aus dem Verdacht, die Wissenschaft stehe im Dienst sozialer Kontrolle und Manipulation.

Darüber hinaus erleben wir gerade, wie die Autorität des von Lacan sogenannten „großen Anderen" – des Raums gemeinsam geteilter Werte, in dem sich unsere Differenzen und Identitäten erst richtig entfalten können – allmählich verfällt (oft spricht man in dem Zusammenhang auch vom „postfaktischen Zeitalter", womit das Phänomen sicher nicht richtig bezeichnet ist). Der liberale Widerstand, der im Namen der Menschenrechte gegen das Impfen erhoben wird, lässt einen wehmütig an den

„demokratischen Sozialismus" leninistischer Prägung denken (in freien und demokratischen Debatten wird um Entscheidungen gerungen; ist aber einmal eine getroffen, müssen sich ihr alle fügen). Diesen demokratischen Sozialismus sollte man im Sinne der kantischen Aufklärungsformel verstehen, die da nicht etwa lautet: „Füge dich nicht, denke selbstständig!", sondern: „Denke selbstständig, äußere deine Gedanken öffentlich *und füge dich*!" Sie gilt entsprechend auch für Impfskeptiker: Diskutiere, mache deine Zweifel öffentlich, aber füge dich in die Vorgaben, wenn die öffentliche Gewalt sie einmal erlassen hat. Ohne einen solchen praktischen Konsens werden wir allmählich in eine Gesellschaft abdriften, die aus lauter Stammesgruppen besteht.

Die vielleicht tiefste Kluft, die sich hier auftut, ist die zwischen dem Bild der Wirklichkeit, das uns die Wissenschaft bietet, und den intuitiven Anschauungen der Welt, wie sie sich mit unserer gewohnten Lebensweise verbinden. Diese gewohnte „Normalität" ist auf der Seite der Impfgegner. Sie können einfach nicht akzeptieren, dass die Probleme, vor denen wir mittlerweile stehen – Pandemie, globale Erwärmung, soziale Unruhen usw. –, das Ende unserer Lebensweise bedeuten können. Menschen, die aufgrund eines Nierenleidens auf regelmäßige Dialyse angewiesen sind, betonen häufig, wie schwer, ja mitunter unmöglich zu akzeptieren es sei, dass ihr Überleben von dieser prothetischen Unterstützung abhängt: Da draußen ist eine große Maschine, und mein Körper kann nur dann richtig funktionieren, wenn ich mich regelmäßig an sie anschließe und sie zuverlässig arbeitet. Die Aussicht auf Impfung konfrontiert uns mit einer ähnlich schwer zu akzeptierenden Tatsache: Nur das erfolgreiche Wiederholen des Vorgangs bewahrt uns vor dem Schlimmsten.

Populistische Rechte und freiheitliche Linke teilen das gleiche Misstrauen gegenüber dem gesamten Spektrum öffentlicher Gewalt: polizeilichen Verordnungen, gesundheitspolitischer Kontrolle sowie Vorschriften, die von medizinischen und pharmazeutischen

Einrichtungen, großen Unternehmen und Banken getragen werden. Beide wollen sich diesem Druck widersetzen, um der Freiheit Raum zu verschaffen – doch im Namen wovon? Die Linke – sofern sie diese Bezeichnung noch verdient – sollte hier einen Schritt weiter gehen. Es ist nicht genug, dem Establishment (was auch immer man dafür hält) im Namen einer authentischeren Existenzweise Widerstand entgegenzubringen: Man sollte auch die „Kritik der Kritik" praktizieren und die „authentische" Position, in deren Namen man Widerstand leistet, als Problem in den Blick nehmen. Es ist leicht zu erkennen, dass der populistische Impfwiderstand in den USA auf die Verteidigung des „American Way of Life" mit seinem zügellosen Individualismus, dem öffentlichen Waffentragen, seinem Rassismus usw. abzielt. Bei der linken Idee, die die Impfskeptiker in ihrer Haltung stützt, handelt es sich in der Regel um die Idee der direkten Demokratie kleiner Gruppen, deren Mitglieder in einer transparenten Gesellschaft ohne entfremdete Machtzentren leben wollen. Demgegenüber sind die von den Taliban vertretenen Vorstellungen unmittelbar als Problem zu erkennen. Das Paradoxe ist daher, dass man, um die äußere Bedrohung (durch die Herrschaft der Globalisten) abzuwenden, damit beginnen muss, wesentliche Teile dessen zu opfern, was man als bedroht empfindet.

Wir sollten lernen, auf die Wissenschaft zu vertrauen: Nur mit ihrer Hilfe werden wir unsere Probleme bewältigen können (die teilweise von der Wissenschaft im Dienst der Macht selbst verursacht wurden). Wir sollten lernen, auf die öffentliche Gewalt zu vertrauen: Nur eine solche Autorität ermöglicht es, Gefahren wie Pandemien und Umweltkatastrophen über die Durchsetzung notwendiger Maßnahmen zu begegnen. Wir sollten lernen, auf den „großen Anderen" zu vertrauen, den Raum gemeinsam geteilter Grundwerte – ohne ihn kann es keine Solidarität geben. Wir brauchen nicht die Freiheit, anders zu sein, sondern die Freiheit, uns zu entscheiden, wie wir auf neue Weise die sein können, die wir sind. Schließlich, und das ist vielleicht am schwierigsten, sollten wir bereit sein, eine ganze Reihe von selbstverständlichen Glaubenssätzen und Praktiken aufzugeben, die unsere Lebensweise zentral ausmachen. Wahrhaft konservativ zu sein, sich für das einzusetzen, was an unserer Tradition erhaltenswert ist, das bedeutet heute, auf grundlegende Veränderungen hinzuwirken. Das alte konservative Motto, wonach sich einiges ändern muss, damit alles bleiben kann, wie es ist, hat in der Gegenwart neues Gewicht erhalten: Vieles wird sich radikal ändern müssen, wenn wir unsere Menschlichkeit bewahren wollen. Was aber die Taliban und die rechten Populisten machen, kann nur in einer posthumanen Gesellschaft enden.

Immer wieder heißt es, der Westen sei in Afghanistan gescheitert, weil er versucht habe, seine eigenen Vorstellungen von Demokratie und Freiheit durchzusetzen, ohne die örtlichen Gegebenheiten und Traditionen zu berücksichtigen. Sieht man allerdings genauer hin, wird klar, dass der Westen eben nicht so vorgegangen ist. Er hat gerade versucht, Verbindungen zu Gruppierungen vor Ort aufzubauen – das Ende vom Lied war, dass man unter anderem mit lokalen Warlords Abkommen schloss. Langfristig kann bei solchen Versuchen nichts anderes herauskommen, als dass globaler Kapitalismus und lokaler Nationalismus eine ungute Verbindung eingehen, wie wir es in der Türkei sehen – kein Wunder, dass die Taliban gute Beziehungen zur türkischen Regierung pflegen. Afghanistan wurde nicht etwa zu stark modernisiert, sondern falsch, nämlich durch das, was in unserer eigenen Moderne schiefgelaufen ist, und das fing mit der sowjetischen Besatzung an. Die Moderne, so sagte es Jürgen Habermas vor Jahrzehnten, ist ein unvollendetes Projekt – und die Taliban sind der Beweis dafür.

1 Geneva Sands, „White Supremacists Praise of the Taliban Takeover Concerns US Officials", *CNN*, 01.09.2021 edition.cnn.com/2021/09/01/politics/far-right-groups-praise-taliban-takeover/index.html, zuletzt abgerufen am 20.06.2022.

2 Reinhard Heydrich, „Wandlungen unseres Kampfes", zitiert nach: www.worldfuturefund.org/wffmaster/Reading/Germany/Wandlungen.htm, zuletzt abgerufen am 20.06.2022.

26

Assange gegen den digitalen Neofeudalismus und die liberale Selbstgefälligkeit

Der Oberste Gerichtshof Großbritanniens hat entschieden, dass Julian Assange an die USA ausgeliefert werden kann. Damit haben die USA die Berufung gegen ein britisches Gerichtsurteil vom Januar 2021 gewonnen, nach dem Assange aufgrund von Bedenken, was seine psychische Gesundheit betrifft, nicht ausgeliefert werden könne. Diese neueste Wendung in dem endlosen Gezerre um seine Person ist nur der Höhepunkt einer von langer Hand geplanten und sorgfältig durchgeführten Kampagne zur Zerstörung seines Ansehens. Mit den unbestätigten Gerüchten, die ecuadorianische Botschaft in London habe ihn loswerden wollen, weil er schlecht rieche und verschmutzte Kleidung trage, ist sie auf einem kaum noch zu unterbietenden Tiefpunkt angekommen.

In der ersten Phase der Angriffe traten Assanges ehemaligen Freunde und Mitarbeiter mit der Behauptung an die Öffentlichkeit, WikiLeaks sei, nachdem man gut begonnen habe, durch seine Parteilichkeit (die zwanghafte Antihaltung gegenüber Hilary Clinton, die verdächtigen Verbindungen nach Russland usw.) in der Entwicklung stecken geblieben. Darauf folgten Diffamierungen, die sich unmittelbar gegen seine Person richteten: Assange sei paranoid und arrogant, von Macht besessen und ein Kontrollfreak. Mittlerweile sind wir auf der unmittelbar körperlichen Ebene von Gerüchen und Flecken angekommen. Das Einzige aber, was in dieser endlosen Geschichte wirklich übel riecht, sind einige Mainstream-Feministinnen, die unter dem Motto „Keine Hilfe für Vergewaltiger“ jegliche Solidarität mit Assange verweigern. Offenbar wiegt eine kleine Übertretung politisch korrekter Regeln schwerer als die Tatsache, dass hier jemand zum Opfer von Staatsterror wird.

Ist Assange ein Paranoiker? Nun ja, wer wäre das nicht, wenn er in einer Wohnung lebt, die von oben bis unten verwanzt ist, und ununterbrochen geheimdienstlich überwacht wird? Ist er größenwahnsinnig? Wenn der (ehemalige) Chef der CIA sagt, die Verhaftung von Person X habe für ihn oberste Priorität, heißt das dann nicht, dass sie zumindest für einige Leute eine „große“ Bedrohung darstellt? Hat sich Assange benommen, als leite er eine Spionageorganisation? Aber WikiLeaks *ist* eine Spionageorganisation, wenn auch eine, die den Menschen dient und sie darüber informiert, was hinter den Kulissen vor sich geht. Warum also ist Assange ein solches Trauma für das Establishment? Woher rührt der lächerlich übersteigerte Wunsch nach Rache? Womit haben Assange, seine Kollegen und Informationsquellen das verdient? In gewisser Weise kann man die Behörden verstehen: Assange und Mitstreiter wie Edward Snowden werden oft beschuldigt, Verräter zu sein, doch sie sind (in den Augen der Behörden) etwas noch viel Schlimmeres:

> Selbst wenn Snowden seine Informationen diskret an einen anderen Nachrichtendienst verkaufen würde, würde dies dennoch in einen patriotischen Zusammenhang gerückt und er, falls nötig, als „Verräter“ liquidiert. Im Fall von Snowden haben wir es jedoch mit etwas ganz anderem zu tun, nämlich mit einer Geste, die gerade die Logik, den Status quo, welcher der gesamten „westlichen“ (Nicht-)Politik seit geraumer Zeit als einzige Grundlage dient, infrage stellt. Diese Geste riskiert gleichsam alles, ohne Rücksicht auf Profit und ohne eigene inhaltliche Beteiligung: Sie geht das Risiko ein, weil sie auf der Folgerung basiert, dass es einfach nicht richtig ist, was gerade passiert. Snowden hat keine Alternative vorgeschlagen.

> Snowden – oder vielmehr die Logik seiner Geste, wie sie etwa auch Bradley Manning vor ihm ausführte – *ist* die Alternative.[1]

Dieser Durchbruch, der WikiLeaks gelungen ist, kommt in Assanges ironischer Selbstbezeichnung als „Spion für das Volk" sehr schön zum Ausdruck: „Spionage für das Volk" ist nicht nur eine unmittelbare Negation der Spionage (die eher darin bestünde, als Doppelagent tätig zu sein und Geheimnisse an den Feind zu verkaufen), sondern untergräbt auch das allgemeine Prinzip der Spionage, das Prinzip der Geheimhaltung, da sie darauf aus ist, Geheimgehaltenes öffentlich zu machen. Es gibt jedoch einen tieferen Grund, aus dem Assange ein solches Unbehagen hervorruft. Er hat nämlich klargemacht, dass die größte Bedrohung für die Freiheit nicht von einer unverhohlen autoritären Macht ausgeht, sondern dass sie eintritt, wenn unsere Unfreiheit selbst als Freiheit erlebt wird. Wie genau geschieht das?

Gibt es etwas „Freieres", als im Internet zu surfen und nach Themen zu suchen, die einen interessieren? Die meisten unserer Tätigkeiten (und Untätigkeiten) werden heute aber in einer digitalen Cloud registriert, die uns noch dazu permanent bewertet und nicht nur unsere Handlungen, sondern auch unsere emotionalen Zustände nachverfolgt; wenn wir uns als vollkommen frei erleben (beim Surfen im Internet, wo alles verfügbar ist), werden wir vollständig „veräußerlicht" und subtil beeinflusst. Das digitale Netz gibt dem alten Slogan „Das Persönliche ist politisch" eine neue Bedeutung. Es geht dabei nicht nur um die Kontrolle unseres Intimlebens: Heutzutage wird alles über ein digitales Netz geregelt, vom Verkehr bis zur Gesundheit, vom Strom bis zum Wasser. Deshalb ist das Internet heute unser wichtigstes Gemeingut, und der Kampf um seine Kontrolle ist heute *der* alles entscheidende Kampf. Der Feind ist das Konglomerat aus privatisierten und staatlich kontrollierten Gemeingütern, Konzernen (Google, Facebook) und staatlichen Sicherheitsdiensten (NSA).

Nehmen wir Bill Gates als Beispiel: Warum kaufen immer noch Millionen von Menschen seine Produkte? Weil Microsoft sich als nahezu universeller Standard durchgesetzt und das Feld (nahezu) monopolisiert hat. Ähnlich verhält es sich mit Jeff Bezos und Amazon, mit Apple, Facebook und so weiter und so fort; in all diesen Fällen werden die Gemeingüter selbst – die Plattformen (die Räume unseres sozialen Austauschs und Miteinanders) – privatisiert, was uns, ihre Nutzer, in die Position von Leibeigenen versetzt, die an den Eigentümer eines Gemeinguts als Feudalherr eine Gebühr entrichten.

Was Facebook betrifft, so „hat Mark Zuckerberg aufgrund seiner unanfechtbaren Position an der Spitze des Unternehmens ‚einseitige Kontrolle über drei Milliarden Menschen', wie die Whistleblowerin Frances Haugen gegenüber den britischen Abgeordneten erklärte. Sie forderte eine dringende externe Regulierung, um das Management des Tech-Konzerns zu zügeln und den Schaden für die Gesellschaft zu verringern."[2] Die große Errungenschaft der Moderne, der öffentliche Raum, ist also gerade dabei zu verschwinden. Wenige Tage nach den Enthüllungen von Haugen kündigte Zuckerberg an, dass Facebook sich umbenennen und künftig „Meta" heißen werde. Er gab dabei auch Einblicke in seine Vision des „Metaverse" – man könnte auch sagen, er trug ein *neofeudales Manifest* vor:

> Zuckerberg will, dass das Metaversum schließlich auch den Rest unserer Wirklichkeit umgreift, Stücke des realen Raums hier mit dem realen Raum dort verbindet, während es das, was wir für die wirkliche Welt halten, sich vollständig unterordnet. In der virtuellen und erweiterten Zukunft, die Facebook für uns geplant hat, werden Zuckerbergs Simulationen zwar nicht auf die Ebene der Wirklichkeit aufsteigen, doch unser Verhalten und unser Umgang miteinander werden so standardisiert sein und sich derart mechanisch gestalten, dass das gar keine Rolle mehr spielt. Statt menschliche Mimik aufzuweisen, können unsere Avatare den allgegen-

> wärtigen „Like" zeigen. Statt Luft und Raum miteinander zu teilen, können wir zusammen an einem digitalen Dokument arbeiten. Wir lernen, die Erfahrung des Zusammenseins mit einem anderen Menschen niedriger einzustufen als das Erleben seiner wie eine Pokémon-Figur der *Augmented Reality* in den Raum eingeblendeten Projektion.[3]

Das Metaversum wird als virtueller Raum jenseits (*meta*) unserer gebrochenen und schmerzhaften Realität fungieren, und in diesem virtuellen Raum werden wir durch unsere Avatare problemlos mit Elementen der *Augmented Reality* (der mit digitalen Zeichen überlagerten Realität) interagieren. Es handelt sich hierbei also um nichts weniger als um verwirklichte Meta-Physik: einen meta-physischen Raum, der sich die Realität vollständig unterordnet und in den sie, die Realität, nur fragmentarisch, das heißt ausschnittsweise eindringen kann, da sie von digitalen Vorgaben überlagert wird, die unsere Wahrnehmungen und Interventionen beeinflussen. Der Haken daran ist, dass wir damit ein Gemeingut bekommen, das sich in Privatbesitz befindet und bei dem ein privater Feudalherr unser Zusammenwirken überwacht und reguliert.

Aber das ist noch nicht alles: Die von Whistleblowern aufgedeckte Bedrohung unserer Freiheit hat sogar noch weitere, systemische Wurzeln. Assange gilt es nicht nur deshalb zu verteidigen, weil er die US-Geheimdienste mit seinem Handeln verärgert und in Verlegenheit gebracht hat – was er aufdeckte, sind Dinge, die nicht nur die USA, sondern auch alle anderen großen und weniger großen Mächte von China bis Russland, von Deutschland bis Israel tun (in dem Maße, wie sie technologisch dazu in der Lage sind). Indem er tat, was er tat, verschaffte Assange unseren Vorahnungen bezüglich des Ausmaßes, in dem wir alle überwacht und kontrolliert werden, eine faktische Grundlage – die in ihrem Erkenntniswert jedoch weit über die USA und die übliche scharfe Kritik an ihr hinausreicht. Dabei haben wir von Assange (oder Snowden oder Manning) eigentlich nichts gelernt, von dem wir nicht schon vermutet hatten, dass es so wäre – es ist jedoch *eine* Sache, davon zu wissen, und *eine andere*, konkrete Daten darüber zu erhalten. Es ist ein bisschen so, wie zu wissen, dass der eigene Sexualpartner fremdgeht – man kann die abstrakte Erkenntnis dieser Tatsache annehmen, aber der Schmerz entsteht, wenn man die „heißen" Details erfährt, wenn man Bilder davon bekommt, was sie getan haben usw.

Damit sind wir zum Kern der Sache vorgedrungen: Der eigentliche Zielpunkt von Assanges Enthüllungen sind wir selbst – durchschnittliche heuchlerische Liberale, die sehr wohl wissen, was Staatsapparate und große Unternehmen im Verborgenen tun, es aber lieber ignorieren. Nach außen sind wir dagegen und erheben hin und wieder auch öffentlich Protest; insgeheim aber wissen wir, dass jemand die schmutzige Arbeit diskret erledigen muss. Assange blockiert diesen Ausweg: Er zwingt uns, das Wissen, das wir lieber ignorieren, öffentlich anzunehmen. In diesem Sinne kämpft er für uns gegen unsere Selbstgefälligkeit; diese selbstgefällige Bequemlichkeit erklärt wiederum, warum es keine große Bewegung gibt, um Assange zu unterstützen, warum nur sehr wenige bekannte Persönlichkeiten (wie Filmstars, Schriftsteller oder Journalisten) bereit sind, ihren Namen herzugeben, sodass die Machthabenden uns ignorieren können.

1 Alenka Zupančič, „When I count to ten, you will be dead ...", *Mladina-Alternative*, Ljubljana 2013, S. 31.

2 Jim Waterson und Dan Wilmo, „Facebook Whistleblower Frances Haugen Calls for Urgent External Regulation", *The Guardian*, 25.10.2021, www.theguardian.com/technology/2021/oct/25/facebook-whistleblower-frances-haugen-calls-for-urgent-external-regulation, zuletzt abgerufen am 20.06.2022.

3 Siehe Douglas Rushkoff, „What Zuckerberg's Metaverse Means to Our Humanity", *CNN*, 29.10.2021, edition.cnn.com/2021/10/28/opinions/zuckerberg-facebook-meta-rushkoff/index.html, zuletzt abgerufen am 20.06.2022.

27
Ist es mit dem friedlichen Bosnien bald vorbei?

Auf dem Balkan war der Ausdruck *mirna Bosna*, „friedliches Bosnien", lange fester Bestandteil der Alltagssprache. Mit ihm bezeichnete man den Ausgang einer Sache, der alle Parteien zufriedenstellte. „Podijelićemo pare jednako i mirna Bosna": „Teilen wir das Geld gleichmäßig auf, und in Bosnien ist Frieden (das heißt, alle sind zufrieden)." Mittlerweile besteht die Gefahr, dass dieser Ausdruck seine selbstverständliche Bedeutung wieder einbüßt, mit allen Folgen, die das hätte: Wenn Bosnien nicht friedlich ist, könnte eine viel größere Region in einen Krieg verwickelt werden. Entsprechende Anzeichen dafür sind nicht zu übersehen: Warum hat die Republika Srpska, der serbische Teil Bosnien-Herzegowinas, begonnen, ihre Vertreter aus den zentralen bosnischen Einrichtungen abzuziehen, und so dafür gesorgt, dass auf dem Balkan wieder das Gespenst des Krieges umgeht?

Der unmittelbare Anlass dafür ist klar. Wie der EU-Kommissar für Erweiterung und Nachbarschaftspolitik, Olivér Várhelyi, bei einem Besuch in Bosnien im Herbst 2021 äußerte, sei der ehemalige Hohe Repräsentant für Bosnien-Herzegowina, Valentin Inzko, mit seinem Beschluss, die Leugnung des Völkermords von Srebrenica unter Strafe zu stellen, für die aktuelle politische Krise verantwortlich. Laut der bosnischen Nachrichtenseite *Istraga.ba* beweisen die von ihr geleakten Äußerungen Várhelyis, dass dieser dem Führer der Republika Srpska, Milorad Dodik, der für seine heftige Reaktion auf Inzkos Beschluss von den USA und der EU scharf gerügt worden war, wohlwollend gegenüberstehe. Inzko, der in seiner Funktion durchaus befugt war, entsprechende Beschlüsse zu fassen, hatte seinen Schritt in einem offenen Brief mit den folgenden Worten begründet: „Es gibt keine Versöhnung, ohne dass die Verbrechen anerkannt und die Verantwortung für sie übernommen wird."[1]

Dieses Geschehen sagt eine Menge über die Unentschlossenheit der EU aus, über ihr Schwanken zwischen einer prinzipiengeleiteten (Inzko) und einer pragmatischen (Várhelyi) Herangehensweise. Die implizite Prämisse des pragmatischen Ansatzes lautet, die am Bosnienkrieg beteiligten Seiten hätten sich gegenseitig nichts geschenkt und alle hätten Verbrechen begangen – dies ähnelt dem Argument, die Alliierten hätten am Ende des Zweiten Weltkriegs Dresden grundlos in Schutt und Asche gelegt. Allerdings ist zu sagen, dass die Spannungen in Bosnien schon seit mehr als einem Jahrzehnt zunehmen: Das fragile Gleichgewicht, das durch das Abkommen von Dayton durchgesetzt worden war, war über Jahre hinweg durch die serbische Forderung bedroht, der Republika Srpska einen souveränen Status zu verleihen, der es ihr letztlich erlauben würde, sich Serbien anzuschließen. Wenn das Kosovo volle Souveränität erlangen konnte und jetzt darüber spricht, dass es sich Albanien anschließen möchte, warum sollte sich die Republika Srpska dann nicht Serbien anschließen dürfen?

Die bosnischen Serben sind in dieser Sache nicht allein – ihre Abspaltungsbestrebung ist Teil einer größeren Initiative, die darauf abzielt, den Zerfall Jugoslawiens zu einem logischen Abschluss zu bringen (wie es ihre Befürworter gerne ausdrücken) – man denke etwa an die Unruhe, die im Jahr 2021 durch die sogenannten „Balkan-Non-Papers" ausgelöst wurde, ein inoffizielles Dokument unbekannter Herkunft, das Vorschläge für neue Grenzziehungen im ehemaligen Jugoslawien enthält. Danach soll Bosnien-Herzegowina in drei Teile geteilt werden, wobei Teile der Republika Srpska und Teile der Herzegowina in ein Großserbien und Großkroatien eingegliedert werden sollen, sodass ein kleiner bosnischer Staat in Zentral- und Westbosnien verbliebe (dabei bestünde natürlich die Gefahr, dass dieser bosnische Teil zu einer muslimisch-fundamentalistischen Insel würde); außerdem soll sich das Kosovo mit Albanien vereinigen. Man muss zugeben, dass diese Vorstellungen etwas erschreckend „Logisches" an sich haben: Würde es nicht zu einem stabileren Frieden in diesem Gebiet führen, wenn man die Grenzen auf dem Balkan neu zöge, nämlich entlang ethnischer Identitäten? Nehmen wir das Kosovo und Albanien: zwei Staaten, in denen dieselbe ethnische Gruppe lebt, die erst im 20. Jahrhundert aus vollkommen kontingenten äußeren Gründen getrennt wurde und die die internationale Gemeinschaft nunmehr getrennt halten will, weil sie das regionale Ungleichgewicht fürchtet, das eine Vereinigung zur Folge hätte.

Was diese Non-Papers so rätselhaft macht, ist die Tatsache, dass sie offensichtlich den geheimen Wunsch vieler Menschen zum Ausdruck bringen – nicht nur auf dem Balkan, sondern in ganz Europa. Es ist, als hätten sie den versteckten „Attraktor" zum Vorschein gebracht, wegen dem die internationale Unterstützung für die durch das Abkommen von Dayton festgelegten Grenzen immer verhalten ausfiel – niemand war wirklich mit dem Herzen dabei. Darum verwundert es auch nicht, dass die EU im Laufe der Jahre immer weniger Anteil am Schicksal des westlichen Balkans nahm, solange nur der Friede hielt. Dieses Vakuum aber ließ verdrängte Träume an die Oberfläche gelangen. Dem ehemaligen Hohen Repräsentanten Carl Bildt zufolge werde allenthalben gesagt, man sei mit den Dokumenten nicht einverstanden. Dabei wisse doch „jeder, der sich mit dem Balkan beschäftigt hat, dass es eine ganze Reihe von Leuten gibt, die es mit diesen Non-Papers halten". Zwar könne man nicht sagen, dass Russland, die Türkei und andere sich als starke Akteure auf dem Balkan präsentierten, „wenn aber die EU schwächer wird, können andere zwangsläufig stärker werden, ohne dass sie deshalb besonders stark wären"[2].

Dies bringt uns zu einem weiteren zentralen Faktor, der die anhaltende Krise in Bosnien mit ausgelöst hat: der Tatsache, dass sich die Spannungen im ehemaligen Jugoslawien in den letzten Jahren zu einem neuen Kalten Krieg ausgewachsen haben. Die liberalen westlichen Mächte lehnen es (zumindest öffentlich) kategorisch ab, die Grenzen auf dem Balkan zur Disposition zu stellen, während nicht nur Russland (und China), sondern auch Ungarn voll hinter der Republika Srpska und Serbien stehen. Putin hatte schon angekündigt, Dodik einen Besuch abstatten zu wollen; russische Söldner befinden sich bereits in der Republika Srpska, um die dortige Armee auszubilden … Diese Situation kann tragische Folgen haben, wenn die Interessen kleiner Nationen geopfert werden, um den großen Konflikt zu verhindern, wie es in Mazedonien fast geschehen wäre, aber noch einmal verhindert wurde.

Vor einigen Jahren schlossen die Regierungen Mazedoniens und Griechenlands ein Abkommen zur Lösung des Problems mit dem Namen „Mazedonien“: Die Republik sollte ihren Namen in „Nordmazedonien“ ändern. Diese Lösung wurde von den Radikalen in beiden Ländern umgehend attackiert: Die griechischen Gegner beharrten darauf, dass „Mazedonien“ ein alter griechischer Name sei, und die mazedonischen Gegner fühlten sich durch die Reduktion auf eine „nördliche“ Provinz gedemütigt, da sie das einzige Volk seien, das sich „Mazedonier“ nenne. So unvollkommen diese Lösung auch war, bot sie doch eine kleine Hoffnung, dass ein langer und sinnloser Kampf durch einen vernünftigen Kompromiss beendet werden könnte. Dies wurde jedoch durch die Auseinandersetzungen zwischen den Großmächten (den USA und der EU auf der einen Seite sowie Russland auf der anderen) vereitelt. Der Westen übte auf beide Seiten Druck aus, den Kompromiss zu akzeptieren, damit Mazedonien rasch der EU und der NATO beitreten konnte, während Russland aus genau demselben Grund dagegen war (es sah darin die Gefahr, seinen Einfluss auf dem Balkan zu verlieren) und fanatische konservativ-nationalistische Kräfte in beiden Ländern unterstützte. Auf welcher Seite sollten wir also stehen? Wir sollten uns entschieden auf die Seite des Kompromisses stellen, und zwar aus dem einfachen Grund, dass dieser die einzige realistische Lösung für das Problem ist – Russland war nur aufgrund seiner geopolitischen Interessen dagegen, ohne eine andere Lösung anzubieten, und darum hätte die Unterstützung Russlands in diesem Fall bedeutet, die vernünftige Lösung des ganz speziellen Problems der mazedonisch-griechischen Beziehungen den internationalen geopolitischen Interessen zu opfern.

Um jedoch wirklich zu verstehen, woher die bosnische Krise rührt, gilt es eine weitere, globale Dimension hinzuzufügen. Was in Bosnien vor sich geht, hat viel tiefere Wurzeln als die Tendenz, den Sackgassen der Globalisierung zu begegnen, indem man zu starken Nationalstaaten zurückkehrt – es handelt sich vielmehr um das Gegenteil davon, nämlich um ein Beispiel für das allmähliche Verschwinden moderner Nationalstaaten. Wenn Bosnien zerfällt, werden daraus nicht einfach drei Nationalstaaten hervorgehen, sondern etwas Unheilvolles und viel Bedrohlicheres: Es werden keine „normalen" Staaten sein, welche die Gleichheit all ihrer Bürger ohne Rücksicht auf deren ethnische Zugehörigkeit oder Religion garantieren. Diese Staaten werden viel eher Stammesgemeinschaften gleichen, die durch eine spezielle Lebensweise, die andere Lebensweisen ausschließt, zusammengehalten werden.

Dieser Prozess ist global, und er findet sogar auch in Schweden statt – einem Land, das in meiner Kindheit den mythischen Status eines Ortes hatte, der so sicher war, dass man nicht einmal die Tür abschloss, wenn man von zu Hause aufbrach. Ein letztes Echo dieser Haltung war sogar noch zu Beginn der Pandemie zu spüren, als man dort auf Lockdowns und andere Maßnahmen verzichtete, weil die Schweden, wie es hieß, ein Volk mit ausgeprägtem Gemeinschaftssinn seien, sodass es keine gesetzlichen Regelungen bräuchte. Wie wir von Krimiautoren wie Henning Mankel gelernt haben, war dieses Bild weitgehend eine Illusion.

Aber es war eine Illusion, die funktionierte. Mittlerweile sterben in Schweden weit mehr Menschen an Schussverletzungen als im Rest Europas. Die Bandenkriminalität drohe die Rechtsstaatlichkeit zu untergraben, berichtet *The Guardian*.[3] Schwedens Probleme seien dabei eine Warnung, was passieren kann, wenn Integration misslingt.

Von Integration ist hier die Rede, weil sich die Gewalt in Gettos wie Hjällbo, einem Vorort von Göteborg, eingenistet hat und fast schon zur Normalität geworden ist, an Orten also, wo „soziale Ausgrenzung und mangelnde kulturelle Integration von Einwanderern einen idealen Nährboden für Gangs bilden", wie es in dem Beitrag weiter heißt.

> Dem Polizeiinspektor von Hjällbo zufolge spielt auch die Identität eine wichtige Rolle. Die gewalttätigsten Straftäter, so sagt er, würden ein „Niemandsland" besetzen. „Sie halten sich nicht an die Regeln der Generation ihrer Eltern und haben sich nicht wirklich in die schwedische Gesellschaft integriert. Sie bilden also ihr eigenes soziales Kapital." Hjällbo sei durch Wald und Hügel von Göteborg abgeschnitten und ganz isoliert. Dazu werde es vom brutalsten kriminellen Netzwerk der Stadt beherrscht, einer Organisation, die den Staat offen herausfordere und deren bandenmäßiger Lebensstil nicht nur eine Bedrohung für die schwedische Politik darstelle, sondern die Demokratie insgesamt zu untergraben drohe.[4]

Den Migranten die Schuld für ihre Integrationsverweigerung zu geben ist ebenso falsch und irreführend, wie der einheimischen Mehrheit ihre mangelnde Bereitschaft zur Integration der Migranten anzulasten. Die Banden sind auch nicht einfach nur kriminell – bei aller Brutalität stützen sich ihre Gemeinschaften auf eine eigene Ethik, auf eine Reihe von äußerst strengen Normen und Verboten, die mit den Normen und Verboten der Mehrheit unvereinbar sind. Das Problem dabei ist, dass es keinen allumfassenden großen Anderen gemeinsamer Sitten und Bräuche gibt, der die

Wechselbeziehungen zwischen den beiden regeln würde: Obwohl wir immer noch von dem großen Anderen im Sinne einer „normalen" schwedischen Gesellschaft sprechen können, in die die Banden nicht integriert sind, besteht die Gefahr, dass dieser große Andere zerfällt. Wenn sich dieser Prozess der Gettoisierung fortsetzt, dann erwartet uns eine Vielzahl von „Stammesgemeinschaften", die immer weniger durch eine gemeinsame Rechtsnorm zusammengehalten werden.

Wenn Bosnien auseinanderfällt – selbst wenn das wie durch ein Wunder auf friedlichem Wege über Verhandlungen zwischen allen Parteien geschehen sollte –, wird es im Endeffekt „hjällboisiert" werden. Bosnien war jahrhundertelang ein Ort der fragilen Koexistenz dreier Religionen (muslimisch, orthodox, katholisch), die untrennbar miteinander vermischt waren – sein mögliches Auseinanderfallen war eine ständige Bedrohung, die bereits zu Beginn des Ersten Weltkriegs 1914 zur Explosion führte: Die Ermordung des Erzherzogs Ferdinand, welche den Krieg auslöste, war von serbischen Nationalisten geplant worden, die bereit waren, einen großen Krieg in Kauf zu nehmen, um alle Serben in einem Staat zu vereinen. Das heutige Bosnien verkörpert somit die Alternative, die uns alle in einer globalisierten Welt nicht mehr loslässt: entweder friedliche Koexistenz und Solidarität im Kampf gegen die großen Bedrohungen, die uns erwarten, oder der Wahnsinn einer neuen Tribalisierung.

Wir stehen also vor folgender Wahl: Entweder gibt es ein „logisch" geteiltes Bosnien mit dem bosnisch-muslimischen Teil als politische Version dessen, was Schelling „den unteilbaren Rest" nannte, einen Rest, der die „logische" Ordnung stört – oder wir bringen den Mut auf, die gesamte Perspektive zu ändern und Bosnien als verbleibende Insel der „Normalität" anzusehen, die sich der Entwicklung hin zu neuen „tribalisierten" Nationalstaaten entgegenstellt.

1 RFE/RL's Balkan Service, „Bosnian Serb Parties Boykott State Institutions Over Ban On Genocide Denial", *RadioFreeEurope/RadioLiberty,* www.rferl.org/a/bosnia-inzko-genocide-ban-dodik/31378719.html, zuletzt abgerufen am 20.06.2022.

2 Hamdi First Buyuk, „EU Inaction Blamed for Proposal to Redraw Balkan Borders", *Balkan Insight,* 04.05.2021, balkaninsight.com/2021/05/04/eu-inaction-blamed-for-proposal-to-redraw-balkan-borders, zuletzt abgerufen am 20.06.2022.

3 Mark Townsend, „How the Murder of a Swedish Rapper Shocked a Nation and Put Police on the Back Foot", *The Guardian*, 04.12.2021, www.theguardian.com/world/2021/dec/04/how-the-of-a-swedish-rapper-shocked-a-nation-and-put-police-on-the-back-foot, zuletzt abgerufen am 20.06.2022.

4 Ebd.

28
Abschied von Lenin im Donbass

Am 7. Februar 2022 äußerte Wladimir Putin auf einer Pressekonferenz, die ukrainische Regierung habe für das Minsker Abkommen offensichtlich nichts übrig, und setzte dann hinzu: „Aber ob es dir gefällt oder nicht, meine Schöne, du musst es erdulden“.[1] Dieser Spruch hat unverkennbare sexuelle Konnotationen. Es schien, als zitiere Putin aus einem Song der für ihren sadistischen Humor bekannten russischen Punkrockgruppe „Krasnaja Plesen“ („Roter Schimmel“): „Schlafende Schönheit in einem Sarg, ich schlich mich an und fickte sie. Ob es dir gefällt oder nicht, schlaf, meine Schönheit“.[2] Auch wenn der Pressesprecher des Kreml behauptete, Putin habe eine volkstümliche Wendung angeführt, wird der Bezug auf die Ukraine als Objekt der Nekrophilie und Vergewaltigung deutlich. Bereits im Jahr 2002 hatte Putin auf die Frage eines westlichen Journalisten geantwortet: „Wenn Sie ein kompletter islamischer Radikaler werden wollen und bereit sind, sich beschneiden zu lassen, dann lade ich Sie nach Moskau ein. Wir sind ein Land mit vielen Konfessionen. Wir haben Spezialisten in dieser Sache [Beschneidung]. Ich werde empfehlen, den Eingriff so vorzunehmen, dass bei Ihnen nichts mehr nachwächst“[3] – eine ziemlich vulgäre Kastrationsdrohung. Es ist kein Wunder, dass Putin und Trump, die Brüder im gleichen vulgären Geist sind, so gut miteinander konnten. Demgegenüber heißt es oft, dass Politiker wie Putin und Trump wenigstens offen sagen, was sie denken, und sich und uns so die ganze Heuchelei ersparen. Ich für meinen Teil stehe dabei jedoch voll und ganz auf der Seite der Heuchelei: Die Form (der Heuchelei) ist nie nur eine Form, sie ist vor allem auch

Teil des Inhalts, und darum wirkt es sich verrohend auf den Inhalt aus, wenn wir die Maske der Form fallen lassen.

Putins obszöne Bemerkung sollte vor dem Hintergrund der Ukraine-Krise gelesen werden, die in den Medien als drohende „Vergewaltigung eines unbescholtenen Landes“ dargestellt wird. Diese Krise entbehrt nicht einer gewissen Komik – was in der verrückten Welt, in der wir heute leben, einen Beweis dafür liefert, dass sie ernst ist. Der slowenische Politologe Boris Čibej wies Anfang 2022 auf den komischen Charakter der Spannungen rund um die Ukraine hin: „Diejenigen, von denen man erwartet, dass sie angreifen [das heißt Russland], behaupten, sie hätten nicht die Absicht, es zu tun, und diejenigen, die so agieren, als wollten sie die Situation beruhigen, bestehen darauf, dass der Kampf unvermeidlich ist.“[4] Hier können wir ansetzen: Die USA, der Beschützer der Ukraine, warnen davor, dass der Krieg jeden Moment ausbrechen kann, während der Präsident der Ukraine, das erwartete Opfer des russischen Angriffs, vor Kriegshysterie warnt und zur Ruhe mahnt. Es ist leicht, diese Situation in die einer Vergewaltigung zu übersetzen. Russland, das sich bereithält, die Ukraine zu vergewaltigen, behauptet, es habe gar nicht die Absicht dazu, macht aber zwischen den Zeilen deutlich, dass es bereit wäre, eine Vergewaltigung zu begehen, wenn es von der Ukraine keine Zustimmung zum Sex erhält (man erinnere sich an Putins vulgäre Antwort), und es beschuldigt die Ukraine, die Vergewaltigung zu provozieren. Die USA, die die Ukraine davor schützen wollen, vergewaltigt zu werden, läuten wegen der drohenden Gefahr die Alarmglocken, um sich als Beschützer der postsowjetischen Staaten Geltung zu verschaffen – dieser Beschützergestus lässt an einen lokalen Mafioso denken, der den Geschäften und Restaurants in seinem Gebiet Schutz vor Raubüberfällen anbietet und dabei verdeckt damit droht, dass ihnen etwas passieren könnte, wenn sie seinen Schutz ablehnen. Die Ukraine, die Zielscheibe der Vergewaltigungsdrohung, versucht ruhig zu bleiben, ist aber aufgrund des Alarms, den die USA schlagen, auch nervös, weil sie weiß, dass der ganze Aufruhr Russland dazu bringen kann, tatsächlich aktiv zu werden und eine Vergewaltigung zu begehen.

Was verbirgt sich also hinter diesem Konflikt mit all seinen unvorhersehbaren Gefahren? Ist er vielleicht nicht deshalb so gefährlich, weil sich in ihm die wachsende Stärke der beiden ehemaligen Supermächte widerspiegelt, sondern weil er vielmehr beweist, dass sie nicht akzeptieren können, keine echten Weltmächte mehr zu sein? Als Mao Tse-tung auf dem Höhepunkt des Kalten Krieges sagte, die USA mit all ihren Waffen seien ein Papiertiger, vergaß er hinzuzusetzen, dass Papiertiger gefährlicher sein können als selbstsichere echte Tiger. Das Fiasko des Abzugs der US-Truppen aus Afghanistan war nur der letzte einer ganzen Reihe von Schlägen gegen die Vormachtstellung der USA, und Russlands Bemühungen um die Wiedererrichtung des Sowjetimperiums ist nichts anderes als ein verzweifelter Versuch, die Tatsache zu verbergen, dass man selbst ein im Niedergang begriffener schwacher Staat ist. Wie bei wirklichen Vergewaltigern zeigt eine Vergewaltigung immer auch die Ohnmacht des Angreifers.

Diese Ohnmacht ist jetzt zu spüren, da der Vergewaltigungsakt mit dem ersten unmittelbaren Eindringen des russischen Militärs in die Ukraine begonnen hat – dem ersten, wenn man die obszöne Rolle der Söldner-Gruppe Wagner unberücksichtigt lässt, einer privaten Militärfirma, die sich an verschiedenen Konflikten beteiligt hat, darunter auch Operationen im syrischen Bürgerkrieg, auf der Krim, in Zentralafrika und in der Republika Srpska in Bosnien. Diese Gruppe anonymer Söldner – eine dem russischen Verteidigungsministerium unterstellte Einheit, die von der russischen Regierung in Konflikten eingesetzt wird, in denen es für sie darauf ankommt, eine Beteiligung leugnen zu können – ist seit Jahren im Donbass aktiv und organisiert den „spontanen" Widerstand gegen die Ukraine (wie bereits auf der Krim).

Jetzt, da die Spannungen ausgebrochen sind, hat die russische Duma einen direkten Appell an Putin verabschiedet, die von Russland kontrollierten Separatistengebiete Donezk und Luhansk als unabhängige Staaten anzuerkennen. Putin hatte zunächst verlauten lassen, er werde die sogenannten Republiken nicht unmittelbar anerkennen; als er die Anerkennung dann doch aussprach, wirkte es daher so, als reagiere er lediglich auf den öffentlichen Druck von unten und befolge die Regeln, die vor Jahrzehnten von Stalin dargelegt (und praktiziert) worden waren. Mitte der 1920er-Jahre hatte Stalin den Beschluss angeregt, die Regierung Sowjetrusslands einfach auch zur Regierung der anderen fünf Republiken (Ukraine, Weißrussland, Aserbaidschan, Armenien, Georgien) auszurufen:

> Dieser Beschluss wird, wenn er vom Zentralkomitee der KPR bestätigt ist, nicht veröffentlicht, sondern als Runderlass den Zentralkomitees der Republiken zugeleitet zur Bekanntgabe an die sowjetischen Organe, die Zentralexekutivkomitees oder die Sowjetkongresse der genannten Republiken, vor der Einberufung des Gesamtrussischen Sowjetkongresses, wo er als Ausdruck des Wunsches dieser Republiken verkündet werden wird.[5]

Der Austausch des Zentralkomitees (ZK) mit der Basis wurde demnach nicht einfach bloß abgebrochen, sodass die höhere Instanz schlicht ihren Willen durchsetzen konnte; wie zum Hohn wurden die Dinge ins Gegenteil verkehrt und entsprechend inszeniert: Das ZK selbst entschied jetzt darüber, mit welcher Bitte sich die Basis nach oben wenden sollte, als handelte es sich dabei um ihren eigenen Wunsch. Man denke an den offensichtlichsten Fall einer solchen Inszenierung, als die drei baltischen Staaten 1939 „freiwillig" um Aufnahme in die Sowjetunion baten, die ihnen ihren Wunsch gewährte. Stalins Handeln in den frühen 1930er-Jahren kam schlichtweg einer Rückkehr zur zaristischen Außen- und Nationalpolitik gleich. (So wurde etwa die russische Kolonisierung Sibiriens und des muslimischen Asiens im Zuge dieses Kurswechsels nicht mehr länger als imperialistische Expansion verurteilt, sondern als Bemühung gefeiert, diese Traditionsgesellschaften aus ihrer Trägheit herauszuholen und durch eine fortschreitende Modernisierung nach vorn zu bringen.) In ähnlicher Weise rief Putin seinen Sicherheitsrat zusammen und fragte alle Mitglieder nacheinander, ob sie die Entscheidung unterstützten, die Unabhängigkeit der selbst ernannten Republiken Donezk und Luhansk anzuerkennen. Als der Chef des Auslandsgeheimdienstes, Sergej Naryschkin, an die Reihe kam, schlug er zunächst vor, dem Westen eine letzte Chance zu geben, zu den Minsker Vereinbarungen zurückzukehren, was durch ein kurzfristiges Ultimatum geschehen könnte.

> „Was soll das heißen?", unterbricht Putin ihn trocken. „Schlagen Sie vor, dass wir Verhandlungen aufnehmen oder die Souveränität anerkennen?" Naryschkin beginnt zu stottern, er weiß nicht, was er sagen soll, murmelt erst „ja", dann „nein", und sein Gesicht wird für Sekunden, die eine Ewigkeit zu dauern scheinen, weiß. „Sprechen Sie deutlich", wirft Putin ein. Der Spionagechef, der den Druck spürt, sucht sich zu befreien und ändert die Richtung vollständig. Er sagt, er unterstütze den Anschluss von Donezk und Luhansk an die Russische Föderation. Putin aber stellt ihn neuerlich zur Rede. „Darüber sprechen wir nicht. Wir sprechen über die Anerkennung ihrer Unabhängigkeit." Daraufhin nimmt der sichtlich nervöse Naryschkin das Gesagte neuerlich zurück: Ja, ja, er unterstütze sie. „Danke, Sie können sich wieder setzen."[6]

Naryschkin brachte den vorgesehenen Ablauf gründlich durcheinander: Zuerst wartete er mit einem zu laschen Vorschlag auf (nur ein weiteres Ultimatum an den Westen), und dann ging er, offensichtlich in Panik versetzt, zu weit, indem er sagte, er unterstütze den Anschluss der „Volksrepubliken" an Russland. „Die Szene ist von einer solchen Intensität und Dramatik, dass sie in jedem Film oder Roman hervorstechen würde, aber sie ist keine Fiktion", so heißt es in einem Kommentar in *El País.*[7] Das Ganze sagt mehr darüber aus, wie es an der russischen Spitze zugeht, als ein Berg von Geheimdienstberichten – Naryschkin, der Chef des Auslandsgeheimdienstes, der Typ, den alle aufgrund der Daten, über die er womöglich verfügt, fürchten sollten, stammelt mit bleicher Miene und wird dann wie ein Schuljunge, der endlich die richtige Antwort herausgebracht hat, wieder an seinen Platz verwiesen. So funktioniert es heute in Russland, wenn Untergebene angehört und nach ihrer Einschätzung als Volksvertreter gefragt werden. Im heutigen Zeitalter der perfektionierten Manipulation wird uns selten die Chance zuteil, diesen Mechanismus offen am Werk zu sehen.

Obwohl die Kommunistische Partei Russlands im Januar 2022 einen Antrag eingebracht hatte, in dem Präsident Wladimir Putin ersucht wurde, die beiden „Volksrepubliken" als selbstständige, souveräne und unabhängige Staaten anzuerkennen (Putin, der den geduldigen Gesetzestreuen mimte, lehnte den Antrag zunächst ab), muss man sich dabei unbedingt vor Augen halten, dass die laufende Invasion im Donbass das Ende der leninistischen Tradition in Russland besiegelt. Zuletzt hatte Lenin während des ukrainischen Aufstands von 2014, im Zuge dessen der prorussische Präsident Wiktor Janukowytsch gestürzt wurde, im Westen für Schlagzeilen gesorgt. In den Fernsehberichten über die Massenproteste in Kiew sah man immer wieder, wie wütende Demonstranten Statuen von Lenin niederrissen. Diese Attacken waren verständlich, da die Leninstatuen als Symbol der sowjetischen Unterdrückung wirkten und die Politik von Putins Russland als Fortsetzung der sowjetischen Politik, nicht russische Nationen der russischen Herrschaft zu unterwerfen, wahrgenommen wird. Gleichwohl hatte es schon etwas sehr Ironisches, Ukrainer dabei zu beobachten, wie sie Leninstatuen umstürzten, um ihren Willen zu zeigen, mit der russischen Herrschaft zu brechen und ihre nationale Souveränität zu behaupten. Schließlich war das Goldene

Zeitalter des ukrainischen Nationalbewusstseins nicht die Zeit des zaristischen Russlands (in dem die Ukrainer daran gehindert worden waren, ihre nationale Identität zu behaupten), sondern das erste Jahrzehnt der Sowjetunion, als das ukrainische Volk seine volle nationale Identität begründete. So heißt es in dem Wikipedia-Eintrag über die Ukraine in den 1920er-Jahren:

> Im Rahmen der Ukrainisierungspolitik der kommunistischen Regierung von Mykola Skypnyk beförderte die sowjetische Führung eine nationale Renaissance in Kunst und Literatur. Die ukrainische Kultur und Sprache blühten neu auf, als die Ukrainisierung zu einer lokalen Umsetzung der sowjetweiten Politik der *Korenisazija* [wörtlich Indigenisierung bzw. Einwurzelung] wurde. Die Bolschewiki bekannten sich auch zur Einführung einer allgemeinen Gesundheitsversorgung, zu Bildung und Sozialversicherungsleistungen sowie zum Recht auf Arbeit und Wohnen. Die Frauenrechte wurden durch neue Gesetze, die jahrhundertealte Ungleichheiten rigoros beseitigen sollten, enorm gestärkt. Die meisten dieser politischen Vorgaben aber sind in den frühen 1930er-Jahren, als Josef Stalin seine Macht allmählich befestigt hatte und zum faktischen Oberhaupt der Kommunistischen Partei aufgestiegen war, stark eingeschränkt und zurückgenommen worden.[8]

Die „Indigenisierung" erfolgte nach den Prinzipien, die Lenin in unmissverständlicher Form dargelegt hatte:

> Das Proletariat [...] kann sich des Kampfes gegen die gewaltsame Zurückhaltung der unterjochten Nationen in den Grenzen des vorhandenen Staates nicht enthalten, und eben dies heißt für das Selbstbestimmungsrecht der Nationen kämpfen. Das Proletariat muss die Freiheit der politischen Abtrennung der von „seiner" Nation unterdrückten Kolonien und Nationen fordern. Andernfalls wird der Internationalismus des Proletariats zu leeren Worten; weder Vertrauen noch Klassensolidarität unter den Arbeitern der unterdrückten und der unterdrückenden Nation sind möglich.[9]

Lenin blieb dieser Position bis zum Ende treu: In seinem letzten Kampf gegen Stalins Entwurf einer zentralistisch organisierten Sowjetunion trat er noch einmal für das unbedingte Recht kleiner Nationen auf Loslösung ein (in diesem Fall ging es um Georgien) und bestand auf der vollen Souveränität der nationalen Einheiten, aus denen sich der sowjetische Staat zusammensetzte. Daher verwundert es nicht, dass Stalin in einem an die Mitglieder des Politbüros gerichteten Brief vom 27. September 1922 Lenin offen „Nationalliberalismus" vorwarf. Heute bewegt Putin sich mit seiner Außenpolitik eindeutig auf dieser zaristisch-stalinistischen Linie und führt sie fort. Ihm zufolge bedeutete der Kurswechsel der Bolschewiki nach der Revolution von 1917 eine Kränkung für Russland:

> Man soll regieren und sich dabei von seiner Idee leiten lassen, so viel ist richtig. Allerdings muss die Idee dazu auch zum richtigen Ergebnis führen, nicht wie bei Wladimir Iljitsch. Dessen Idee führte letztlich zum Zerfall der Sowjetunion. Es gab viele Ideen dieser Art, etwa den Regionen Autonomie zu gewähren und so weiter. Sie legten eine Atombombe unter das Gebäude, das Russland heißt, und diese Bombe ist dann später auch explodiert.[10]

Kurz gesagt: Lenins Schuld besteht nach dieser Sichtweise darin, dass er die Autonomie der verschiedenen Nationen, die das russische Reich bildeten, ernst genommen und hierdurch die russische Vorherrschaft infrage gestellt hat. Kein Wunder, dass man bei russischen Militärparaden und öffentlichen Feierlichkeiten wieder Porträts von Stalin sieht, derweil sich von Lenin weit und breit keine Spur finden lässt. Vor ein paar Jahren ist Stalin aus einer großen Meinungsumfrage als drittgrößter Russe aller Zeiten hervorgegangen, während Lenin nirgends auftauchte. Stalin wird heute nicht als Kommunist gefeiert, sondern als derjenige, der Russland nach der von Lenin vollzogenen antipatriotischen

„Abweichung" zu alter Größe zurückführte. So erklärt sich, dass Putin bei seiner Ankündigung am 21. Februar 2022, Truppen in die Ostukraine zu entsenden, seine alte Behauptung wiederholte, Lenin, der nach dem Sturz der Zarenfamilie Romanow an die Macht gekommen war, sei der „eigentliche Schöpfer" der Ukraine: „Beginnen wir mit der Tatsache, dass die moderne Ukraine ganz und gar von Russland geschaffen wurde, genauer gesagt, vom bolschewistischen, kommunistischen Russland. Dieser Prozess begann fast unmittelbar nach der Revolution von 1917."[11] Kann man es noch deutlicher sagen? All jene Linken, die bis heute ein Herz für Russland haben (Russland ist schließlich der Nachfolger der Sowjetunion, die westlichen Demokratien sind bloß Attrappen und Putin bietet dem US-Imperialismus die Stirn usw.), müssen endlich die brutale Tatsache akzeptieren, dass Putin ein konservativer Nationalist ist.

Russland kehrt nicht einfach nur zum guten alten Kalten Krieg mit seinen festen Regeln zurück. Gerade passiert etwas viel Verrückteres: kein kalter Krieg, sondern ein heißer „Frieden". Dieser Frieden gleicht eher einem hybriden Dauerkrieg, in dem militärische Interventionen als friedenserhaltende, humanitäre Einsätze gegen vorgeblichen Völkermord deklariert werden: „Die Staatsduma bringt ihre unmissverständliche und gefestigte Unterstützung für angemessene Maßnahmen zum Ausdruck, die aus humanitären Gründen ergriffen werden."

Um also mit Lenins Frage abzuschließen: „Was tun?" Wir alle, die wir aus den Ländern sind, welche die traurige Komödie der Vergewaltigung miterleben müssen, sollten uns bewusst sein, dass sich Vergewaltigung nur durch Kastration verhindern lässt. Daher sollten wir empfehlen, dass die internationale Gemeinschaft an Russland (und bis zu einem gewissen Grad auch an den USA) einen kastrierenden Eingriff vornimmt – indem sie das Land ignoriert und so weit wie möglich an den Rand drängt, es wie etwas Unanständiges behandelt, das einfach beschämend ist, wie einen

Typen, den man auf öffentlicher Straße defäkieren sieht, und dafür zu sorgen, dass in Russland nichts mehr nachwächst, was eine globale Machtstellung begründen könnte.

1 Bill Bostock „Putin Quoted Song Lyrics About Rape and Necrophilia to Explain Russia's Demands from Ukraine", *BusinessInsider*, 08.02.2022, www.businessinsider.com/putin-macron-meeting-quote-obscene-lyrics-show-russia-ukraine-demands-2022-2, zuletzt abgerufen am 21.06.2022.
2 Ebd.
3 Gregory Feifer, „Russia: Putin's Statements On Chechnya May Reflect Public Opinion", 13.11.2002, www.rferl.org/a/1101362.html, zuletzt abgerufen am 21.06.2022.
4 Boris Čibej in *Delo*, Ljubljana, 14.02.2022.
5 Moshe Lewin, *Lenins letzter Kampf*, Hoffmann und Campe, Hamburg 1970, S. 69.
6 Ricardo de Querol, „The Russian Spy Boss Humiliated by Putin", *El País*, 23.02.2022, english.elpais.com/opinion/2022-02-23/the-russian-spy-boss-humiliated-by-putin.html, zuletzt abgerufen am 21.06.2022.
7 Ebd.
8 Wikipedia, „Ukraine", en.wikipedia.org/wiki/Ukraine, zuletzt abgerufen am 24.06.2022 [der Artikel wurde in der Zwischenzeit überarbeitet].
9 Wladimir Iljitsch Lenin, „Die sozialistische Revolution und das Selbstbestimmungsrecht der Nationen" (Januar–Februar 1916), in: Ders., *Werke*, Band 22, Berlin/DDR: Diez 1960, S. 144–159, hier S. 149.
10 Übersetzt nach „Russia's Putin Accused Lenin of Ruining the Soviet Union", *Newsweek*, 22.02.2016, www.newsweek.com/russias-putinaccused-lenin-ruining-soviet-union-418519, zuletzt abgerufen am 24.06.2022.
11 Jenni Fink, „Putin Invokes Soviet Heroes Lenin, Stalin, Says Russia ‚Created' Ukraine", *Newsweek*, 21.02.2022, www.newsweek.com/putin-invokes-soviet-heroes-lenin-stalin-says-russia-created-ukraine-1681185, zuletzt abgerufen am 21.06.2022.

29
Die Pandemie zwischen Apathie und Solidarität

Am 26. November 2021 stufte die Weltgesundheitsorganisation eine neue Variante von Covid-19 als „besorgniserregend“ ein und taufte sie ihrem Benennungssystem entsprechend auf den Namen Omikron. Sequenziert worden war die neue Variante B.1.1.529 erstmals am 24. November 2021 in Südafrika. Sie umfasst 30 bekannte Mutationen, und es besteht der begründete Verdacht, dass sie sich viel schneller ausbreitet als andere Varianten, sogar schneller als Delta. Darum sei es ungewiss, ob die derzeit verfügbaren Impfstoffe gegen sie wirken. Die Welt reagierte auf diese Nachricht, wie sie in solchen Fällen bisher immer reagiert hat: Man schränkte den Flugverkehr aus dem betroffenen Gebiet stark ein oder stoppte ihn ganz, an den Börsen brachen die Kurse ein … Als empörend und wirklich beunruhigend empfand ich dabei die Tatsache, dass defensive Maßnahmen wie Reiseverbote die einzige oder zumindest die stärkste Reaktion auf die sich schemenhaft abzeichnende neue Katastrophe waren: „Es gab keine Hilfe, nichts, was den afrikanischen Ländern angeboten wurde, um sie in ihren Bemühungen zu unterstützen, die Pandemie unter Kontrolle zu halten. Vor allem aber wurde die Ungleichheit bei der Verteilung der Impfstoffe, vor der wir das ganze Jahr über gewarnt hatten und deren Folgen wir jetzt sehen, mit keiner Silbe erwähnt.“[1]

Die Ausbreitung der Omikron-Variante wurde durch ein dreifaches und in jeder Hinsicht skandalöses Versäumnis begünstigt. Erstens mutiert das Virus viel eher dort, wo die Impfrate niedrig und die Übertragungsrate hoch ist, und darum ist die in Bezug auf die Impfquoten bestehende große Kluft zwischen den Industrieländern und den Entwicklungsländern wahrscheinlich für die Omikron-Variante verantwortlich. Einige westliche Länder vernichten sogar Impfstoffe, deren Haltbarkeitsdatum abgelaufen ist, anstatt sie kostenlos an Länder mit niedrigeren Impfquoten abzugeben. Zweitens haben die Pharmaunternehmen von den enormen öffentlichen Mitteln, die in Forschung und Entwicklung gesteckt worden sind, erheblich profitiert: In Deutschland, Großbritannien und Nordamerika wurden (bis 1. Februar 2021) zwischen 2,2 und 4,1 Milliarden US-Dollar ausgegeben.[2] Als die Unternehmen jedoch angehalten wurden, die Lizenzen für ihre Produkte freizugeben, lehnten sie dies allesamt ab und verhinderten so, dass viele ärmere Länder (die sich die entsprechenden Gebühren nicht leisten konnten) die Impfstoffe selbst herstellen können. Drittens und letztens setzte sich sogar in den Industrieländern bald der Pandemie-Nationalismus durch, sodass es zu keiner ernsthaften Koordinierung der Bemühungen kam.

In allen drei Fällen haben die Industrieländer es versäumt, ihre eigenen, öffentlich verkündeten Ziele zu verfolgen, und nun zahlen sie den Preis dafür: Wie ein Bumerang kommt die Katastrophe, die wir auf die Dritte Welt zu begrenzen versuchten, zu uns zurück – und wie geschieht das? Um 1800 herum schrieb der deutsche Philosoph Friedrich Heinrich Jacobi: „La vérité en la repoussant, on l'embrasse" – „Indem man die Wahrheit abweist, nimmt man sie an." Beispiele für dieses Paradox gibt es zuhauf: Die Aufklärung etwa hat sich gegen den traditionellen Glauben und die Autorität durchgesetzt, als die Anhänger der traditionellen Sichtweise begannen, die rationale Argumentation der Aufklärung zu nutzen, um ihre Haltung zu rechtfertigen (um sich eines geregelten Lebens zu erfreuen, braucht eine Gesellschaft eine feste, unanfechtbare Autorität usw.). Gilt aber das Gleiche auch umgekehrt: Weist man die Wahrheit ab, indem man sie annimmt? Eben das ist heute der

Fall: Die „Wahrheit" – die dringende Notwendigkeit globaler Zusammenarbeit usw. – wird durch das öffentliche Bekenntnis, dass es im Kampf gegen den Klimawandel Maßnahmen zu ergreifen sowie bei der Bekämpfung der Pandemie zusammenzuarbeiten gelte, abgewiesen. So geschah es bei der Klimakonferenz in Glasgow, wo sich die Vertreter der einzelnen Länder mit Erklärungen und Ankündigungen überboten, aber nur sehr wenige konkrete Verpflichtungen eingingen. Dieser Mechanismus wurde bereits 1937 von George Orwell beschrieben, der dabei auf die Unklarheit der vorherrschenden linken Haltung gegenüber dem Klassenunterschied abzielte:

> „Wir alle ziehen gegen die Klassenunterschiede los, aber sehr wenige Leute wollen sie im Ernst abschaffen. Hier kommt man zu der wichtigen Tatsache, dass jede revolutionäre Ansicht einen Teil ihrer Kraft aus der geheimen Überzeugung gewinnt, dass nichts verändert werden kann. [...] Solange es lediglich darum geht, das Los des Arbeiters zu verbessern, ist jeder anständige Mensch einverstanden. [...] Unglücklicherweise kommt man jedoch nicht weiter, wenn man die Klassenunterschiede lediglich hinwegwünscht. Genauer: Es *ist* nötig, sie hinwegzuwünschen, aber der Wunsch bleibt wirkungslos, wenn man nicht begreift, was er alles einschließt. Wir müssen der Tatsache ins Gesicht sehen, dass wir mit der Abschaffung der Klassenunterschiede einen Teil von uns selbst abschaffen. [...] Ich muss mich so vollständig ändern, dass ich am Ende kaum noch als die gleiche Person zu erkennen wäre."[3]

Gleiches gilt für unseren Kampf gegen die Pandemie und die globale Erwärmung – hier wäre eine Paraphrase von Orwell angebracht: „Wir alle ziehen gegen die globale Erwärmung und die Pandemie los, aber sehr wenige Leute wollen sie im Ernst abschaffen. Solange es lediglich darum geht, das Los der einfachen Leute zu verbessern, ist jeder anständige Mensch einverstanden. Unglücklicherweise kommt man jedoch nicht weiter, wenn man globale Erwärmung und Pandemie lediglich hinwegwünscht. Genauer: Es *ist* nötig, sie hinwegzuwünschen, aber der Wunsch bleibt wirkungslos, wenn man nicht begreift, was er alles einschließt. Wir müssen der Tatsache ins Gesicht sehen, dass wir mit der Abschaffung von globaler Erwärmung und Pandemie einen Teil von uns selbst abschaffen. Jeder von uns muss sich so vollständig ändern, dass er am Ende kaum noch als die gleiche Person zu erkennen wäre."

Begründet sich diese Untätigkeit lediglich aus der Angst, die eigenen wirtschaftlichen und sonstigen Privilegien zu verlieren? Ich denke, die Dinge liegen komplexer: Der erforderliche Wandel ist nämlich ein doppelter, und zwar sowohl subjektiv als auch objektiv. Der US-amerikanische Philosoph Adrian Johnston charakterisiert die heutige geopolitische Lage als eine Situation, in der die Weltgesellschaften und die Menschheit als Ganzes mit mehreren akuten Krisen konfrontiert sind (eine globale Pandemie, Umweltkatastrophen, enorme Ungleichheit, zunehmende Armut, potenziell verheerende Kriege usw.), aber offenbar nicht in der Lage dazu, die (zugegebenermaßen radikalen oder revolutionären) Maßnahmen zu ergreifen, die zu ihrer Lösung notwendig wären. Wir wissen, dass es mehr als schlecht um die Dinge steht. Wir wissen, was wieder in Ordnung gebracht werden müsste. Hin und wieder haben wir sogar eine Idee, wie sich das bewerkstelligen ließe. Trotzdem aber tun wir nichts, um bereits entstandene Schäden zu beheben oder um weitere, leicht absehbare Schäden zu verhindern. Woher kommt diese Passivität? In den Medien wird oft spekuliert, aus welchen versteckten Motiven heraus die Impfgegner mit solcher Hartnäckigkeit auf ihrer Haltung beharren. Soweit ich weiß, wird jedoch nie der naheliegendste Grund dafür genannt: Auf einer gewissen Ebene *wünschen* sie sich, dass die Pandemie fortbesteht, und sie wissen, dass die Ablehnung der Maßnahmen zu deren Bekämpfung eine verlängernde Wirkung hat. Wenn dem aber so ist, stellt sich wiederum die Frage, woher dieser Wunsch kommt.

Mit Freud'schen Kategorien sollte man sich hier zurückzuhalten, das heißt, es ist kein irgendwie gearteter Todestrieb, kein Leidens- und Sterbenswunsch am Werk. Der Gedanke, dass die Impfgegner sich der Bekämpfung der Pandemie widersetzen, weil sie nicht bereit sind, ihre westlich-liberale Lebensweise zu opfern, die für sie den einzig möglichen Rahmen für Freiheit und Würde bildet, ist an sich schon richtig, nur reicht er zur Erklärung nicht aus. Außerdem in Rechnung zu stellen ist hier ein perverses Vergnügen am Verzicht auf alltägliche Freuden, den die Pandemie mit sich bringt. Wir sollten die heimliche Befriedigung nicht unterschätzen, die das passive Leben in Niedergeschlagenheit und Apathie, das bloße, mit keinem Lebensziel verbundene Sich-Dahinschleppen verschafft.

Der erforderliche Wandel ist kein nur subjektiver, sondern ein global-gesellschaftlicher Wandel. Zu Beginn der Pandemie schrieb ich, die Krankheit werde dem Kapitalismus einen tödlichen Schlag versetzen. Dabei bezog ich mich auf die Schlussszene in Quentin Tarantinos *Kill Bill 2*, in der Beatrix den üblen Bill außer Gefecht setzt, indem sie die *Five Point Palm Exploding Heart Technique* anwendet, eine Kombination aus fünf Schlägen, die mit den Fingerspitzen auf fünf verschiedene Druckpunkte auf dem Körper der Zielperson ausgeführt werden – wenn die betreffende Person sich abgewendet hat und fünf Schritte gegangen ist, platzt das Herz in ihrem Körper und sie sinkt zu Boden. Damit wollte ich sagen, dass die Corona-Pandemie einen nach Art der *Five Point Palm Exploding Heart Technique* ausgeführten Angriff auf das globale kapitalistische System darstellt – ein Signal, dass wir nicht so weitermachen können wie bisher, dass sich etwas radikal ändern muss.

Danach haben mich viele ausgelacht. Der Kapitalismus, so hieß es, habe die Krise nicht nur eingedämmt, sondern sogar noch zur eigenen Stärkung genutzt. Allerdings glaube ich weiterhin, dass ich recht hatte: Der globale Kapitalismus hat sich in den letzten Jahren so grundlegend verändert, dass manche (wie Yanis Varoufakis oder Jodi Dean) die neu entstehende Ordnung schon gar nicht mehr als Kapitalismus bezeichnen, sondern als Neo-Feudalismus der Konzerne. Die Pandemie hat dieser neuen Unternehmensordnung Auftrieb gegeben, wobei neue Feudalherren wie Bill Gates oder Mark Zuckerberg unsere gemeinsam geteilten Kommunikations- und Austauschräume mehr und mehr kontrollieren.

Daraus wird man wohl ableiten müssen, dass noch stärkere Schocks und noch heftigere Krisen nötig sein werden, damit wir aufwachen. Der neoliberale Kapitalismus liegt bereits im Sterben, und darum wird die kommende Schlacht nicht die zwischen ihm und seinem Danach sein, sondern die zwischen zwei Formen dieses Danach: dem Neo-Feudalismus, der schützende Blasen gegen die Bedrohungen verspricht (wie Zuckerbergs „Metaversum"), Blasen, in denen wir weiterträumen können, und dem unsanften Erwachen, das uns zwingt, neue Formen der Solidarität zu erfinden.

1 Ivana Kottasová, „Vaccine Inequity and Hesitancy Made the Omicron Variant More Likely, Scientists, Say", *CNN*, 29.11.2021, edition.cnn.com/2021/11/28/world/omicron-coronavirus-variant-vaccine-inequity-intl-cmd/index.html, zuletzt abgerufen am 21.06.2022.
2 Kayvan Bozorgmehr, „Free Licensing of Vaccines to End the COVID-19 Crisis", *The Lancet*, 03.04.2021, www.thelancet.com/journals/lancet/article/PIIS0140-6736(21)00467-0/fulltext, zuletzt abgerufen am 21.06.2022.
3 George Orwell, *Der Weg nach Wigan Piers*, Diogenes, Zürich 2003, S. 189 ff.

30
Wird China zu einem Nationalstaat?

China, so mahnen uns viele Kommentatoren, die jeden Eurozentrismus eifrig zu vermeiden suchen, sei kein Nationalstaat im europäischen Sinne – China sei ein heterogenes Territorium, geeint und verbunden durch eine gemeinsame Zivilisation, die eine bestimmte spirituelle Tradition sowie ein dichtes Gewebe von Sitten und Alltagsritualen aufweist. (Man denke nur daran, welche Rolle dort das Teetrinken spielt, wohingegen für das westliche Zusammenleben das Kaffeetrinken von zentraler Bedeutung ist.) Aber stimmt das denn noch? Gab es in letzter Zeit nicht eine ganze Reihe von Schritten zu verzeichnen, die ganz klar in Richtung eines starken Nationalstaats gehen? Hierzu gehören etwa ein nationalistisch befeuerter Patriotismus und eine misstrauische Distanzierung gegenüber fremder (westlicher) Kultur, dazu die Durchsetzung der Han-Sprache als Leitsprache in ganz China.

Diese Entwicklung hin zu einem Nationalstaat sollte uns beunruhigen. Ein souveräner Nationalstaat nämlich geht mit einer bestimmten Haltung zum Krieg einher, wie schon Hegel klar herausstellte. Bisher hat jede Kultur ihre Mitglieder durch staatliche Macht diszipliniert oder erzogen und auf diese Weise den Frieden im Innern gesichert; über den Beziehungen der verschiedenen Kulturen und Staaten zueinander aber lag dabei stets der Schatten eines möglichen Krieges, und jeder Friede war nichts weiter als eine temporäre Waffenruhe. Nach Hegels Vorstellungen vollendet sich die ganze Ethik eines Staats im höchsten Akt des Heroismus: der Bereitschaft, sein Leben für die eigene Nation zu opfern. Und das heißt nichts anderes, als dass die wüsten, barbarischen Beziehungen der Staaten *untereinander* die Grundlage für die ethischen Verhältnisse in ihrem *Innern* bilden. Ist das heutige Nordkorea mit seinem rücksichtlosen Streben nach Atomwaffen und Raketen, die weit entfernte Ziele erreichen können, nicht das beste Beispiel für diese Logik bedingungsloser nationalstaatlicher Souveränität?

Es gibt deutliche Anzeichen dafür, dass sich auch China in diese Richtung bewegt. Freunde dort berichten mir, es sei in beliebten Militärzeitschriften häufig davon die Rede, dass die chinesische Armee einen echten Krieg brauche, um ihre Gefechtsfähigkeit zu testen – denn anders als die US-Armee, die das ständig könne (so wie im Irak), habe China nach der gescheiterten Intervention in Vietnam jahrzehntelang keine Gelegenheit dazu gehabt. In den großen offiziellen Medien wird neuerdings offen behauptet, dass wohl kein Weg an einer militärischen „Befreiung" Taiwans vorbeiführe, da die Hoffnung auf eine friedliche Integration immer mehr schwinde. Als ideologische Vorbereitung darauf heizt man den Patriotismus nationalistisch an und schürt das Misstrauen allem Fremden gegenüber; den USA wird unterstellt, sie wollten einen Krieg um Taiwan. Im Herbst 2021 wurde die chinesische Bevölkerung von den obersten Behörden dazu aufgefordert, Lebensmittelvorräte anzulegen, mit denen man zwei Monate überleben könne, falls die Versorgung mit Nahrungsmitteln aufgrund eines nicht näher bezeichneten Problems gestört werde – eine seltsame Warnung, die allgemein als Ankündigung eines bevorstehenden Krieges aufgefasst wurde. Außerdem sei hier der chinesische Mega-Blockbuster *The Battle at Lake Changjin* erwähnt, der die Intervention Chinas außerhalb seines Territoriums (im Koreakrieg) im Jahr 1950 feiert. Es kann sein, dass sogar der globale Kapitalismus von heute Nationalstaaten braucht, und China zahlt jetzt womöglich den Preis dafür, dass es die kapitalistische Ökonomie angenommen hat – man braucht einen starken Nationalstaat, um die Wirtschaft unter Kontrolle und die Gesellschaft zusammenzuhalten.

Erschwerend kommt bei alldem hinzu, dass auch die Spannungen zwischen Russland und der Ukraine zunehmen: Russland sendet Signale aus, dass es in die Ukraine einmarschieren will. Die zwei Angriffe (auf Taiwan und auf die Ukraine) scheinen aufeinander abgestimmt zu sein, wohl weil man hofft, der Westen werde nicht in der Lage sein, einen doppelten Krieg durchzuhalten. Allerdings soll hier keine simple antichinesische und antirussische Position bezogen werden: Biden verlängert Trumps Handelskrieg gegen China in der Hoffnung, die monopolgleiche Stellung der USA bei den digitalen Medien zu erhalten, und dazu hat der Westen die Vereinbarung mit Russland gebrochen, wonach souveräne Staaten, die aus dem Zerfall der Sowjetunion hervorgegangen sind, nicht der NATO beitreten werden. Beide Seiten spielen daher ein äußerst gefährliches Spiel, denn was es unter den heutigen Bedingungen bedeutet, einen Krieg zu gewinnen, lässt sich am besten mit dem Titel eines Berichts von *CNN* über Syrien wiedergeben: „Präsident Assad hat den Krieg gewonnen, aber sein Land verloren."[1] Wie mir Alain Badiou schrieb, zeichnen sich für ihn die Konturen des zukünftigen Krieges bereits ab:

> Die Vereinigten Staaten und ihre westlich-japanische Clique auf der einen Seite, China und Russland auf der anderen, und überall Atomwaffen. Wir können nicht umhin, uns an Lenins Aussage zu erinnern: „Entweder wird die Revolution den Krieg verhindern, oder der Krieg wird die Revolution einleiten." So können wir das maximale Ziel der kommenden politischen Arbeit definieren: Zum ersten Mal in der Geschichte soll sich die erste Hypothese – die Revolution wird den Krieg verhindern – verwirklichen und nicht die zweite – ein Krieg wird die Revolution einleiten. Faktisch hat sich die zweite Hypothese in Russland im Kontext des Ersten Weltkriegs und in China im Kontext des Zweiten Weltkriegs verwirklicht. Doch um welchen Preis?! Und mit welchen langfristigen Folgen?!"[2]

Aber wie können wir uns eine Revolution, die den heraufziehenden Krieg verhindert, auch nur vorstellen? Bleiben wir bei Badiou und seinem Motto *mieux vaut un désastre qu'un désêtre* – eine Katastrophe bzw. ein Ereignis, das ein katastrophales Ende nimmt, ist besser als das Weiterleben in einer hedonistisch-utilitaristischen Welt, in der sich nicht wirklich etwas ereignet. Das Motto geht auf Julien Gracqs Roman *Das Ufer der Syrten* zurück, in dem ein fiktionales Italien namens Orsenna und ein Land, das von der alten und dekadenten Stadt gleichen Namens regiert wird, sich seit 300 Jahren in einem schwebenden Krieg mit Farghestan befindet, einem barbarischen Wüstenland jenseits des Meeres im Süden. Die Führerschaft von Orsenna beschließt, einen offenen Krieg mit Farghestan zu provozieren, um den Bann des dekadenten Dahinvegetierens zu brechen und Orsenna wieder zu eigentlichem Leben zu verhelfen. Dabei ist klar, dass dieser Krieg die Zerstörung Orsennas zur Folge haben wird. Die hier zugrunde liegende existenzielle Frage lautet: Was ist erstrebenswerter – ein unbewegtes, träges Leben mit kleinen Befriedigungen zu führen, das eigentlich gar kein richtiges Leben ist, oder ein Risiko einzugehen, das womöglich in einer Katastrophe endet?

Doch führt Gracqs Beispiel nicht in die Irre? Das hedonistisch-dekadente Nichtsein der Gesellschaft von Orsenna ist ein unrichtiger, falscher Zustand, der die grundlegenden sozialen Antagonismen verschleiert – und das Pseudo-Ereignis eines Kriegs mit Farghestan hält diese Verschleierung weiter aufrecht. Demnach gibt es also drei Begriffe und nicht zwei: das Ereignis (das womöglich in einer Katastrophe endet), das Pseudo-Ereignis (Faschismus oder, in diesem Fall, Krieg) und die hedonistisch-utilitaristische Biopolitik des Nichtseins, der Regulierung des animalisch-menschlichen Lebens. Heute besteht die Schwierigkeit darin, das Ereignis vom Pseudo-Ereignis zu unterscheiden, da sie häufig zahlreiche Merkmale miteinander teilen. Selbst wenn man der Formel *mieux vaut un désastre qu'un désêtre* (es ist besser, ein authentisches Ereignis geht katastrophal aus, als wenn man ereignislos weiterlebt) zustimmt – gilt das dann auch für *mieux vaut un pseudo-evenement qu'un désêtre*, also das Pseudo-Ereignis? Ist ein faschistisches „Ereignis" ebenfalls besser als ein ereignisloses Weiterleben unter dem Kapitalismus? Badiou bewegt sich dabei auf einem gefährlich schmalen Grat, und mitunter verwechselt er das Ereignis mit dem Pseudo-Ereignis. Anfang der 1990er-Jahre schrieb er in einer an Gracq erinnernden Art und Weise, dass ein Sieg von Slobodan Milošević im jugoslawischen Zerfallskrieg politisch interessanter wäre als der Sieg jener Kräfte, die sich dem serbischen Präsidenten entgegenstellten – damit gab er dem nationalistischen Pseudo-Ereignis den Vorzug gegenüber dem ereignislosen Leben.

Für uns kommt es heute darauf an, zwischen fundamentalistischen Pseudo-Ereignissen (der Mobilisierung für eine nationale Sache) und authentischen Ereignissen (dem Kampf für soziale Gerechtigkeit, gegen die globale Erwärmung usw.) zu unterscheiden. Dabei ist das eigentlich ziemlich einfach: Pseudo-Ereignisse sind per definitionem ausgrenzend; sie dienen der leidenschaftlichen Verteidigung des eigenen Staats oder der eigenen ethnischen oder religiösen Identität. Authentische Ereignisse dagegen sind per definitionem universell. Als es 2020 zu einer kurzen kriegerischen Auseinandersetzung zwischen Aserbaidschan und Armenien kam, wurden in einem Bericht der armenischen Seite die Worte eines Soldaten wiedergegeben: „Wir haben zwar die Pandemie, aber wir kämpfen jetzt für unser Land. Darum sollten wir die Pandemie vergessen und uns auf den Krieg konzentrieren!" Dieser Kommentar stimmte mich sehr traurig.

1 Clarissa Ward, „President Assad Won the War But Lost his Country. A Look on the Ongoing War in Syria", edition.cnn.com/audio/podcasts/tug-of-war?episodeguid=92a49391-aaa9-442e-9dda-adef00f75877 [nicht mehr abrufbar].

2 Persönliche Korrespondenz. Abgesehen davon, dass ich die Achse China-Russland ebenfalls als „Clique" bezeichnen würde, gehe ich mit Badiou hier mit.

31

Omikron – erst die schlechte Nachricht, dann die gute (die sogar noch schlechter sein kann)

Mit der Omikron-Variante des Coronavirus, die sich im Dezember 2021 explosionsartig auszubreiten begann, scheint die Pandemie in eine neue Phase eingetreten zu sein. Man denkt dabei unweigerlich an eine Version des Witzes von der schlechten Nachricht und der guten Nachricht. Ein Arzt wendet sich an seinen Patienten: „Uns liegen jetzt die Untersuchungsergebnisse vor – ich habe eine schlechte Nachricht und eine gute. Die schlechte Nachricht ist, dass Sie im Endstadium an Krebs erkrankt sind und nur noch höchstens zwei Monaten zu leben haben." „Aber was", so erwidert der Patient fassungslos, „kann dann die gute Nachricht sein?" „Nun, wir haben auch herausgefunden, dass Sie stark an Alzheimer leiden, und darum werden Sie die schlechte Nachricht bereits vergessen haben, wenn Sie nach Hause kommen!" Die schlechte Nachricht in unserer Realität ist, dass sich die Infektionen nun explosionsartig ausbreiten und außer Kontrolle geraten, weil sich die Impfwirkung weiter abschwächt (Omikron breitet sich in Ländern mit hoher Impfquote am schnellsten aus) und auch andere Maßnahmen sich als weniger effizient erweisen; die gute Nachricht ist, dass Omikron im Vergleich zu anderen Varianten längst nicht so schwerwiegend ist, und darum behaupten manche Wissenschaftler, bei der Infektion damit handele sich nicht um dieselbe Krankheit; sie sei eher wie eine starke Erkältung oder eine leichte Grippe.

Außerdem weiß man längst, dass die Spanische-Grippe-Pandemie auf ähnliche Weise zu Ende ging: Eine neue, viel mildere Variante des Virus setzte sich gegen alle anderen durch. So ist es kein Wunder, dass Omikron für Diskussionen gesorgt hat, was den Sinn massenhafter Impfungen betrifft. Deren Gegner argumentieren dabei verhältnismäßig vernünftig: Wenn wir es zulassen, dass sich die neue Variante frei ausbreitet, wird die große Mehrheit immun werden, ohne dass es allzu viele Todesfälle zu verzeichnen geben wird; wenn aber weiter massenhaft geimpft und dabei ein neuer, speziell gegen Omikron entwickelter Impfstoff verwendet wird, könnte diese relativ harmlose Variante von einer neuen, viel tödlicheren verdrängt werden.

Obwohl man erwarten würde, dass diese Entwicklungen den Leugnern neuen Auftrieb geben, scheint auch den Protesten der Impfgegner die Luft auszugehen. Die neue Stimmung ließe sich als postpandemische depressive Normalisierung charakterisieren. Wir haben uns damit abgefunden, mit dieser milderen Form von Covid-19 zu leben und unter gelegentlichen kleineren Anpassungen an das Virusgeschehen einfach weiterzumachen. In dieser „guten Nachricht“ liegt keine Erleichterung – nicht anders als in dem erwähnten Witz gibt es ein bitteres Happy End. Denn erstens verursacht die Pandemie auch in ihrer milderen Form immer noch großes Chaos in der Wirtschaft, im Gesundheitswesen und im sozialen Leben, ohne dass man weiß, was eigentlich los ist. Zweitens ist es offensichtlich, dass in der großen Schlacht zwischen Gesundheit und Kapitalinteressen das Kapital gewonnen hat. Und drittens wird uns immer bewusster, dass die Pandemie nur der erste Vorgeschmack auf andere, viel größere Bedrohungen ist.

Viele Menschen reagierten gereizt oder verärgert auf die Verpflichtung, in geschlossenen Räumen eine Maske zu tragen, um sich vor einer Infektion mit Covid-19 zu schützen – wir alle empfinden es als natürlich, unmittelbar frische Luft einatmen zu können. Wenn von ökologischen Bedrohungen die Rede ist, geht es in der Regel um die globale Erwärmung, die Erschöpfung natürlicher Ressourcen, um Wetterextreme wie Dürren und Überschwemmungen usw. – doch Peter Sloterdijk hat ganz richtig das *Atmen* als das grundlegende Bedürfnis in den Vordergrund gerückt: Selbst wenn wir hungern oder eisiger Kälte ausgesetzt sind, gehen wir wie selbstverständlich davon aus, dass wir atmen können. Das Recht auf Luft, darauf, im Freien atmen zu können, nicht nur in geschützten Blasen, ist gleichsam Teil unserer Natur – Ersticken wird mit geschlossenen Räumen assoziiert (den Gaskammern in Auschwitz als Extrem) –, doch die Luftverschmutzung verhindert, dass wir im offenen Raum, wo wir frische Luft erwarten, frei atmen können.

Das Belastende an dieser Situation ist, dass wir all das zwar wissen, aber dennoch nicht in der Lage sind, entsprechend aktiv zu werden. Aber warum? Adam McKays Film *Don't Look Up* (2021) handelt von einem Kometen, der direkt auf die Erde zufliegt, und von zwei Wissenschaftlern, die versuchen, den Rest der Welt davon zu überzeugen, dass es sich bei der betreffenden Nachricht nicht um einen Scherz handelt; die Regierung und die Bevölkerung weigern sich nämlich, an die Existenz des Kometen zu glauben.

Diese absolute Apokalypse – das Leben auf der Erde wird in sechs Monaten enden, und jeder weiß das, auch wenn man dieses Wissen leugnet – wird als politische Satire dargestellt, genauer gesagt als eine Satire vor dem Hintergrund totaler, überall lauernder Finsternis. (So sorgt sich die Präsidentin etwa darum, wie sich die bedrohlichen Nachrichten auf die Zwischenwahlen auswirken werden.) Die Entscheidung, den Film als Satire anzulegen, ist richtig: Wenn wir es mit einer echten Katastrophe zu tun haben, haben wir die Tragödie hinter uns gelassen, und nur eine Komödie funktioniert an dieser Stelle, und zwar gerade dadurch, dass sie der Situation völlig unangemessen ist – man denke nur daran, dass die besten Filme über Konzentrationslager Komödien sind.

Kein Wunder, dass einige Kritiker mit dem leichten Ton des Films ihre Probleme hatten und ihm vorwarfen, er ziehe die Apokalypse ins Triviale. Woran sich diese Kritiker aber eigentlich stören, ist, dass nicht nur das Establishment, sondern sogar die Demonstranten selbst von der Trivialisierung betroffen sind. Die Präsidentin (gespielt von Meryl Streep) ist offensichtlich Hilary Clinton nachempfunden, und so wird ihr Widerstand, ihre Weigerung, die Bedrohung des Lebens auf der Erde ernst zu nehmen, nicht aus einer rechtspopulistischen Position begründet. Auch die Demonstranten, die „Look up!" („Schaut nach oben!") skandieren und uns anflehen, den herannahenden Kometen ernst zu nehmen, schlagen keine wirksamen Maßnahmen vor, sondern veranstalten nur ein großes Spektakel mit irgendwelchen Popstars, die nichts als Slogans verbreiten. Der Film ist also kein billiger Angriff auf Rechtspopulisten, sondern nimmt das liberale Establishment und die Umweltbewegung ins Visier und zeigt ihren Umgang mit den Bedrohungen von heute wie der globalen Erwärmung.

Es reicht nicht mehr, die Wahrheit zu sagen – man muss sie auch so sagen, dass die Menschen aus ihrer selbstgerechten Zufriedenheit aufgeschreckt und dazu mobilisiert werden, entsprechend zu handeln. Sind wir dazu bereit?

32
Was wird aus einer Handvoll Sonnenblumenkerne wachsen?

In Agatha Christies Miss-Marple-Roman *A Pocket Full of Rye* (dt. „Das Geheimnis der Goldmine") stirbt der reiche Geschäftsmann Rex Fortescue, nachdem er in seinem Londoner Büro den Nachmittagstee getrunken hat; bei der Durchsuchung seiner Kleidung findet die Polizei in einer Jackettasche eine Handvoll Roggenkörner. In dem Roman befinden sich die Körner dort, weil „a pocket full of rye" („eine Tasche voller Roggen") Teil eines Kinderlieds ist, auf das sich der Mörder bezieht. Während des russischen Angriffs auf die Ukraine Ende Februar 2022 geschah etwas Ähnliches – nur nicht mit Roggenkörnern, sondern mit Sonnenblumenkernen. In Henitschesk, einer Hafenstadt am Asowschen Meer, stellte eine ältere ukrainische Frau einen schwer bewaffneten russischen Soldaten zur Rede und bot ihm eine Handvoll Sonnenblumenkerne an, die er sich in seine Tasche stecken sollte – damit Blumen erblühen, wenn er stirbt, und sein in der Erde verrottender Körper einen guten Zweck erfüllt, indem er die aufkeimenden Pflanzen nährt.[1] Das Einzige, was mich an dieser Geste stört, ist das fehlende Mitgefühl mit den einfachen russischen Soldaten, die in einen Einsatz in die Ukraine geschickt wurden – viele von ihnen ohne angemessene Versorgung mit Lebensmitteln und anderen Vorräten; manche wussten nicht einmal, wo sie sich befinden und warum sie da sind, wo sie sind. Es wird auch von Fällen berichtet, in denen Ukrainer russischen Soldaten etwas zu essen brachten. Dies ließ mich an Prag im Jahr 1968 zurückdenken, als ich nach meiner Ankunft einen Tag vor dem sowjetischen Einmarsch ein paar Tage in der Stadt unterwegs war, bis man den Transport für die Ausländer, die sich dort aufhielten, organisiert hatte. Dabei ist mir unmittelbar aufgefallen, wie verwirrt und wie arm die einfachen Soldaten waren, ganz anders als die höheren Dienstgrade, vor denen die Soldaten viel mehr Angst hatten als vor uns, den protestierenden Demonstranten.

Gerade in diesen verrückten Zeiten sollten wir an den letzten Resten der Normalität festhalten und uns nicht schämen, auf die Populärkultur zurückzugreifen. Daher möchte ich einen weiteren Klassiker von Agatha Christie anführen, *The Hollow* (1946; dt. „Das Eulenhaus"), in dem die exzentrische Lucy Angkatell die Christows (John, einen erfolgreichen Arzt aus der Harley Street, und seine Frau Gerda sowie andere Mitglieder ihrer Großfamilie) für das Wochenende auf ihr Anwesen eingeladen hat. Hercule Poirot (der in einem Landhaus in der Nähe wohnt) ist ebenfalls zum Essen eingeladen; am nächsten Morgen wird er Zeuge einer Szene, die seltsam inszeniert wirkt: Gerda Christow steht mit einer Pistole in der Hand neben Johns leblos scheinendem Körper, aus dem Blut austritt und in den Swimmingpool tropft. Lucy, Johns Geliebte Henrietta und Edward (ein Cousin von Lucy und ein Cousin zweiten Grades von Henrietta) sind ebenfalls am Schauplatz anwesend. John macht sich noch ein letztes Mal bemerkbar und haucht mit einem fordernd klingenden „Henrietta" sein Leben aus. Es scheint offensichtlich zu sein, dass Gerda die Mörderin ist. Henrietta tritt vor, um ihr den Revolver aus der Hand zu nehmen, gerät im Anschluss aber ins Stolpern und lässt die Waffe in den Swimmingpool fallen, wodurch das einzige Beweisstück vernichtet wird. Im Fortgang erkennt Poirot, dass das letzte Wort des Sterbenden ein Aufruf an seine Geliebte war, seine Frau davor zu schützen, für seinen Tod ins Gefängnis zu müssen – ohne es bewusst geplant zu haben, schließt sich die ganze Familie dem Komplott an und führt Poirot absichtlich in die Irre; alle wissen, dass Gerda die Mörderin ist, und versuchen, sie zu retten. Das übliche Muster (ein Mord wird begangen; es gibt eine Gruppe von Verdächtigen, die ein Interesse und die Gelegenheit hatten, ihn zu begehen; und auch wenn offensichtlich scheint, wer der Mörder ist, findet der Detektiv Hinweise, die den Tatort, den der wahre Mörder arrangiert hat, um seine Spuren zu verwischen, als Täuschung entlarvt) wird hier umgekehrt: Die Gruppe von Verdächtigen streut Hinweise, die auf sie selbst deuten, um die Tatsache zu vertuschen, dass der wahre Mörder der offensichtliche *ist*, nämlich die Person, die am Tatort mit einer Waffe in der Hand ertappt wurde. Der Tatort wurde also in Szene gesetzt, aber auf eine reflexive Art und Weise: Die Täuschung besteht gerade darin, dass er künstlich arrangiert erscheint, das heißt, die Wahrheit maskiert sich als künstlicher Schein, sodass die „Hinweise" selbst die eigentliche Fälschung sind – oder, wie Jane Marple in einem anderen Klassiker von Agatha Christie sagt: „Unterschätze nie die Macht des Offensichtlichen" (*They Do It With Mirrors*, dt. „Fata Morgana").

Funktioniert Ideologie nicht häufig genau so, vor allem heute? Sie präsentiert sich selbst als etwas Geheimnisvolles und verweist dabei auf etwas, das im Verborgenen dahinter liegt, um das Verbrechen, das sie offen begeht (oder legitimiert), zu verschleiern. „Die Situation ist komplexer" ist der bevorzugte Ausdruck, der eine solche doppelte Mystifizierung ankündigt: Eine offensichtliche Tatsache – sagen wir, eine brutale militärische Aggression – wird relativiert, indem man sich auf eine „viel komplexere Situation im Hintergrund" beruft (wodurch die Aggression erwartungsgemäß zu einem Akt der Verteidigung wird). Darum sollte man auf einer gewissen Ebene die verborgene „Komplexität" der Situation ignorieren und einfachen Zahlen vertrauen.

Verhält es sich mit der Ukraine nicht genauso? Russland hat sie angegriffen; viele aber suchen nach der „Komplexität" dahinter. Sicher ist die Situation auch irgendwie komplex, doch das ändert nichts an dem Grundtatbestand: Russland hat es getan. Unser Fehler war es, Putins Drohungen nicht wörtlich zu nehmen – wir dachten, er meine es nicht wirklich ernst, sondern taktiere und manipuliere bloß. Ironischerweise fühlt man sich hier an einen von Freud angeführten jüdischen Witz erinnert („Warum sagst du mir, dass du nach Lemberg fährst, wenn du wirklich nach Lemberg fährst?"), in dem eine Lüge die Form faktischer Wahrheit annimmt. Zwischen den beiden Protagonisten in diesem Witz besteht eine unausgesprochene Vereinbarung: Wenn man nach Lemberg fährt, sagt man, man fahre nach Krakau, und umgekehrt; die buchstäbliche Wahrheit zu sagen bedeutet innerhalb dieses Rahmens, zu lügen. Als Putin eine militärische Intervention ankündigte, haben wir seine Erklärung, er wolle die gesamte Ukraine befrieden und von Nazis säubern, nicht wörtlich genug genommen. Darum lautet der Vorwurf „tiefgründiger" Strategen nun: „Warum hast du mir gesagt, dass du Lemberg besetzen willst, wenn du wirklich Lemberg besetzen willst?"

Was geht also vor? Erinnern wir uns, dass vor ein oder zwei Monaten die Pandemie noch die große Nachricht in den Medien war – mittlerweile ist sie daraus so gut wie verschwunden und die Ukraine diktiert nunmehr die Schlagzeilen. Und womöglich ist die Angst jetzt viel größer; es gibt beinahe eine nostalgische Sehnsucht nach den guten alten zwei Jahren des Kampfs gegen die Pandemie. Diese schlagartige Veränderung zeigt, wie begrenzt unsere Freiheit ist – niemand hat sich die Veränderung ausgesucht; sie ist einfach geschehen. (Verschwörungstheoretiker sehen das natürlich anders; sie behaupten bereits, die Ukraine-Krise sei ein weiteres Komplott des Establishments, um den Ausnahmezustand fortzuschreiben und uns unter Kontrolle zu halten.) Um zu begreifen, worin Pandemie und Ukraine-Krise sich unterscheiden, müssen wir zwischen zwei Arten von Freiheit differenzieren, nämlich dem, was im Englischen als *freedom* bezeichnet wird, und dem, was man *liberty* nennt. Ich würde es wagen und diese Unterscheidung als jene ausmachen wollen, die Hegel zwischen „abstrakter Freiheit“ und „konkreter Freiheit“ trifft. Abstrakte Freiheit (*freedom*) ist die Fähigkeit, unabhängig von gesellschaftlichen Regeln und Gewohnheiten zu tun, was man will, und diese Regeln und Gewohnheiten sogar in einem Ausbruch „radikaler Negativität“ zu verletzen, etwa bei einer Revolte oder in einer revolutionären Situation; konkrete Freiheit (*liberty*) ist die Freiheit, die durch eine Reihe von Regeln und Gewohnheiten aufrechterhalten wird. Was die Impfgegner betrifft, so ist die Freiheit zur Entscheidung, ob man sich impfen lässt oder nicht, natürlich eine formal bestehende Freiheit; die Ablehnung der Impfung bedeutet jedoch praktisch eine Beschränkung meiner tatsächlichen Freiheit und der Freiheit der anderen. Meine Freiheit besteht nur als Freiheit innerhalb eines bestimmten gesellschaftlichen Raums, der durch Vorschriften und Verbote geregelt ist. Ich kann mich auf einer belebten Straße frei bewegen, weil ich einigermaßen sicher sein kann, dass die anderen Menschen sich mir gegenüber gesittet verhalten und bestraft werden, wenn sie mich angreifen, mich beleidigen usw. Ich kann die Freiheit, mich mit anderen zu unterhalten und kommunikativ auszutauschen, nur dann ausüben, wenn ich mich an die allgemein anerkannten Regeln der Sprache halte (mit all ihren Mehrdeutigkeiten und einschließlich der ungeschriebenen Regeln für Mitteilungen zwischen den Zeilen). Die Sprache, die wir sprechen, ist natürlich weltanschaulich nicht neutral; sie enthält viele Vorurteile und macht es uns unmöglich, bestimmte ungewöhnliche Gedanken klar zu formulieren – Denken findet immer in der Sprache statt, und diese geht mit einer alltäglichen Metaphysik (einer bestimmten Sicht der Dinge) einher; um aber wirklich zu denken, müssen wir in einer Sprache gegen diese Sprache denken. Die Regeln der Sprache können geändert werden, um neue Freiheiten zu eröffnen, doch die Probleme mit dem politisch korrekten Neusprech zeigen deutlich, dass das unmittelbare Auferlegen neuer Regeln zwiespältige Ergebnisse und neue, subtilere Formen von Rassismus und Sexismus zur Folge haben kann.

Hegel wiederum wusste sehr genau, dass es Krisenmomente gibt, in denen die abstrakte Freiheit eingreifen muss. Im Dezember 1944 schrieb Jean-Paul Sartre: „Niemals waren wir freier als unter der deutschen Besatzung. Wir hatten alle unsere Rechte verloren und in erster Linie das Recht zu sprechen; jeden Tag warf man uns Schmähungen ins Gesicht [...]. Die Résistance war eine wahre Demokratie; für den Soldaten wie für seinen Vorgesetzten die gleiche Gefahr, die gleiche Einsamkeit, die gleiche Verantwortung, die gleiche absolute Freiheit innerhalb der Disziplin."[2] Diese Situation voller Angst und Gefahr war abstrakte Freiheit, nicht konkrete – die konkrete Freiheit wurde erst begründet, als man nach dem Krieg wieder zur Normalität zurückkehrte. In der Ukraine sind heute diejenigen, die gegen die russische Invasion kämpfen, abstrakt frei, aber sie haben keine konkrete Freiheit. Sie kämpfen für die konkrete Freiheit – und die entscheidende Frage ist, welche Art von konkreter Freiheit nach dem Kampf herrschen wird. Aleksander Dugin, Putins Hofphilosoph, gab dem Ganzen lediglich einen Dreh in Richtung eines historistischen Relativismus:

> Die Postmoderne zeigt, dass jede sogenannte Wahrheit eine Frage des Glaubens ist. Wir glauben also an das, was wir tun; wir glauben an das, was wir sagen. Und das ist die einzige Möglichkeit, die Wahrheit zu definieren. Wir haben also unsere spezielle russische Wahrheit, die Sie akzeptieren müssen. Wenn die USA keinen Krieg beginnen wollen, sollten Sie anerkennen, dass die USA nicht mehr der einzige Herr im Haus sind. Und zur Lage in Syrien und der Ukraine sagt Russland: „Nein, ihr seid nicht mehr der Boss." Es geht um die Frage, wer die Welt beherrscht. Nur ein Krieg kann das wirklich entscheiden.[3]

Aber was ist mit den Menschen? Können sich auch die Menschen in Syrien und der Ukraine für ihre Wahrheit bzw. ihren Glauben entscheiden, oder sind sie nur Manövriermasse der großen „Bosse" und des Kampfes, den diese führen? Selbst einige Linke sehen in Dugin einen Gegner der globalen kapitalistischen Ordnung, einen Verfechter der irreduziblen Vielfalt ethnisch-kultureller Identitäten. Aber die von Dugin befürwortete Vielfalt ist eine Vielfalt auf der Grundlage ethnischer Identitäten, keine Vielfalt innerhalb ethnischer Gruppen – und darum „kann das nur ein Krieg wirklich entscheiden". Das Aufkommen fundamentalistischer ethnischer Identitäten ist letztlich die Kehrseite des globalen Marktes, nicht sein Gegenteil. Wir brauchen mehr Globalisierung, nicht weniger: Wir brauchen mehr denn je globale Solidarität und Zusammenarbeit, wenn wir die globale Erwärmung wirklich bewältigen wollen. „Nimm das Übernatürliche weg und was bleibt, ist das Unnatürliche", schrieb Gilbert Keith Chesterton einmal,[4] und wir sollten ihm zustimmen – allerdings im umgekehrten Sinne: Wir sollten akzeptieren, dass die Natur „unnatürlich" ist, ein verrücktes Schauspiel kontingenter Störungen ohne inneren Rhythmus.

Einen oder zwei Tage nach Ausbruch des Krieges rief Putin die ukrainische Armee im Fernsehen dazu auf, die Regierung Selenskyj zu stürzen und die Macht zu übernehmen, weil es viel einfacher wäre, mit den Militärs eine Friedensvereinbarung zu treffen. Vielleicht wäre es gut, wenn so etwas in Russland selbst passieren würde (wo Marschall Schukow 1953 Chruschtschow half, Lawrenti Beria zu Fall zu bringen). Heißt das also, wir sollten Putin einfach verteufeln? Nein – um ihm wirklich etwas entgegenzusetzen, müssen wir den Mut aufbringen, uns selbst kritisch zu betrachten.

Welche Spiele hat der liberale Westen in den letzten Jahrzehnten mit Russland gespielt? Wie hat er Russland praktisch in Richtung Faschismus gedrängt? Man erinnere sich nur an die katastrophalen wirtschaftlichen „Ratschläge", die man Russland in Jelzins Regierungszeit erteilte … Ja, Putin hat sich offensichtlich seit Jahren auf diesen Krieg vorbereitet, doch der Westen wusste das, und daher ist der Krieg überhaupt kein unerwarteter Schock – es gibt gute Gründe für die Annahme, dass der Westen Russland bewusst in die Enge getrieben hat. Russlands Angst vor einer Einkreisung durch die NATO ist alles andere als paranoide Einbildung. Es liegt etwas Wahres in dem, was kein anderer als Viktor Orbán sagte: „Wie ist es zum Krieg gekommen? Wir stehen im Kreuzfeuer der großen geopolitischen Akteure, die NATO hat sich nach Osten ausgedehnt, und Russland war damit immer weniger einverstanden. Die Russen stellten zwei Forderungen: Die Ukraine sollte ihre Neutralität erklären und die NATO sollte die Ukraine nicht aufnehmen. Diese Sicherheitsgarantien wurden den Russen nicht gegeben, und darum beschlossen sie, sie durch Krieg zu erlangen. Das ist die geopolitische Bedeutung dieses Krieges.“[5] Diese kleine Wahrheit verdeckt natürlich eine große Lüge: das verrückte geopolitische Spiel, das Russland betreibt.

In der derzeitigen Lage sollte es außerdem keine Tabus geben. Offensichtlich kann man auch der ukrainischen Seite nicht vollkommen vertrauen, und die Lage im Donbass ist alles andere als klar. Und nicht zuletzt grenzt die Ausgrenzung russischer Künstler langsam an Wahnsinn. Die Universität Mailand-Bicocca setzte eine Vortragsreihe, die der Schriftsteller Paolo Nori den Romanen Dostojewskis widmen wollte, mit einem sehr putinistischen Argument aus: Es handele sich dabei nur um eine Präventivmaßnahme, um die Lage ruhig zu halten, so hieß es. (Die Aussetzung wurde ein paar Tage später schließlich wieder aufgehoben.) Dabei ist der kulturelle Austausch mit Russland heute wichtiger denn je. Und was ist mit dem riesigen Skandal, dass aus der Ukraine nur Ukrainer nach Europa gelassen werden, aber nicht die Studenten und Arbeiter aus der Dritten Welt, die genauso versuchen, dem Krieg zu entkommen? Was ist mit dem explodierenden Rassismus im Westen? CBS-Korrespondent Charlie D'Agata erklärte letzte Woche, die Ukraine sei „bei allem Respekt kein Ort wie der Irak oder Afghanistan, wo seit Jahrzehnten Konflikte toben. Kiew ist eine vergleichsweise zivilisierte, relativ europäische Stadt – auch diese Worte muss ich mit Bedacht wählen –, bei der man so etwas nicht erwarten würde oder doch die Hoffnung hätte, dass es nicht passiert." Ein ehemaliger stellvertretender Generalstaatsanwalt der Ukraine sagte der BBC: „Es wühlt mich sehr auf, weil ich sehe, dass jeden Tag europäische Menschen mit blauen Augen und blonden Haaren [...] getötet werden." Und der französische Journalist Philippe Corbé konstatierte: „Wir sprechen hier nicht von Syrern, die vor den Bombenangriffen des von Putin unterstützten syrischen Regimes fliehen. Wir sprechen von Europäern, die in Autos flüchten, die wie unsere aussehen, um ihr Leben zu retten." Es stimmt wohl, dass im Irak oder in Afghanistan seit Jahrzehnten Konflikte toben – aber was ist mit unserer Mitschuld an diesen Konflikten? Afghanistan ist heute ohne Frage ein islamisch-fundamentalistisches Land – aber wer erinnert sich noch daran, dass es vor dreißig Jahren ein Land mit starker säkularer Tradition war, bis hin zu einer einflussreichen kommunistischen Partei, die dort unabhängig von der Sowjetunion die Macht übernahm? Aber dann griffen zuerst die Sowjetunion und anschließend die USA ein, und jetzt sind wir da, wo wir sind.

Das Entsetzen unserer Korrespondenten und Kommentatoren über die Geschehnisse in der Ukraine ist verständlich, aber es ist auch alles andere als eindeutig. Es kann Folgendes bedeuten: Jetzt sehen wir, dass sich die Schrecken nicht auf die Dritte Welt beschränken, dass sie nicht einfach nur etwas sind, das wir bequem auf unseren Bildschirmen verfolgen, sondern dass sie auch hier passieren können, und wenn wir sicher leben wollen, müssen wir sie überall bekämpfen. Es kann aber auch dies bedeuten: Lassen wir die Schrecken dort, wo sie sind, weit weg, und schützen uns einfach vor ihnen. Putin ist ein Kriegsverbrecher – aber haben wir das erst jetzt entdeckt? War er das nicht schon vor ein paar Jahren, als russische Flugzeuge Aleppo bombardierten, die größte Stadt Syriens, um das Regime von Assad zu retten, und zwar auf eine viel brutalere Art und Weise als jetzt in Kiew? Wir wussten es damals, aber unsere Empörung war rein moralisch und beschränkte sich auf Worte. Das Gefühl einer viel stärkeren Anteilnahme am Schicksal der Ukrainer, die „wie wir" sind, zeigt die Grenzen des Versuchs von Frédéric Lordon auf, emanzipatorische Politik auf das „Zugehörigkeitsgefühl" zu gründen, das durch überindividuelle „Nachahmung der Affekte", wie Spinoza das nannte, aufrechterhalten wird – wir müssen Solidarität für diejenigen entwickeln, denen wir uns nicht gefühlsmäßig zugehörig fühlen.

Wenn Präsident Selenskyj den ukrainischen Widerstand als Verteidigung der zivilisierten Welt bezeichnet, heißt das dann, dass er die unzivilisierte Welt damit ausschließt? Was ist mit den Tausenden, die in Russland dafür verhaftet wurden, dass sie gegen die militärische Intervention protestierten? Was ist mit der Tatsache, dass der Nationalsozialismus in einem Land an die Macht kam, welches die höchste Form europäischer Kultur verkörperte – und dass „Europäer mit blauen Augen und blondem Haar" *dort* das Töten übernahmen? Wenn wir lediglich „Europa verteidigen", sprechen wir bereits Dugins und Putins Sprache – damit steht europäische Wahrheit gegen russische Wahrheit. Die Grenze zwischen Zivilisation und Barbarei verläuft innerhalb der Zivilisationen, und darum ist unser Kampf universell. Die einzige wahre Universalität ist heute die Universalität eines Kampfs.

Die Ukraine war das ärmste Land unter allen postsowjetischen Staaten. Selbst wenn die Ukrainer – hoffentlich – siegen werden, wird ihr Sieg im Kampf um die Verteidigung ihres Landes für sie der Moment der Wahrheit werden. Sie werden lernen müssen, dass es nicht ausreicht, den Westen einzuholen, denn die westliche liberale Demokratie steckt selbst in einer tiefen Krise. Das Traurigste an dem weiter andauernden Krieg in der Ukraine ist, dass die globale liberal-kapitalistische Ordnung zwar offensichtlich auf vielen Ebenen auf eine Krise zusteuert, die Lage aber jetzt fälschlicherweise wieder viel zu einfach als Konflikt barbarisch-totalitärer Länder gegen den zivilisierten Westen dargestellt wird – und die globale Erwärmung ist aus dem Blick verschwunden. Wenn wir diesen Weg weitergehen, sind wir verloren. Der gegenwärtige Moment ist nicht der Augenblick der Wahrheit, in dem uns die Zusammenhänge deutlich werden, in dem der Grundantagonismus klar erkannt wird. Er ist ein Moment größter Lüge. Wenn ein Europa, das die „Unzivilisierten" ausschließt, den Sieg davontragen wird, dann brauchen wir Russland nicht, um uns zu vernichten – das werden wir dann ganz allein schaffen.

1 Nick Craven, „„Put Sunflower Seeds in Your Pockets so They Grow on Ukraine Soil When you DIE: Moment Defiant Woman Bravely Confronts Heavily Armed Russian Troops", *DailyMailOnline,* 24.02.2022, www.dailymail.co.uk/news/article-10548649/Put-sunflower-seeds-pockets-grow-Ukraine-soil-Woman-confronts-Russian-troops.html, zuletzt abgerufen am 22.06.2022.

2 Jean-Paul Sartre, *Republik des Schweigens*. In: *Philosophie Magazin,* Sonderausgabe 09, *Die Existenzialisten. Lebe deine Freiheit*, Berlin 2017, S. 79.

3 Zitiert nach Gabriel Gatehouse, „The Russians Who Fear a War With the West", *BBC*, 25.10.2016, www.bbc.com/news/world-europe-37766688, zuletzt abgerufen am 22.06.2022.

4 Gilbert Keith Chesterton, *Ketzer. Eine Verteidigung der Orthodoxie*, Insel Verlag, Berlin 2012, S. 88.

5 „Orbán: ‚Wir stehen im Kreuzfeuer der großen geopolitischen Akteure'", *Ungarn heute,* 03.03.2022, ungarnheute.hu/news/orban-wir-stehen-im-kreuzfeuer-der-grossen-geopolitischen-akteure-24148, zuletzt abgerufen am 22.06.2022.

33
Die Ukraine und die Dritte Welt

Nach dem russischen Angriff auf die Ukraine habe ich mich wieder einmal dafür geschämt, Bürger Sloweniens zu sein. Die slowenische Regierung hatte zwar umgehend erklärt, sie sei bereit, Tausende ukrainischer Flüchtlinge aufzunehmen, die vor der russischen Besatzung flohen. Gut – aber als Afghanistan an die Taliban gefallen war, hatte dieselbe Regierung verkündet, Slowenien sei nicht bereit, irgendwelche Flüchtlinge von dort aufzunehmen – mit der Begründung, dass die Menschen, anstatt zu fliehen, dableiben und mit Waffen gegen die Taliban kämpfen sollten. Als vor einigen Monaten Tausende von Flüchtlingen aus Asien versuchten, über Weißrussland nach Polen zu gelangen, bot die slowenische Regierung Polen militärische Hilfe an und behauptete, Europa werde dort angegriffen. Es gibt also offensichtlich zwei Arten von Flüchtlingen: „unsere" (europäische), das heißt „echte Flüchtlinge", und solche aus der Dritten Welt, die unsere Gastfreundschaft nicht verdienen. Am 25. Februar 2022 veröffentlichte die slowenische Regierung einen Tweet, in dem sie diese Unterscheidung deutlich machte: „Die Flüchtlinge aus der Ukraine kommen aus einem Umfeld, das sich kulturell, religiös und historisch völlig von dem Umfeld unterscheidet, aus dem die Flüchtlinge aus Afghanistan kommen." Dieser Tweet löste einen regelrechten Aufschrei aus und wurde bald darauf wieder zurückgezogen – der Geist der obszönen Wahrheit aber hatte die Flasche für einen kurzen Moment verlassen.

Ich erwähne das alles nicht aus moralistischen Gründen, sondern weil ich der Ansicht bin, dass eine „Verteidigung Europas" sich für Westeuropa im laufenden globalen Kampf um geopolitischen Einfluss als katastrophal erweisen wird. Unsere Medien konzentrieren sich derzeit auf den Konflikt zwischen dem „liberalen" Einflussbereich des Westens und dem „eurasischen" Einflussbereich Russlands, wobei jede Seite die andere beschuldigt, eine Bedrohung darzustellen: Der Westen schürt „Farbrevolutionen" im Osten und kesselt Russland mit der NATO-Erweiterung ein; Russland versucht auf brutale Weise, die Kontrolle über das gesamte ehemalige sowjetische Gebiet wiederherzustellen, und niemand weiß, wo es aufhören wird. Moskau hat bereits deutlich gemacht, dass es nicht tatenlos zusehen wird, wenn Bosnien-Herzegowina sich der NATO annähert (was wahrscheinlich bedeutet, dass es die Abtrennung des serbischen Teils von Bosnien unterstützen wird). Das alles ist Teil eines größeren geopolitischen Spiels – man denke nur an die russische Militärpräsenz in Syrien, die das Assad-Regime gerettet hat.

Was der Westen dabei aber weitgehend ignoriert, ist die dritte, viel größere Gruppe von Ländern, die den Konflikt meist nur beobachten: die Dritte Welt von Lateinamerika bis zum Nahen Osten, von Afrika bis Südostasien – selbst China ist nicht bereit, Russland vollständig zu unterstützen, auch wenn es seine eigenen Pläne hat. Am 25. Februar 2022 erklärte Xi Jinping in einer Botschaft an Kim Jong Un, China sei bereit, mit der koreanischen Seite zusammenzuarbeiten, um die Beziehungen zwischen China und Nordkorea „in einer neuen Lage" freundschaftlich und kooperativ weiterzuentwickeln[1] – womit Xi verschlüsselt auf den Krieg in der Ukraine anspielte. Es steht zu befürchten, dass China die „neue Lage" ausnutzen wird, um Taiwan zu „befreien".

Deshalb reicht es nicht aus, Dinge zu wiederholen, die für uns offensichtlich sind. Es ist wahr, dass die Sprache, die Putin spricht, bereits alles verrät. Am 25. Februar 2022 rief der russische Präsident das ukrainische Militär dazu auf, die Macht im Land zu übernehmen und Präsident Selenskyj zu stürzen, da es „für uns einfacher“ sei, „mit Ihnen [den Militärs] ein Abkommen zu treffen“ als mit „dieser Bande von Drogensüchtigen und Neonazis“ (der ukrainischen Regierung), die „das ganze ukrainische Volk als Geisel genommen“ habe.[2] Bemerkenswert ist auch, dass Russland jede Gegenmaßnahme sofort militärisch übersetzt: Als die westlichen Staaten erwogen, Russland aus dem Swift-System auszuschließen, antwortete Moskau, dies käme einem kriegerischen Akt gleich – als ob man nicht bereits selbst einen groß angelegten wirklichen Krieg begonnen hätte. Nehmen wir einen weiteren abschreckenden Fall: Am 24. Februar 2022, als Putin die militärische Intervention in der Ukraine ankündigte, richtete er „ein paar wichtige, sehr wichtige Worte an diejenigen, die versucht sein könnten, sich von außen in das Geschehen einzumischen“. Wer auch immer dies versuche, müsse wissen, „dass die Antwort Russland sofort erfolgen und zu Konsequenzen führen wird, die Sie in Ihrer Geschichte noch nie erlebt haben“.[3] Versuchen wir doch einmal, diese Aussage ernst zu nehmen: „von außen in das Geschehen einzumischen“ kann vieles bedeuten, unter anderem auch die Entsendung von militärischem Verteidigungsgerät in die Ukraine, und was heißt, „zu Konsequenzen führen wird, die Sie in Ihrer Geschichte noch nie erlebt haben“? Die europäischen Länder haben zwei Weltkriege mit Millionen von Toten hinter sich, demnach kann eine „noch nie erlebte“ Konsequenz nur eine nukleare Zerstörung meinen. Diese (nicht nur rhetorische) Radikalisierung sollte uns wirklich beunruhigen: Die meisten von uns haben erwartet, dass Russland lediglich die beiden von russischen Separatisten kontrollierten „Republiken“ oder im äußersten Fall den gesamten Donbass besetzen würde – niemand hat wirklich mit einer totalen Invasion der Ukraine gerechnet.

Diejenigen, die Russland unterstützen oder zumindest ein gewisses „Verständnis“ für seine Handlungen aufbringen, sind jedoch eine reichlich seltsame Truppe. Das Traurigste an der Sache ist vielleicht, dass nicht wenige in der liberalen Linken der

Vermutung aufgesessen sind, die Krise sei nur ein Bluff, da beide Seiten wüssten, dass sie sich keinen richtigen Krieg leisten könnten – die Botschaft war: „Bleibt ruhig, verliert nicht die Nerven, und es wird nichts passieren.“ Leider muss man zugeben, dass Biden recht hatte, als er zuvor sagte, Putin hätte die Entscheidung zum Einmarsch bereits getroffen. Nach der russischen Aggression weisen manche der „Linken“ (ich kann das Wort hier nicht ohne Anführungszeichen verwenden) dem Westen die Schuld zu – die Geschichte ist bekannt: Die NATO habe Russland immer mehr die Luft abgeschnürt und es destabilisiert, habe es militärisch eingekreist, zu Farbrevolutionen aufgewiegelt und die durchaus berechtigten Ängste Moskaus übergangen. Man dürfe auch nicht vergessen, dass Russland im letzten Jahrhundert zweimal vom Westen angegriffen wurde … Daran ist natürlich etwas Wahres. Aber dieses Narrativ als Rechtfertigung für den Krieg zu verwenden ist gerade so, als würde man Hitler rechtfertigen, indem man die Schuld für sein Handeln im ungerechten Versailler Vertrag sucht, der die deutsche Wirtschaft erdrückt habe. Eine solche Aussage bedeutet auch, dass die Großmächte das Recht haben, ihre Einflusssphären unter Kontrolle zu halten und die Autonomie der kleinen Nationen auf dem Altar der globalen Stabilität zu opfern. Putin behauptete wiederholt, er sei gezwungen gewesen, militärisch zu intervenieren, weil es keine andere Wahl gab. Nun, aus seiner Sicht ist das richtig, für uns aber gilt es dabei den entscheidenden Punkt zu markieren: Die militärische Intervention erscheint nur dann als Putins einzige Wahl („Es gibt keine Alternative“), *wenn wir seiner Auffassung von Politik als Kampf der Großmächte um die Verteidigung und Ausweitung ihrer Einflusssphäre von vornherein zustimmen.*

Und was ist mit Putins Vorwürfen, die Ukraine sei faschistisch? (Es ist im Übrigen seltsam, Selenskyj, einen Juden, aus dessen Familie viele im Holocaust umgekommen sind, als Neonazi zu bezeichnen.) Wir sollten die Frage lieber umdrehen und auf Putin selbst bezogen sagen: Alle, die sich über ihn Illusionen machen, sollten zur Kenntnis nehmen, dass er mit dem russischen Polittheologen Iwan Iljin einen Mann in den Rang eines offiziellen Philosophen erhoben hat, der, nachdem er Anfang der 1920er-Jahre auf dem berühmten „Philosophenschiff" aus der Sowjetunion ausgewiesen worden war, im Widerspruch gegen den Bolschewismus und den westlichen Liberalismus seine eigene Version des russischen Faschismus vertrat, in welcher der Staat als organische Gemeinschaft unter der Führung eines väterlichen Monarchen steht.

Für Iljin ist das gesellschaftliche System wie ein Körper, in dem jeder Teil seinen Platz hat, und Freiheit heißt dann, seinen Platz zu kennen. Dementsprechend stellt die Demokratie für Iljin ein Ritual dar: Wir wählen nur, um die kollektive Unterstützung für unseren Führer zu bekräftigen. Der Führer wird nicht durch unsere Stimmen legitimiert oder gewählt. Haben die russischen Wahlen in den letzten Jahrzehnten nicht *de facto* genauso funktioniert? Die logische Konsequenz daraus ist, dass Iljins Werke in Russland jetzt in riesigen Auflagen nachgedruckt und kostenlos an Staatsbedienstete und Wehrpflichtige verteilt werden. Die von Putins Hofphilosoph Aleksander Dugin propagierte Vorstellung, jede „Lebensweise" habe ihre eigene Wahrheit, macht Putin bei der neuen populistischen Rechten so beliebt – kein Wunder, dass seine militärische Intervention in der Ukraine von Trump und anderen als „genial" begrüßt wurde … Wenn Putin daher von „Entnazifizierung" spricht, sollte man daran denken, dass das derselbe Putin ist, der Marine le Pen in Frankreich, die Lega in Italien und andere neofaschistische Bewegungen unterstützt hat.

All das ist jedoch nicht überraschend. Es gibt keine „russische Wahrheit" – das ist nur ein bequemer Mythos, um die eigene Macht zu rechtfertigen: Putin agiert jetzt wie ein später Abklatsch des westlich-imperialistischen Expansionismus. Um ihm also wirklich etwas entgegenzusetzen, sollten wir Brücken zu den Ländern der Dritten Welt bauen, von denen viele eine lange Liste völlig berechtigter Beschwerden gegen die westliche Kolonialisierung und Ausbeutung haben. Es reicht nicht aus, „Europa zu verteidigen“: Unsere eigentliche Aufgabe besteht darin, die Länder der Dritten Welt davon zu überzeugen, dass wir ihnen angesichts der Probleme auf der Welt eine bessere Alternative als Russland oder China bieten können. Dies aber können wir nur erreichen, wenn wir uns weit über den politisch korrekten Postkolonialismus hinaus verändern und Formen des Neokolonialismus rücksichtslos ausrotten, auch und gerade, wenn sie sich als humanitäre Hilfe tarnen.

Tun wir das nicht, werden wir nur verwundert vor der Frage stehen, warum die Menschen in der Dritten Welt nicht sehen, dass wir bei der Verteidigung Europas auch für ihre Freiheit kämpfen – sie sehen es nicht, weil wir es nicht wirklich tun. Sind wir bereit, es zu tun? Ich bezweifle es.

1 „China's Xi, in Message to N. Korea's Kim, Vows Cooperation Under ‚New Situation‘“, *Reuters*, 25.02.2022, www.reuters.com/world/china/chinas-xi-message-nkoreas-kim-vows-cooperation-under-new-situation-kcna-2022-02-25, zuletzt abgerufen am 22.06.2022.

2 Alexander Ward, „‚Almost not possible‘ for Ukraine to Win Without West's Help, Ukrainian Official Says“, *Politico*, 25.02.2022, www.politico.com/newsletters/national-security-daily/2022/02/25/almost-not-possible-for-ukraine-to-win-00011969, zuletzt abgerufen am 22.06.2022.

3 Brian Stieglitz, „Putin's Terrifying Warning to the West“, *DailyMailOnline*, 24.02.2022, www.dailymail.co.uk/news/article-10545641/Putins-gives-chilling-warning-West-early-morning-TV-broadcast.html, zuletzt abgerufen am 22.06.2022.

34
Von Rasputin zu Dwaputin oder: Willkommen im heißen Frieden

Gibt ein russischer Offizier seinen Soldaten den Takt vor, nach dem sie marschieren sollen, kommandiert er: „Ras, dwa, ras, dwa". Eins, zwei, eins, zwei. Links, rechts, links, rechts. Vor Jahren hat mir mal jemand in Moskau erzählt, Putin werde oft auch „Dwaputin" genannt – „Rasputin, Dwaputin". Und dabei ist Dwaputin sicherlich schlimmer als Rasputin. Der nämlich warnte die zaristische Familie zu Beginn des Ersten Weltkriegs noch, dass ein vollständiger Eintritt Russlands in den Krieg das ganze System in den Untergang reißen könnte, da die große Mehrheit der Bevölkerung große Armut litt.

Das Gefühl trügt nicht: Russlands Einmarsch in die Ukraine verändert unser Verständnis vom Krieg. Und das betrifft nicht allein die Atomwaffen, von denen jetzt ständig die Rede ist – Putin selbst hat erklärt, er sei zu ihrem Ersteinsatz bereit. Hinzu kommt, dass wir uns einem perfekten Sturm annähern, in dem sich eine ganze Reihe von Katastrophen (Pandemie, globale Erwärmung, Nahrungsmittel- und Wasserknappheit, Kriege …) gegenseitig so verstärken, dass es nicht allein um die Frage Krieg oder Frieden geht. Mittlerweile befinden wir uns nämlich in einem globalen Ausnahmezustand, in dem sich die Prioritäten ständig ändern und wir von einer Krise in die andere stürzen.

Angesichts dieser Entwicklungen wäre es umso dringender geboten, uns in ein neues Verhältnis zur Umwelt zu setzen, einen radikalen politisch-ökonomischen Wandel herbeizuführen, den

Peter Sloterdijk als „Zähmung des wilden Tiers Kultur" bezeichnet. Sobald wir die Tatsache akzeptieren, dass wir auf einem Raumschiff Erde leben, stellt sich die dringende Aufgabe, die Zivilisationen selbst zu zivilisieren und Solidarität und Zusammenarbeit zwischen allen menschlichen Gemeinschaften zu erzwingen. Dies aber wird durch die stetige Zunahme sektiererischer religiöser und ethnischer „heroischer" Gewalt und die damit verbundene Bereitschaft von Menschen, sich selbst (und die Welt) für die eigene Sache zu opfern, noch weiter erschwert. Wir sollten uns keine Illusionen machen: In gewissem Sinne hat der Dritte Weltkrieg bereits begonnen, auch wenn er bisher hauptsächlich durch Stellvertreter der großen Mächte ausgetragen wurde – je eher wir uns das eingestehen, desto größer ist unsere Chance, sein vollständiges Ausbrechen zu verhindern. (Dabei gilt es auch zu berücksichtigen, dass China bereits Teil des laufenden Krieges ist und Russland finanziell und wirtschaftlich unterstützt).

Wir alle wollen Frieden, doch abstrakte Aufrufe zum Frieden reichen nicht mehr aus – „Frieden" allein ist kein eindeutiger Begriff. Besatzer wünschen sich nichts mehr, als dass in dem von ihnen besetzten Gebiet Frieden herrscht. So wollte Deutschland mit Sicherheit Frieden im besetzen Frankreich 1940–44, Israel will Frieden in der besetzten Westbank und Russland ist auf Friedensmission in der Ukraine. Deshalb ist heute „Pazifismus keine Option", wie es der französische Philosoph Étienne Balibar schonungslos formulierte. Wir müssen einen neuen großen Krieg verhindern, doch die einzige Möglichkeit dazu ist die totale Mobilisierung gegen den heutigen „Frieden", der sich nur durch lokal beschränkte kriegerische Auseinandersetzungen aufrechterhalten lässt. Erinnern wir uns: Nach dem Sturz der Sowjetunion wurde in Kuba eine „Sonderperiode in Friedenszeiten" (*periodo especial en tiempos de paz*) ausgerufen: Kriegsverhältnisse in Friedenszeiten. Vielleicht ist dies der Begriff, den wir für unsere Lage verwenden sollten.

Während des Kalten Krieges waren die internationalen Verhaltensregeln klar und durch das sogenannte Gleichgewicht des Schreckens der Supermächte gesichert. Die englische Bezeichnung dafür lautet MAD, Mutually Assured Destruction, die gegenseitig zugesicherte Vernichtung. Jede Seite kann sich gewiss sein, sollte sie sich zu einem nuklearen Angriff entschließen, würde dieser mit voller Zerstörungskraft erwidert werden. Ein Krieg erscheint somit für keine Partei erstrebenswert. Wenn allerdings Kim Jong-un davon spricht, den USA einen vernichtenden Schlag zu versetzen, muss man sich schon fragen, in welcher Position er sich eigentlich wähnt. Er redet so, als sei ihm nicht bewusst, dass sein Land, einschließlich seiner Person, vernichtet werden würde. Es ist, als spiele er ein Fantasiespiel, das NUTS (Nuclear Utilization Target Selection) heißt und bei dem man die nuklearen Kapazitäten des Gegners durch einen chirurgischen Schlag zerstören kann, während man selbst dank Raketenschutzschild vor einem Gegenschlag bewahrt wird. In den letzten Jahrzehnten haben selbst die USA zwischen MAD und NUTS geschwankt: Sie agieren so, als vertrauten sie in ihren Beziehungen zu Russland und China weiterhin der MAD-Logik, während sie gegenüber dem Iran und Nordkorea die Neigung erkennen lassen, NUTS zu erwägen. Mit seinen Andeutungen über einen möglichen Einsatz von Atomwaffen folgt Putin der gleichen Argumentation. Allein die Tatsache, dass dieselbe Supermacht gleichzeitig zwei Strategien verfolgt, die einander direkt widersprechen, zeugt davon, dass diese ganze Argumentation dem Reich der Fantasie entsprungen ist.

Heute befinden wir uns jenseits dieses MAD-Gleichgewichts: Die alten und neuen Supermächte testen sich gegenseitig aus und versuchen dabei, ihre eigene Version globaler Regeln durchzusetzen, indem sie mit ihnen anhand von Stellvertretern experimentieren, bei denen es sich natürlich um andere, kleine Nationen und Staaten handelt. Diese Aussage ist im Zusammenhang mit anderen wiederholten Äußerungen Putins zu sehen: Der Handelsaustausch mit dem Westen solle normal weiterlaufen, Russland halte seine Verpflichtungen ein und setze die Gaslieferungen nach Westeuropa fort. Russland versucht, ein neues Modell zur Gestaltung der internationalen Beziehungen durchzusetzen: keinen Kalten Krieg, sondern einen heißen Frieden. Dieser Frieden gleicht eher einem hybriden Dauerkrieg, in dem militärische Interventionen als friedenserhaltende, humanitäre Einsätze gegen vorgeblichen Völkermord deklariert werden – als der Krieg begonnen hatte, bekundete die Staatsduma ihre „unmissverständliche und gefestigte Unterstützung für angemessene Maßnahmen, die aus humanitären Gründen ergriffen werden". Formulierungen wie diese kennen wir zur Genüge. In der Vergangenheit wurden mit ihnen Interventionen in Lateinamerika oder dem Irak begründet, und jetzt übernimmt Russland sie mit Verspätung. Während also in einem Land, das Russland unter seine Kontrolle bringen will, Städte beschossen, Zivilisten getötet, Gesundheits- und Kultureinrichtungen bombardiert werden, soll der internationale Handel in der übrigen Welt normal weitergehen.

Wie sind wir in diesen Schlamassel geraten? Wir leben in einer seltsamen Welt, für die uns noch immer ein passendes Wort fehlt. Die französische Philosophin Catherine Malabou sieht in den Kryptowährungen ein Anzeichen dafür, dass der Kapitalismus „eine anarchistische Wendung nimmt": „Wie sonst sollen wir Phänomene wie dezentrale Währungen, das Ende des Staatsmonopols, das Wegfallen der Vermittlerrolle der Banken und die Dezentralisierung von Austausch und Transaktionen beschreiben?" Das klingt gut, doch wie Malabou umgehend feststellt, „ändert die Semantik des Anarchismus, die dem Ultrakapitalismus seine neue Tonalität verleiht, nichts an der Profitlogik, die der Ultrakapitalismus nur in anderer Form zum Ausdruck bringt". Mit dem allmählichen Verschwinden des Staatsmonopols verschwinden auch die Grenzen der staatlich verhängten rücksichtslosen Ausbeutung und Herrschaft. Die ursprüngliche Idee von

Kryptowährungen als neuer Raum der Freiheit, der ohne äußere Kontrolle durch irgendeine Autorität auskommt, endet in dem, was Malabou selbst als „die zugleich sinnlose, monströse und beispiellose Verbindung von wilder Vertikalität und unkontrollierbarer Horizontalität“ bezeichnet. Der Anarchokapitalismus strebt nach Transparenz, aber das Paradoxe am Diskurs über Transparenz ist, dass er „gleichzeitig die umfangreiche, aber undurchsichtige Nutzung von Daten, das Dark Web und die Fälschung von Informationen zulässt“. Um den Abstieg ins Chaos zu verhindern, gestalte sich die „Politik so vieler Regierungen von heute zunehmend faschistisch, verbunden mit einer enormen sicherheitstechnischen und militärischen Aufrüstung“. Solche Phänomene aber stehen Malabou zufolge nicht im Widerspruch mit den Tendenzen zum Anarchismus. „Sie zeigen vielmehr gerade das Verschwinden des Staates an, der, wenn er einmal seiner sozialen Funktion entledigt ist, durch Anwendung von Gewalt die Hinfälligkeit seiner Macht bekundet. Der Ultranationalismus lässt somit erkennen, dass die Nation in ihrer Autorität mit dem Tode kämpft.“

Was den Einmarsch in die Ukraine betrifft, so handelt es sich dabei nicht um den Angriff eines Nationalstaats auf einen anderen Nationalstaat: Die Ukraine wird als ein Gebilde angegriffen, dessen ethnische Identität vom Aggressor geleugnet und dessen Regierung die Legitimität abgesprochen wird, da sie angeblich nur eine Gruppe drogensüchtiger Neonazis sei. Der Angriff wird (wie im Fall von Syrien) geopolitisch gerechtfertigt; es geht dabei um Einflusssphären, die oft weit über ethnische Sphären hinausreichen. Man muss sehen, dass Russland den Begriff „Krieg“ für seine militärische Intervention nicht nur deshalb vermeidet, um deren Brutalität herunterzuspielen, sondern um deutlich zu machen, dass der Begriff im alten Sinne einer bewaffneten Auseinandersetzung zwischen Nationalstaaten nicht länger passt. Russland sichert lediglich den „Frieden“ in dem geopolitischen

Einflussbereich, den es als seinen eigenen betrachtet, und eine solche Friedenssicherung kann sich leicht weit über die Ukraine hinaus ausbreiten. Dabei interveniert Russland über seine Stellvertreter bereits in Bosnien und im Kosovo, und Lawrow erwähnte einmal, die einzige vollständige Lösung bestünde darin, Europa insgesamt zu entmilitarisieren und es der russischen Armee zu überlassen, den Frieden mit gelegentlichen humanitären Interventionen aufrechtzuerhalten. Solche und ähnliche Ideen sind in der russischen Presse weit verbreitet – Dmitrij Ewstafjew, ein politischer Kommentator und Meinungsmacher, sagte in einem Interview mit einem tschechischen Medium: „Es gibt ein neues Russland, und dieses neue Russland sendet die klare Botschaft in Richtung Europa: Wir betrachten euch nicht als maßgeblichen Akteur. Neben uns gibt es drei maßgebliche Akteure, das sind die USA, China und Indien. Ihr Europäer seid für uns eine Trophäe, die zwischen uns und den Amerikanern aufzuteilen ist. Das habt ihr nur noch nicht begriffen, obwohl wir langsam dahinkommen."

Innerhalb jeder dieser Sphären gibt es nur friedenserhaltende Interventionen; ein richtiger Krieg findet nur statt, wenn sich die vier großen Bosse nicht über die Grenzen ihrer Sphären einigen können – ein Krieg mit der NATO wäre nach dieser Logik ein Krieg, das, was jetzt in der Ukraine geschieht, nicht. Und gibt es nicht Anzeichen dafür, dass auch China so verfährt, indem es eine friedenserhaltende Mission in Taiwan ankündigt, um so seine Einflusssphäre im Südchinesischen Meer zu sichern?

Zu beachten gilt es dabei auch, dass Ewstafjews eifrige Bemühung, Europa von der Liste der maßgeblichen Akteure auszuschließen, perfekt zum alten Mantra von der Bekämpfung des „Eurozentrismus" passt. Viele quer durch das gesamte politische Spektrum, von der antikolonialistischen Linken bis zur populistischen Rechten, stören sich an der Idee eines geeinten Europas. Bei aller berechtigten Kritik an zentralen Teilen des europäischen Erbes: Was Europa zu einem Objekt von Hass und Neid macht, ist die Vorstellung, dass „Europa“ in den Augen vieler immer noch für die friedliche Zusammenarbeit der Nationen, für persönliche Freiheit und Wohlfahrtsstaatlichkeit steht. Anstatt also die Ukrainer, die zu Europa gehören wollen, einfach zu belächeln, sollten wir uns fragen, was „Europa“ für sie darstellt und ob wir bereit sind, ihren Erwartungen zu entsprechen. Wie man es auch dreht und wendet, das geeinte Europa steht für eine Art von Sozialdemokratie, und darum ging Viktor Orbán in einem Interview so weit zu behaupten, die westlich-liberale Hegemonie nehme immer „marxistischere Züge“ an: „Früher oder später werden wir uns der Tatsache stellen müssen, dass wir es im Gegensatz zum christlich-demokratischen Lager nicht mehr mit einer Gruppe zu tun haben, die eine liberale Weltanschauung vertritt, sondern mit einer Gruppe, die im Wesentlichen marxistisch ist und nur noch über Reste von Liberalität verfügt. Das ist die Situation in Amerika. Im Moment ist die konservative Seite gegenüber dem marxistisch-liberalen Lager im Nachteil.“ Das ist es, was „Anti-Eurozentrismus“ heute bedeutet.

Am 1. März 2022 sagte Wolodymyr Selenskyj, die Ukraine sei bereit, für Europa zu sterben, jetzt wolle man sehen, ob das auch umgekehrt gelte und Europa bereit sei, für die Ukraine zu sterben. Dies war der Moment, als das Herz fast der gesamten europäischen Rechten (die bis dahin mit der russischen Intervention sympathisiert hatte) für die Ukraine zu schlagen begann: Salvini, Marine le Pen und andere legten eine Kehrtwende hin und unterstützten seitdem die Aufnahme von Flüchtlingen und teilweise auch die Lieferung von Waffen an die Ukraine – warum? „Für das Vaterland zu sterben, war schon immer der Traum von Nationalisten“, so der italienische Philosoph Franco Berardi, „wenn das auch nicht heißt, dass sie selbst darauf aus sind, zu sterben. Sie wollen jemanden aussenden, der für ihren Ruhm stirbt: Ja, das ist ihr Traum.“ Wenn nur ein drohender Krieg uns mobilisieren kann und nicht die bedrohte Umwelt, dann ist die Freiheit, die wir bekommen, wenn unsere Seite gewinnt, vielleicht nicht lebenswert. Wir stehen also vor einer unmöglichen Wahl, bei der beide Entscheidungsmöglichkeiten schlechter sind: Gehen wir um der Erhaltung des Friedens willen Kompromisse ein, leisten wir dem russischen Expansionismus, den nur eine „Entmilitarisierung" von ganz Europa befriedigen kann, weiteren Vorschub; befürworten wir hingegen die volle Konfrontation, laufen wir Gefahr, einen neuen Weltkrieg auszulösen. Der einzige wirkliche Ausweg aus diesem lähmenden Dilemma besteht darin, unsere Wahrnehmung zu ändern und die Situation ganz anders in den Blick zu nehmen.

Die derzeitige Lage als Konflikt barbarisch-totalitärer Mächte gegen den zivilisierten Westen zu interpretieren, wäre viel zu vereinfachend. Die Klimakrise und andere globale Probleme, in der sich die liberal-kapitalistische Ordnung befindet, geraten so aus dem Blick. Man kann sogar sagen, dass die neuen Kriege diese Probleme nicht einfach nur ignorieren, sondern vielmehr eine Reaktion darauf sind, die Rückkehr zu einer pervertierten „Normalität" von Kriegen. Die Vorstellung dabei ist, okay, es liegen schwierige Zeiten vor uns; sehen wir also zu, dass wir für die bevorstehenden Herausforderungen besser als andere gewappnet sind. Der gegenwärtige Moment ist nicht der Augenblick der Wahrheit, er ist ein Moment größter Lüge. Während wir also fest hinter der Ukraine stehen sollten, dürfen wir nicht der Faszination erliegen, die die Aussicht auf einen Krieg offensichtlich bei jenen bewirkt, die auf eine offene Konfrontation mit Russland drängen: „Endlich verstellen uns diese ganzen Pseudo-Kämpfe für Frauenrechte und gegen Rassismus, die uns voneinander entzweit haben, nicht länger den Blick; das ganze Gerede über die Krise des Kapitalismus wurde zu Recht in den Hintergrund gedrängt; die Männer sind jetzt wieder gefordert, wie Männer zu handeln und zu kämpfen. Darum sind es die Frauen und Kinder, die die Ukraine verlassen, während die Männer wieder dorthin zurückkehren, um ihre Arbeit zu machen!"

Während also der Kampf der Ukraine volle Unterstützung verdient, braucht es eine neue Bewegung von unabhängigen, bündnisfreien Staaten – nicht im Sinne einer Neutralität, die es in dem laufenden Krieg einzunehmen gelte, sondern in dem Sinne, dass man sich von der ganzen Vorstellung des „Kampfs der Kulturen“ lösen muss. Nach Samuel Huntington ist der „Eiserne Vorhang der Ideologie“ nach dem Ende des Kalten Krieges durch den „samtenen Vorhang der Kultur“ ersetzt worden. Huntingtons düstere Vision vom „Kampf der Kulturen“ erscheint dabei vielleicht wie das genaue Gegenteil von Francis Fukuyamas freundlicher Sicht vom „Ende der Geschichte“, die auf der pseudohegelianischen Vorstellung beruht, mit der kapitalistischen liberalen Demokratie sei die beste aller möglichen Gesellschaftsordnungen bereits gefunden. In welchem Verhältnis aber stehen die beiden Theorien tatsächlich zueinander? Wie die Erfahrungen der Gegenwart zeigen, bilden sie keineswegs Antipoden; sie ergänzen sich vielmehr zu einer ziemlich genauen Beschreibung der Lage, in der wir uns heute befinden: Der „Kampf der Kulturen“ *ist* die Politik am „Ende der Geschichte“. Die ethnisch-religiösen Konflikte stellen die Form des Kampfes dar, die zum globalen Kapitalismus passt: In unserem Zeitalter der „Post-Politik“, in dem Politik im eigentlichen Sinne zunehmend durch eine gesellschaftliche Verwaltung ersetzt wird, um die sich Experten kümmern, sind kulturelle (ethnische, religiöse) Spannungen die einzig verbleibende legitime Quelle für Konflikte. Die heutige Zunahme „irrationaler“ Gewalt muss demnach als genaue Entsprechung zur Entpolitisierung unserer Gesellschaften verstanden werden. In diesem Horizont bleibt die einzige Alternative zum Krieg die friedliche Koexistenz der Kulturen (der unterschiedlichen „Wahrheiten“, wie Dugin es ausdrückte, oder der „Lebensweisen“, um einen heute gebräuchlicheren Ausdruck zu verwenden): Zwangsehen und Homophobie (oder die Vorstellung, dass eine Frau, die sich allein in die Öffentlichkeit begibt, eine Vergewaltigung provoziert) sind danach in Ordnung, solange sie sich auf ein anderes Land beschränken, das im Übrigen voll in den Weltmarkt integriert ist.

Das aber ist mit Bündnisfreiheit nicht gemeint – damit ist gemeint, dass unser Kampf universell sein muss. Darum gilt es den Antirussismus um jeden Preis zu vermeiden und all jene zu unterstützen, die jetzt in Russland gegen die Invasion in der Ukraine protestieren: Diese Menschen sind keine Internationalisten im abstrakten Sinne, sie sind vielmehr die wahren russischen Patrioten. Ein Patriot, ein Mensch, der sein Land wirklich liebt, ist jemand, der sich zutiefst schämt, wenn dieses Land etwas falsch macht. „Mein Land, ob richtig oder falsch" – das ist ein furchtbarer Wahlspruch.

35
Warum ich immer noch Kommunist bin

Der kommunistische Traum des 20. Jahrhunderts, das sage ich ohne Wenn und Aber, ist ausgeträumt. Nichts läge mir ferner, als in das alte, törichte Mantra einzustimmen, der Kommunismus sei eine gute Idee gewesen, die nur leider von Leuten mit einem perversen Hang zur Totalität verdorben wurde. Nein, die Schwierigkeiten lagen bereits in seiner ersten, ursprünglichen Vision, und darum sollte man sich auch Marx selbst noch einmal gründlich vornehmen und neu bewerten. Ja, die Kommunisten haben, als sie an der Macht waren, durchaus einiges Gutes bewirkt – man kennt die Litanei: Bildung, Gesundheit, der Kampf gegen den Faschismus; insgesamt aber haben sie nur einen einzigen wirklichen Triumph vorzuweisen, und das ist die Entwicklung, die sich nach 1980 in China vollzog. Aber ist es das, was mir vorschwebt? Dem US-amerikanischen Politikwissenschaftler Henry Farrell zufolge entwickelt sich China zum Modell eines „vernetzten Autoritarismus". Dabei geht es um Folgendes:

> Wenn ein Staat die Menschen ausreichend ausspioniert und es Machine-Learning-Systemen erlaubt, ihr Verhalten zu erfassen und darauf zu reagieren, dann ließe sich „ein effizienterer Wettbewerber erschaffen, der die Demokratie in ihrem eigenen Spiel schlagen kann" – indem er die Bedürfnisse aller besser erfüllt, als das eine Demokratie könnte. China ist ein gutes Beispiel dafür: Befürworter wie Kritiker vertreten die Auffassung, China schaffe durch maschinelles Lernen und die allgegenwärtige Überwachung eine tragfähige Autokratie, die imstande sei, das „Grunddilemma autoritärer Herrschaft" zu lösen, das darin besteht,

> „Informationen zu sammeln und zusammenzutragen und zugleich hinreichend auf die Bedürfnisse der Bürger einzugehen, damit das System stabil bleiben kann“. Farrell vermutet allerdings, dass das Geschehen damit gar nicht richtig erfasst wird. China sei in Wirklichkeit unglaublich instabil (wilde Streiks, unaufhaltsame Bewegungen für mehr Demokratie, Konzentrationslager, Schuldenblasen, Zusammenbruch der Produktion, laufende Entführungen, enorme Korruption usw.).[1]

Der liberale Westen hat eine bessere Möglichkeit gefunden, die digitale Kontrolle für sich zu nutzen: die vernetzte Demokratie, die manche einen „Überwachungskapitalismus“ nennen, in dem Demokratie und Freiheit zwar toleriert, aber unwirksam gemacht werden. Diese neue Form digitaler Kontrolle macht verständlich, warum die Menschen auch in liberalen Demokratien aufbegehren: Sie lehnen sich dabei nicht gegen die Freiheit auf, sondern gegen das, was sie aus täglicher Erfahrung kennen – dass die vernetzte Demokratie in gewisser Weise noch unterdrückerischer ist als der vernetzte Autoritarismus.

Es ist heute üblich, den Fall der Berliner Mauer vor dreißig Jahren fast einem Wunder gleichzusetzen. Es war wie ein Traum, der sich erfüllt hatte, als sei etwas Undenkbares eingetreten, das man sich ein paar Monate zuvor nicht einmal hätte vorstellen können: das Ende des kommunistischen Regimes, das wie ein Kartenhaus in sich zusammenfiel. Und wer hätte sich in Polen damals freie Wahlen vorstellen können und Lech Wałęsa als Präsidenten? Freilich ereignete sich nur wenige Jahre später bereits ein neues und noch größeres „Wunder“, als nämlich im Jahr 1995 die Ex-Kommunisten durch freie und demokratische Wahlen an die Macht zurückkehrten. Wałęsa erhielt kaum Zustimmung und fiel in der Popularität weit hinter General Wojciech Jaruzelski zurück, der anderthalb Jahrzehnte zuvor den Kriegszustand über das Land verhängt hatte, um den Einfluss von Solidarność zu brechen. Zwei Jahrzehnte nach diesem erstaunlichen Wahlsieg folgte die dritte Überraschung: Polen befindet sich nunmehr im Griff von Rechtspopulisten, die sowohl den Kommunismus als auch die liberale Demokratie ablehnen. Was ist da passiert, was hat diese unerwarteten Umschwünge herbeigeführt?

Möglich wäre es, fehlenden „kapitalistischen Realitätssinn“ zur Erklärung heranzuziehen. Demnach bestand das ganze Problem einfach darin, dass die Osteuropäer kein realistisches Bild vom Kapitalismus hatten, dafür aber eine ganze Reihe utopischer, teils kindischer Erwartungen an ihn. Auf den Rausch und die Siegesbegeisterung der ersten Tage folgte darum bald schon Ernüchterung. Die Menschen machten einen schmerzhaften Prozess durch, in dessen Verlauf sie mit den Regeln der neuen Realität Bekanntschaft schlossen. Jetzt kannten sie den Preis, den man für die politische und wirtschaftliche Freiheit zahlen muss. Es scheint so, als habe die europäische Linke zweimal sterben müssen: zuerst als „totalitäre“ kommunistische Linke, dann noch einmal als gemäßigte demokratische Linke, deren Siechtum sich seit den 1990er-Jahren unvermindert fortsetzt.

Dieser Darstellung ist eine gewisse Plausibilität sicher nicht abzusprechen, dennoch stellt sich die Sache etwas komplizierter dar. Denn als die Menschen gegen die kommunistischen Regime in Osteuropa auf die Straße gingen, hatte die große Mehrheit nicht den Kapitalismus im Kopf. Es ging ihnen vielmehr um soziale Sicherheit, um Solidarität und eine harte Aufarbeitung der Vergangenheit. Die Menschen wollten nicht mehr vom Staat gegängelt werden, sondern sich treffen und reden können, wo und wie es ihnen beliebte. Sie wünschten sich ein aufrichtiges und ehrliches Leben, befreit von der ideologischen Indoktrinierung und der zynischen Heuchelei der Vergangenheit. Kurz gesagt: Die Ideale, von denen sich die Protestierenden leiten ließen, hatten weitgehend engen Bezug zur sozialistischen Ideologie selbst. Wie wir von Freud gelernt haben, kehrt das Verdrängte in anderer, entstellter Form wieder – in Europa kehrte der im dissidentischen Imaginären verdrängte Sozialismus in Gestalt des Rechtspopulismus zurück.

Mit seiner Deutung des Falls des osteuropäischen Kommunismus hat Jürgen Habermas den Beweis dafür erbracht, *der* linke Vertreter der Philosophie Francis Fukuyamas schlechthin zu sein: Er erkennt die bestehende liberal-demokratische Ordnung stillschweigend als die beste aller möglichen Ordnungen an, die zwar gerechter gestaltet werden muss, deren Grundvoraussetzungen aber nicht angetastet werden sollten. Darum begrüßt er gerade die Tatsache, in der viele Linke das große Manko der antikommunistischen Proteste in Osteuropa sahen: dass die Proteste von keiner neuen Vision einer postkommunistischen Zukunft getragen waren. Nach seiner Darstellung handelt es sich bei den Revolutionen in Ost- und Mitteleuropa lediglich um „korrigierende" oder „nachholende" Revolutionen, deren Ziel darin bestand, es den betreffenden Gesellschaften zu ermöglichen, das zu erlangen, was die Westeuropäer bereits besaßen, oder, mit anderen Worten, wieder zur westeuropäischen Normalität zurückzukehren.

Die *Gilets jaunes*, die Proteste in Hongkong und andere ähnliche Proteste (in Spanien, in Südkorea und anderswo) sind jedoch bestimmt *keine* „nachholenden" Bewegungen. Sie verkörpern vielmehr die merkwürdige Verkehrung, die unsere globale Lage heute kennzeichnet. Der alte Antagonismus zwischen den „einfachen Leuten" und den Eliten des Finanzkapitals ist mit Macht zurückgekehrt, und die „einfachen Leute" begehren gegen die Eliten auf, denen sie vorwerfen, für ihr Leid und ihre Bedürfnisse blind zu sein. Das Neue daran ist jedoch, dass die populistische Rechte sich als viel geschickter darin erwiesen hat, diese wütenden Proteste in ihre eigene Richtung zu lenken, als es der Linken gelungen ist. Alain Badiou sagte daher völlig zu Recht bezogen auf die *Gilets jaunes*: „Tout ce qui bouge n'est pas rouge" – nicht alles, was sich bewegt (was Unruhe stiftet), ist rot. Die populistische Rechte der Gegenwart greift eine lange Tradition überwiegend linker Volksproteste auf. Einige der Revolten von heute können sogar als Fallbeispiel der manchmal so bezeichneten Revolten der Reichen betrachtet werden – denken wir daran, dass Katalonien zusammen mit dem Baskenland der wohlhabendste Teil Spaniens ist und Hongkong pro Kopf viel wohlhabender als China.

Darin besteht also das Paradox, dem wir uns stellen müssen: Die Enttäuschung breiter Massen über die liberale Demokratie ist der Beweis dafür, dass 1989 nicht einfach nur eine nachholende Revolution war. Die Proteste, die zum Sturz der kommunistischen Regime führten, hatten mehr als die liberal-kapitalistische Normalität zum Ziel, und die populistische Neue Rechte hat es vermocht, diese tiefere Unzufriedenheit mit der kapitalistischen Moderne erfolgreich einzufangen. Freud hat vom „Unbehagen in der Kultur" gesprochen; heute, dreißig Jahre nach dem Fall der Mauer, zeugt die Welle immer neuer Proteste in den liberalen Demokratien selbst (mit den *Gilets jaunes* in Frankreich als Musterbeispiel) von einer Art „Unbehagen im liberalen Kapitalismus". Die entscheidende Frage wird dabei sein, wer diesem Unbehagen am entschiedensten zum Ausdruck verhilft. Werden die nationalistischen Populisten es für sich ausnutzen können? Die große Aufgabe der Linken ist es, das gärende Unbehagen in ein tragfähiges Veränderungsprogramm zu übersetzen.

In der Schlussszene des Films *V wie Vendetta* marschieren Tausende unbewaffnete Londoner mit Guy-Fawkes-Masken auf das Parlament zu; das Militär, das keine anderslautenden Befehle hat, lässt sie gewähren, und das Volk übernimmt die Macht. Okay, das ist ein ganz netter Moment der Ekstase, doch ich würde alles Mögliche dafür geben, *V wie Vendetta 2* sehen zu können: Wie geht es am nächsten Tag weiter? In welcher Form wird das siegreiche Volk den Alltag (neu) organisieren?

Thomas Piketty liefert in seinem Buch *Kapital und Ideologie* eine Antwort auf diese Frage, indem er anregt, den Sozialstaat radikal umzubauen. Sein Vorschlag sieht dabei nicht die Verstaatlichung des gesamten Besitzes der Reichen vor, wie im sowjetischen Kommunismus geschehen. Er plädiert dafür, den Kapitalismus beizubehalten, die Vermögenswerte aber so umzuverteilen, dass man jedem Erwachsenen im Alter von 25 Jahren einen bestimmten Geldbetrag zukommen lässt. Die progressive Einkommenssteuer, die Piketty vorschlägt, würde es den Regierungen ermöglichen, jeden Bürger mit einem Grundeinkommen auszustatten, das bei 60 Prozent des Durchschnittseinkommens wohlhabender Staaten läge und die Kosten für die Dekarbonisierung der Wirtschaft decken würde. Darüber hinaus sollen Angestellte die Hälfte der Sitze in Unternehmensausschüssen halten; das Stimmrecht selbst der größten Anteilseigner solle bei zehn Prozent gedeckelt werden; dazu sollen alle Bürger eine CO2-Steuer entrichten, anteilig zu ihrem Beitrag zur globalen Erwärmung und abgerechnet über eine personalisierte Karte, auf der die entsprechenden Beiträge erfasst und abgespeichert werden … Was aber ist, wenn die Reichen die steuerlichen Einbehaltungssätze nicht zahlen wollen und stattdessen beschließen, auszuwandern? Piketty schlägt eine Wegzugssteuer und entsprechende weltweit geltende rechtliche Regelungen vor, die es unmöglich machen, sich irgendwo zu verstecken, um der Enteignung zu entgehen. Hierzu denkt er auch an ein länderübergreifendes Parlament, das sich aus Mitgliedern der nationalen Parlamente zusammensetzt.

Die beiden Extreme, welche die Lage der radikalen Linken von heute definieren, lassen sich am besten anhand eines langen und sehr ergiebigen Gesprächs veranschaulichen, das Piketty und Alain Badiou im Fernsehen miteinander führten.[2] Badiou vertrat dabei die Position des nomadischen Proletariers, der jenseits von Nationalstaat und parlamentarischer Demokratie als neue revolutionäre Kraft hervortritt und den Kapitalismus abschafft. Für Badiou sollten wir die Demokratie, wie wir sie kennen, hinter uns lassen und zu einem neuen revolutionären Internationalismus übergehen. Pikettys Vorschlag ist nicht weniger utopisch, auch wenn er pragmatisch daherkommt und sich im Rahmen des Kapitalismus und demokratischer Verfahren bewegt.

Es gibt noch eine weitere, dritte Alternative, und zwar den Traum von einer verjüngten, lokalen Demokratie, der für meine Begriffe eher noch schlechter ist als die Vorschläge von Piketty und Badiou. Die heutigen Praktiken „direkter Demokratie", von den Favelas bis hin zur „postindustriellen" digitalen Kultur, sind auf einen Staatsapparat angewiesen. Ihr weiteres Bestehen hängt von einem dichten Geflecht „entfremdeter" institutioneller Mechanismen ab: Woher kommen Strom und Wasser? Wer garantiert die Rechtsstaatlichkeit? An wen wenden wir uns für die gesundheitliche Versorgung? Je mehr sich eine Gemeinschaft selbst regiert, desto mehr muss dieses Netz reibungslos und unsichtbar funktionieren. Vielleicht sollten wir das Ziel emanzipatorischer Kämpfe von der Überwindung der Entfremdung zur Durchsetzung der richtigen Art von Entfremdung verlagern – wie können wir es erreichen, dass die „entfremdeten" (unsichtbaren) sozialen Mechanismen, die den Raum der „nicht entfremdeten" Gemeinschaften tragen, reibungslos funktionieren? Das macht den Wohlfahrtsstaat so attraktiv: Ich muss den Armen nicht selbst helfen, sondern das macht der anonyme Staatsapparat für mich, und dadurch ermöglicht er es mir, der unmittelbaren Konfrontation mit den Ausgeschlossenen und Unterprivilegierten aus dem Weg zu gehen.

Warum also klammere ich mich immer noch fest an den verfluchten Namen des Kommunismus, wenn ich doch weiß, dass das kommunistische Projekt des 20. Jahrhunderts fehlgeschlagen ist und dabei neue Formen mörderischen Terrors hervorgebracht hat? Hierzu möchte ich zunächst die Tatsache anführen, dass wir in einer Zeit leben, die von apokalyptischen Erwartungen nur so durchdrungen ist – es gibt eine ganze Vielzahl unterschiedlicher und miteinander unvereinbarer apokalyptischer Bedrohungen. Dabei gilt es einschränkend festzuhalten: Wenn ich von apokalyptischen Bedrohungen spreche, bin ich mir dessen völlig bewusst, wie uneindeutig und heikel dieser Bereich ist und dass zwischen der präzisen Wahrnehmung realer Gefahren und Fantasy-Szenarien bezüglich der globalen Katastrophe, die uns erwartet, nur ein schmaler Grat liegt. Die Vorstellung, in der Endzeit zu leben, eine Katastrophe zu erwarten, verschafft ein ganz spezielles Vergnügen. Das Paradoxe daran ist: Indem wir uns auf die bevorstehende Katastrophe fixieren, vermeiden wir es gerade, uns ihr wirklich zu stellen. Den Kommunismus betrachte ich dabei nicht als Lösung für unsere Nöte, sondern als die (immer noch) beste Bezeichnung, die es uns ermöglicht, die Probleme, mit denen wir heute konfrontiert sind, richtig zu erfassen und uns einen Ausweg daraus zu überlegen.

Wir befinden uns in einem interessanten Moment der Umkehrung, an dem Hegel seine Freude gehabt hätte. In den letzten ein oder zwei Jahrzehnten hat sich das „Ende der Geschichte", von dem Fukuyama spricht (da wir bereits das bestmögliche gesellschaftliche System haben), in seine apokalyptische Version verwandelt – wir sind noch nicht am Ende der Geschichte, aber wir nähern uns dem Ende in Form einer apokalyptischen Katastrophe. Dabei gibt es ein Merkmal, das in beiden Versionen des „Endes" vorkommt: das Gefühl, dass sich die Sache unendlich in die Länge zieht. Fukuyamas Welt ist eine Welt, in der nichts großartig Neues passiert; das Leben geht einfach weiter, und hier und da kommt es zu kleinen Verbesserungen (dies ist die Welt, die Kojève vor Jahrzehnten als die Welt des Snobismus bezeichnet hat); auch die Apokalypse ist immer schon fast da, während wir uns in einer Art endloser Vorhölle dahinschleppen; das Ende der Zeit wird als die Unmöglichkeit des Endes erlebt. In der Kunst (die seit über einem Jahrhundert stirbt) und in der Philosophie (die seit Hegel auf sich selbst verzichtet, sich selbst überwindet) sind wir an eine solche Situation gewöhnt. In beiden Fällen führt der Tod zu außerordentlicher Produktivität und zur wuchernden Ausbreitung neuer Formen, gerade so, als wäre die Wahrheit des Todes eine seltsame Unsterblichkeit.

Konsequent wäre es nun, die gesamte Perspektive umzukehren: Das Ende ist bereits eingetreten, wir haben es bloß nicht bemerkt. Wir gleichen der Katze in dem alten Cartoon, die über einen Abgrund hinwegläuft und erst abstürzt, als ihr aufgeht, dass sie keinen Boden mehr unter den Füßen hat. Wir sollten davon ausgehen, dass die Apokalypse in gewissem Sinne bereits stattgefunden hat: Unsere Gesellschaften werden bereits umfassend digital überwacht und kontrolliert, in unserer Umwelt vollziehen sich bereits schwerwiegende Veränderungen, Millionen von Menschen haben sich bereits auf den Weg gemacht. Daher sollten wir aufhören, davon zu sprechen, es sei „fünf Minuten vor zwölf" und wir hätten eine letzte Chance, um zu handeln und die Katastrophe noch abzuwenden. Es ist bereits fünf Minuten *nach* zwölf, und die Frage ist, was in einer völlig neuen Weltlage zu tun ist. Das bedeutet natürlich nicht, dass wir nicht kämpfen sollten, um die Katastrophen, die uns erwarten, zu verhindern. Um auf den Cartoon zurückzukommen: In unserer gegenwärtigen Situation befinden wir uns irgendwo zwischen zwei Enden, wobei das erste Ende eintritt, wenn wir anfangen zu gehen, ohne dass wir Boden unter den Füßen hätten, und das zweite eintritt, wenn wir tatsächlich hinabstürzen. Wir befinden uns bereits über dem Abgrund, wir haben den Boden unter den Füßen verloren, aber im Gegensatz zu der Katze besteht für uns die einzige Möglichkeit, *nicht* in den Tod zu stürzen, darin, in den Abgrund zu blicken und entsprechend zu handeln.

Wie Alenka Zupančič scharfsinnig bemerkte, liegt der endgültige Beweis dafür, dass die ökologische Apokalypse bereits stattgefunden hat, darin, dass man sie schon wieder als normal betrachtet und zur Tagesordnung übergeht. Immer öfter wird „rational" darüber nachgedacht, wie wir uns an sie anpassen und sogar von ihr profitieren können. (Es ist zu lesen, dass man große Teile Sibiriens landwirtschaftlich wird nutzen können, dass sich auf Grönland bereits Gemüse anbauen lässt, dass die Eisschmelze am Nordpol den Warentransport von China in die USA zeitlich stark verkürzen wird usw.).

Ein Beispiel einer solchen Normalisierung ist die überwiegende Reaktion auf die Enthüllungen von Whistleblowern wie Assange, Manning und Snowden. Diese werden nämlich weniger geleugnet (à la „WikiLeaks verbreitet Lügen!"), als vielmehr ziemlich abgeklärt aufgenommen: „Wir wissen doch alle, dass unsere Regierungen mit nichts anderem beschäftigt sind; das ist nun wirklich keine Überraschung!" Der Schock über die Enthüllungen wird neutralisiert, indem man sich auf die Lebensweisheit jener Leute beruft, die stark genug sind, die Realitäten des Lebens nüchtern ins Auge zu fassen. Von einem solchen „Realismus" sollten wir uns fernhalten. Stattdessen sollten wir uns völlig naiv stellen und die aufgedeckten Verbrechen in ihrer ganzen Obszönität und in all ihrem Schrecken auf uns wirken lassen. Manchmal ist Naivität die größte Tugend.

Die wichtigsten Stimmen aus dem Lager derjenigen, die eilig zur Normalität zurückkehren wollen, sind die sogenannten „rationalen Optimisten" wie Matt Ridley, die uns mit guten Nachrichten regelrecht zuschütten: Die 2010er-Jahre waren das beste Jahrzehnt in der Geschichte der Menschheit; in Asien und Afrika gibt es immer weniger Armut; die Umweltverschmutzung nimmt ab usw.[3] Wenn das aber so ist, wie erklärt sich dann die zunehmende apokalyptische Stimmung? Ist sie vielleicht der Auswuchs eines mutwilligen pathologischen Verlangens nach Unglück? Wenn uns rationale Optimisten sagen, wir hätten viel zu viel Angst angesichts eher geringer Probleme, so sollten wir zur Antwort geben, dass das Gegenteil der Fall ist und wir noch viel zu wenig Angst haben. Alenka Zupančič kommt zu folgender paradoxen Überlegung: „Die Apokalypse hat bereits begonnen; dennoch scheinen wir immer noch *lieber sterben* zu wollen, als uns von der apokalyptischen Bedrohung zu Tode erschrecken zu lassen."[4] Düstere Momente der Resignation angesichts des nahenden Endes wechseln sich mit pseudo-mutiger Durchhaltebegeisterung („Wir werden es schon irgendwie schaffen! Wir dürfen nur nicht die Nerven verlieren und in Panik verfallen!") ab.

Es ist leicht zu erkennen, dass rationale Optimisten und Untergangspropheten zwei Seiten derselben Medaille bilden: Die einen sagen uns, wir könnten ganz entspannt sein, es gebe keinen Grund zur Sorge, es sei alles gar nicht so schlimm; die anderen sagen uns, es sei bereits alles zu spät und darum könnten wir uns einfach entspannen und uns perverserweise an dem Schauspiel erfreuen. Sowohl die einen als auch die anderen halten uns vom Denken und Handeln ab, davon, uns zu entscheiden und eine Wahl zu treffen. Aus all den Gründen, die in diesem Buch erörtert werden, ist die beste Bezeichnung für diese Wahl immer noch Kommunismus. Dabei ist es nicht so, als sei der Kommunismus eine der Wahlmöglichkeiten; er ist vielmehr die *einzige* Wahl. Die anderen Alternativen, die uns angeboten werden (wie *The Great Reset*, der von den großen Konzernen befürwortet wird), sind einfach nur Möglichkeiten, etwas zu verändern, damit sich nichts ändert und alles im Grunde so bleibt, wie es ist. Wenn wir uns einmal für den Kommunismus entschieden haben, werden wir erkennen, dass wir ihn wählen *mussten*. Beim Kommunismus entscheiden wir frei, was zu tun ist, was getan werden muss. Darauf läuft die alte Hegel'sche Behauptung, die Freiheit sei erkannte Notwendigkeit, letztlich hinaus: Es ist nicht so, dass der Kommunismus zwangsläufig eintreten muss – er könnte auch nicht eintreten, wir könnten auch in einer selbstzerstörerischen Orgie oder in einem neofeudalen Unternehmenskapitalismus enden –, aber wenn wir ihn einmal gewählt haben, sehen wir, dass es der einzige Ausweg ist.

1 Cory Doctorow, „Networked Authoritarianism May Contain the Seeds of Its Own Undoing", *BoingBoing*, 25.11.2019, boingboing.net/2019/11/25/mote-in-the-cctvs-eye.html, zuletzt abgerufen am 20.06.2022.

2 „Contre Courant – Avec Thomas Piketty", *QG TV*, 18.11.2019, www.youtube.com/watch?v=roNWZwoolS4, zuletzt abgerufen am 20.06.2022.

3 Siehe Matt Ridley, „We've Just Had the Best Decade in Human History. Seriously", *The Spectator*, 29.12.2019, www.spectator.co.uk/2019/12/weve-just-had-the-best-decade-in-human-history-seriously, zuletzt abgerufen am 20.06.2022.

4 Alenka Zupančič, *The Apocalypse Is Still Disappointing* (Manuskript).

Was sagen Sie dazu? Der Sachbuch-Podcast der wbg

Nicht nur Antworten finden, sondern auch die richtigen Fragen stellen – das ist der Anspruch des wbg-Podcasts »Was sagen Sie dazu?«.

Die Philosophin Dr. Rebekka Reinhard spricht für die wbg mit Autorinnen und Autoren aus Wissenschaft und Praxis. Mal eröffnen aktuelle Anlässe, mal aktuelle Bücher die Gespräche, in denen große Fragen der Zeit diskutiert werden: »Was zählt die Freiheit?«, »Wie hilft Bildung uns jetzt weiter?«, »Was ist human?«. Spannende fachliche Einblicke, bei denen auch Persönliches Platz findet.

Bisherige Gesprächspartnerinnen und Gesprächspartner dieses erfolgreichsten deutschen Sachbuch-Podcasts sind u. a.: **Bernhard Braun, Oliver Haardt, Sven Felix Kellerhoff, Günter Müchler, Gesine Schwan, Frido und Christine Mann, Harald Lesch, Mai Thi Nguyen-Kim, Ranga Yogeshwar, Slavoj Žižek, Corine Pelluchon, Richard David Precht** und **Joe Kaeser.**

Rebekka Reinhard © Foto: Sung Hee Seewald

Alle Folgen bei Youtube, iTunes, Spotify und wbg-community.de/podcast

wbg Podcast

Zeitfracht Medien GmbH
Ferdinand-Jühlke-Straße 7
99095 Erfurt, Deutschland
produktsicherheit@kolibri360.de